能源革命与能源供给侧改革

景春梅⊙著

中国财经出版传媒集团

经济科学出版社
Economic Science Press

图书在版编目（CIP）数据

能源革命与能源供给侧改革／景春梅著 . —北京：
经济科学出版社，2016.10
ISBN 978 - 7 - 5141 - 7327 - 7

Ⅰ.①能…　Ⅱ.①景…　Ⅲ.①能源发展－研究－中国
Ⅳ.①F426.2

中国版本图书馆 CIP 数据核字（2016）第 240341 号

责任编辑：刘　颖
责任校对：曹　力
责任印制：潘泽新

能源革命与能源供给侧改革

景春梅　著

经济科学出版社出版、发行　新华书店经销

社址：北京市海淀区阜成路甲 28 号　邮编：100142

总编部电话：010 - 88191217　发行部电话：010 - 88191522

网址：www. esp. com. cn

电子邮件：esp@ esp. com. cn

天猫网店：经济科学出版社旗舰店

网址：http://jjkxcbs. tmall. com

北京密兴印刷有限公司印装

787×1092　16 开　20.5 印张　310000 字

2016 年 10 月第 1 版　2016 年 10 月第 1 次印刷

ISBN 978 - 7 - 5141 - 7327 - 7　定价：48.00 元

（图书出现印装问题，本社负责调换。电话：010 - 88191502）

（版权所有　侵权必究　举报电话：010 - 88191586

电子邮箱：dbts@ esp. com. cn）

能源革命背景下的能源供给侧改革

（代序）

能源是现代社会的重要物质基础和动力，是事关国家发展全局和国计民生的战略性资源。"十三五"规划纲要明确提出，深入推进能源革命，着力推动能源生产利用方式变革，优化能源供给结构，提高能源利用效率，建设清洁低碳、安全高效的现代能源体系。作为发展中大国，一方面我国面临着经济增长与能源总量、环境容量、空气质量、人民生命安全的矛盾，另一方面还面对全球气候变暖、地缘政治变化对能源供给保障的冲击、能源对外依存度持续加大的挑战。为此，我们必须站在国家经济发展和能源安全的战略高度，审时度势，中长期看要着力推进能源生产和消费革命，"十三五"期间要重点开展能源供给侧结构性改革。

一、能源生产和消费革命引领我国能源中长期发展

纵观人类发展史，能源革命是人类社会生产力发展和文明进步的重要动力。人类社会发展至今，已经经历了从薪柴到煤炭、从煤炭到油气两次能源革命，催生和伴随着蒸汽机、内燃机、电气化等重大技术与产业革命，推动了社会生产力实现新跨越、人类文明实现新飞跃。美国著名经济学家、趋势学家杰里米·里夫金提出的第三次工业革命，就是主张将互联网技术与可再生能源相结合，在能源开采、配送和利用上从传统的集中式变为智能化的分散式，从而使全球的电网变成能源共享网络，最终让商业模式和社会模式发生翻天覆地的变化。种种迹象表明，当今世界正处于新一轮能源革命的前夜，可再生能源、智能电网、非常规油气等技术开始规模化应用，分布式能源、第四代核电等技术进入市场导入期，大容量储能、新能

源材料、氢燃料电池等技术有望取得重大突破。唯有这种革命性能源的新业态，才能根本上化解能源资源和环境约束，实现能源资源的永续利用，促进人类永续发展。

当前，我国已成为世界上最大的能源生产国和消费国。形成了煤炭、电力、石油、天然气、新能源、可再生能源全面发展的能源供给体系，但也面临着能源需求压力大、能源供给制约多、能源生产和消费对生态环境损害严重、能源技术水平总体落后等挑战。2014 年 6 月，习近平总书记在中央财经领导小组第六次会议上提出推动我国能源生产和消费革命的"四个革命、一个合作"战略思想：① 第一，推动能源消费革命，抑制不合理能源消费。坚决控制能源消费总量，有效落实节能优先方针，把节能贯穿于经济社会发展全过程和各领域，坚定调整产业结构，高度重视城镇化节能，树立勤俭节约的消费观，加快形成能源节约型社会。第二，推动能源供给革命，建立多元供应体系。立足国内多元供应保安全，大力推进煤炭清洁高效利用，着力发展非煤能源，形成煤、油、气、核、新能源、可再生能源多轮驱动的能源供应体系，同步加强能源输配网络和储备设施建设。第三，推动能源技术革命，带动产业升级。立足我国国情，紧跟国际能源技术革命新趋势，以绿色低碳为方向，分类推动技术创新、产业创新、商业模式创新，并同其他领域高新技术紧密结合，把能源技术及其关联产业培育成带动我国产业升级的新增长点。第四，推动能源体制革命，打通能源发展快车道。坚定不移推进改革，还原能源商品属性，构建有效竞争的市场结构和市场体系，形成主要由市场决定能源价格的机制，转变政府对能源的监管方式，建立健全能源法治体系。第五，全方位加强国际合作，实现开放条件下能源安全。在主要立足国内的前提条件下，在能源生产和消费革命所涉及的各个方面加强国际合作，有效利用国际资源。

自能源革命战略思想提出以来，我国能源行业内外部已发生很大变化：新一轮电力体制改革启动，油气领域混合所有制改革加速，含能源价格改革在内的推进价格机制改革的顶层设计方案出台，煤炭行业产业结构重组力度加大，新能源行业发展路径正在深度调整等。无论是从需求侧还是从

---

① 习近平：《积极推动我国能源生产和消费革命》，新华网，2014 年 6 月 13 日。

供给侧，能源革命的本质却是主体能源的更替或其开发利用方式的根本性改变，它将贯穿于能源发展始终，引领中国未来能源中长期发展的大趋势和大方向。

二、能源供给侧改革是"十三五"时期经济发展新动能

长期以来，我国主要采用需求管理政策，通过投资、消费、出口这"三驾马车"来拉动经济增长，实现了经济的快速发展，但也带来了一定的副作用和后遗症。随着我国经济进入新常态，单以需求侧发力难以提振经济增长，中央要求在供给侧和需求侧两端同时发力，全面提升中国经济的质量和效益。供给侧结构性改革就是要通过创新供给结构引导需求的结构调整与升级，在适度扩大总需求的同时，去产能、去库存、去杠杆、降成本、补短板，从生产领域加强优质供给，减少无效供给，扩大有效供给，提高供给结构适应性和灵活性，提高全要素生产率，使供给体系更好适应需求结构变化。其根本目的是提高社会生产力水平，落实好以人为本的发展理念，实质是改革公共政策的制定、执行以及修订和调整方式，更好地与市场导向相协调，充分发挥市场在配置资源时的决定性作用。

能源供给侧改革在供给侧结构性改革中占据重要地位。新形势下，国内化石能源市场正处于需求强度减弱期、过剩产能消化期、环境制约强化期的三期叠加阶段，同时能源结构调整步伐缓慢，可再生能源有效供给量不足。能源供给侧改革作为供给侧结构性改革的重要内容，对减少煤炭使用量，降低二氧化碳排放强度以及节能减排目标的实现至关重要。能源供给侧改革本质上就是改革能源供给结构和供给质量，实现能源供给从量到质的转变；核心在于以高碳能源低碳发展、黑色能源绿色发展为原则，依靠能源体制改革和能源技术创新双轮驱动，不断培育和催生新的能源形态，提升传统能源的绿色清洁供应能力。在当前能源消费增长减速换挡、结构优化步伐加快、发展动力开始转换的新常态下，我国能源发展方式要从粗放式发展向提质增效转变，能源工作方式要从审批项目为主向推进改革和技术创新转变，必须创新能源体制机制，大力推进能源供给侧结构性改革。笔者认为，当前应抓住如下四个方面推进能源供给侧改革。

第一，调整和优化能源结构。抓住当前能源供需缓和的有利时机，合理布局、开工建设一批建设周期长、对优化能源结构和拉动社会投资作用大的重大能源项目。适度加快大中型水电站建设，稳妥推进核电项目建设，保护好极为稀缺的核电厂址资源。稳步发展风电、太阳能发电，推动光热发电示范项目建设，加快地热能、生物质能发展，加大页岩气、煤层气、海上油气勘探开发力度，增强绿色发展后劲。大力推进分布式能源发展，继续开展海洋可再生能源开发利用示范工程，鼓励发展海洋能与风能、光伏互补型的新能源微电网。做好清洁能源上网消纳工作，重点解决弃水、弃风、弃光等问题。到 2020 年，非化石能源占一次能源消费比重达到 15%；天然气比重达到 10% 以上；煤炭消费比重控制在 62% 以内；石油比重为剩下的 13%。

第二，化解煤炭行业和煤电过剩产能。落实国务院《关于煤炭行业化解过剩产能实现脱困发展的意见》，力争用 3～5 年时间，退出产能 5 亿吨左右、减量重组 5 亿吨左右。严格控制煤炭新增产能，从 2016 年起，3 年内原则上停止审批新建煤矿项目；降低煤炭消费比重，重点实施煤炭清洁高效利用。严格控制煤电新开工规模，取消一批不具备核准条件的项目，暂缓一批煤电项目核准，缓建一批已核准项目。利用市场机制倒逼，加快推进电力市场化改革，新核准的发电机组原则上参与电力市场交易。

第三，降低企业用能成本。加快推进电力、石油、天然气等领域市场化改革，实现能源网络公平开放，大力开展能源企业和用户直接交易，降低企业交易成本；完善光伏、风电等新能源发电并网机制，加大新能源财政补贴投入力度，深入开展光伏扶贫，以新能源建设推动城镇化建设；2017年基本放开竞争性领域和环节价格管制，形成充分竞争的机制，使能源价格充分反映市场供求变化，提高价格灵活性。

第四，加快推进能源体制改革。理顺能源发展的体制机制，提高能源系统整体运行效率，构建清洁低碳、安全高效的现代能源体系。加快推进电力体制改革落地，充分调动各地积极性，加快建立电力市场，实现直接交易，放开上网电价和销售电价，严格管控电网企业输配电价，充分释放降电价、促发展等改革红利。稳步推进石油天然气体制改革，在中央审议出台《关于深化石油天然气体制改革的若干意见》后，抓紧研究制定专项改革方案和相关配套文件，在部分省市开展油气改革综合试点或专项试点。在试点基础上，稳步推进油气上游领域引入多元化进程，进一步放开进出口权与配额制，实施管网业务公平开放和相对独立，加快建立油气市场化定价机制。

三、能源供给侧改革对能源革命起着承前启后的作用

能源革命作为中长期能源发展的战略指导思想和行动纲领，深刻揭示了世界能源发展的大逻辑、大格局、大趋势，科学回答了如何化解能源资源和环境约束的世界性难题，对我国能源未来发展进行了全局性、系统性的前瞻谋划和布局，是指导我国能源发展的理论基础和基本遵循。能源供给侧改革作为"十三五"时期我国能源领域的主要改革任务，属于战术性、操作性的务实举措，是适应和引领经济发展新常态的重大创新，是促进我国未来5年能源发展的政策着力点，需要通过结构性改革在能源需求结构、投资结构、城乡结构、区域结构、产业结构、分配结构等方面集中发力，有针对性破解能源行业中的结构性问题、体制弊端、产能过剩和效率低下等问题，充分调动能源企业内部生产要素潜能。

由此可见，能源革命着眼于中长期，能源供给侧聚焦于"十三五"，能源供给侧改革承前启后，是能源革命的重要组成部分，能源革命则是能源供给侧改革的结果和目标。二者属于战略与战术、全局与局部、长期与近期、目标与任务的关系，彼此相互支撑、互为倚重。对新常态下的能源行业来说，要深入贯彻落实新发展理念，坚持目标导向和问题导向相统一，把能源革命的长期战略与供给侧结构性改革的重大任务有机结合起来，以全局眼光看待能源供给侧改革，解决能源供给侧的深层次问题，厘清当下的关键突出问题，通过理顺体制机制，促进企业形成自我约束机制和激励机制，打造能源产业良性循环新型生态圈，才能有效解决经济结构扭曲问题，最终以主动姿态引领能源大转型时代发展潮流和趋势。

四、本书的内容安排

围绕能源革命与能源供给侧改革，政府部门和学术界都进行了深入探讨和实践，国家能源主管部门按照中央财经领导小组的要求，研究制定了2030年能源生产和消费革命战略，推动出台了进一步深化电力体制改革的指导意见，与有关部门正在研究论证油气体制改革方案；即将出台《2030年能源生产和消费革命战略行动计划》和"十三五"时期能源规划；务实推进"一带一路"能源合作，加大中亚、中东、美洲、非洲等油气的合作力度。《国家能源局2016年体制改革工作要点》中指出，要在化解煤炭行业过剩产能，化解煤电过剩产能，着力解决弃水、弃风、弃光问题，加快推进电改落地，稳步推进石油天然气体制改革，加强能源扶贫，提高能源系统整体运行效率等七个方面集中推进能源领域供给侧结构性改革。这是国家能源主管部门着眼于当前能源领域内的突出矛盾确定的年度重点工作任务。

《能源革命与能源供给侧改革》侧重于理论与能源工作实践相结合，有重点、有选择地就能源革命与能源供给侧改革的重大问题进行分析研究。总论从新常态下我国能源发展战略谈起，分析了能源工作面临的国内外宏观背景、问题与瓶颈制约、能源战略取向，对全书起到提纲挈领的作用。

上篇围绕能源"消费革命"、"供给革命"、"技术革命"、"体制革命"和"国际合作"五个方面，分别就能源消费观、节能调度、煤化工、燃料乙醇、新能源、核电技术路线、能源体制改革路线图、能源市场体系、油气交易平台建设、草原丝路、IEA—中国合作中心等方面进行研究论证。

下篇重点从能源行业"调结构、去产能、降成本、推改革"等四个方面，就煤炭和煤电产能过剩、能源价格改革、电力体制改革、油气体制改革等方面给予论述和分析，并提出切实可行的政策建议，希望对油气管网独立、促进我国能源发展和改革提供一些智力支持和理论参考。

本书是作者近几年在能源研究中的一些思考和体会，部分文章得到国务院领导同志的批示和肯定，并在推动相关工作中发挥了积极作用。所选文章在写作过程中汲取了中国国际经济交流中心、国务院研究室、国家发改委、国家能源局和一些能源企业领导、专家的指导和建议，得到了同事们很多帮助和启发，以及经济科学出版社刘颖女士的大力支持，在此一并表示感谢！

由于水平所限，缺陷纰漏在所难免，敬请各位读者批评指正！

景春梅

2016 年 8 月

目录

总　论

上篇　能源革命

下篇　能源供给侧改革

总　论

对我国能源发展战略的几点思考

近几年来，全球气候变化、国际金融危机、欧美债务危机、地缘政治等因素对国际政治经济形势产生重要影响，世界能源市场更加复杂多变，不确定性和不稳定性进一步增加。受此影响，我国能源发展呈现新的阶段性特征：从数量看，目前我国能源生产总量、消费总量、煤炭产量、电力装机、水电装机、风电装机、核电、光伏发电的增长速度都为世界第一。但从质量和效益看，整个能源领域科技创新能力不强，能源效率不高，能源安全形势日益严峻，制约能源发展的体制机制障碍还有待破除。在世情、国情发生深刻变化的新形势下，党的十八大报告首次提出"能源生产和消费革命"，充分彰显了当前我国能源领域发展变革的必要性和紧迫性，也指明了未来我国能源科学发展的重大历史使命和努力方向。在新的历史背景下，有必要进一步明确关系我国能源中长期发展的几个重大问题。

一、近年国际能源形势新变化新特点

（一）气候变化促使世界能源消费结构呈低碳化、清洁化趋势

近年来，由温室气体排放引发的全球气候变化问题，使得建立低碳社会、发展绿色经济逐步成为国际社会共识。各国纷纷将注意力转向发展清洁能源产业以降低能耗和减少排放，以风能、核能、生物能、太阳能等为代表的新能源获得快速发展，世界能源消费低碳化、清洁化趋势逐渐显现。

（二）国际金融危机为新能源与可再生能源快速发展带来契机

金融危机后，许多国家将发展新能源产业作为应对金融危机、加强本国能源安全与推进经济复苏的重要举措，纷纷制定"绿色能源计划"和"绿色能源新政"，给予新能源和可再生能源前所未有的政策支持。美国颁

布《未来能源安全图》和《美国清洁能源与安全法案》，计划在未来十年投资1 500亿美元，用于清洁能源开发、发展下一代生物燃料和燃料基础设施。日本在福岛事故后积极寻找可再生能源替代核电，而印度和巴西等新兴经济体也相继制定适合其国情的新能源发展战略。从各国的战略决策看，以核能、风电、太阳能、生物质能为代表的新能源技术将持续突破，其发电成本的下降速度很可能大大超出预测。而以智能电网、大规模储能电池为代表的配套技术的良好预期将进一步拉动新能源发展，提高其在能源结构中的份额。因此，美国专家预言，可再生能源与互联网技术的结合将有可能引发人类历史上第三次工业革命，成为世界经济新的增长引擎。

（三）页岩气革命使美国能源独立成为可能并正在撼动全球天然气格局

近年来的页岩气革命使得美国能源独立之路向前迈进了一大步。美国页岩气产量从2000年122亿立方米爆发式增长至2011年的1 800亿立方米，占其国内天然气产量的比重升至34%左右，已于2009年超过俄罗斯成为世界第一大天然气生产国。目前，美国的部分石油开始被所天然气替代，能源进口的比重不断降低，自给率逐步上升。2005~2010年，美国石油自给率从30.1%上升至49.5%，一次性能源自给率从69.2%上升至78%。页岩气革命不仅逆转了美国天然气进出口局面，并可能进一步改写全球天然气市场格局。据美国能源信息署（EIA）预计，美国将在2016年成为液化天然气（LNG）净出口国，2021年成为总体天然气净出口国，2025年成为管道天然气净出口国。

（四）日本福岛核事故影响全球能源格局

日本的福岛核事故不仅影响了世界核电发展进程，而且对全球能源开发利用方式产生深远影响。日本宣布中止核能发展计划，德国、瑞士、意大利选择弃核，法国、英国、瑞典表示将继续开发利用核能但更加注重安全，美国也要求加大核电安全检查监督。国际能源机构（IEA）估计，全球核电装机容量将比原规划下降10%~50%，即5 500万千瓦~2.75亿千瓦，由此将造成国际电力供应的巨大缺口。这些缺口需要由油、气、煤等化石能源以及水能、风能、太阳能等可再生能源来填补，世界能源格局势必随之发生变化。

（五）地缘政治对世界能源市场的影响正在加深

从北非的马格里布到波斯湾，从波斯湾到里海，再到俄国西伯利亚和其远东地区巨大的地理带，未来几十年内是世界油气的主要供应源，为"石油心脏地带"。世界性的油气需求主要在"石油心脏地带"外部的两侧。近年来，一些能源消费大国为争夺能源频频介入这些能源富集地区，加剧了该地区的政治动荡和民族冲突。同时，这些地区的政治局势又影响到国际能源市场走势。2011 年，中东和北非政治局势动荡和今年伊朗等国家紧张局势成为油价高涨主要推动力，地缘政治对世界能源市场的影响正在加深。

二、当前我国能源发展面临的突出问题

上述国际能源形势新变化对我国能源发展带来新挑战，并与能源领域长期和短期的固有矛盾相互交织，构成了影响我国未来能源发展的突出问题。

（一）资源约束加剧

中国人均能源资源拥有量在世界上处于较低水平，煤炭、石油和天然气的人均占有量仅为世界平均水平的 67%、5.4% 和 7.5%。近年来能源消费总量增长较快，随着未来经济发展和城镇化的提速，我国近中期能源消费还将继续增长，资源约束矛盾将加剧。

（二）环境承载力不足

化石能源特别是煤炭的大规模开发利用，对生态环境造成严重影响。大量耕地被占用和破坏，水资源污染严重，二氧化碳、二氧化硫、氮氧化物和有害重金属排放量大，臭氧及细颗粒物（PM2.5）等污染加剧。未来相当长时期内，化石能源在中国能源结构中仍占主体地位，保护生态环境、应对气候变化的压力日益增大，迫切需要能源绿色转型。

（三）能源效率不高

经济发展方式依然粗放，能源结构不合理，能源技术装备水平低，单位产值能耗不仅远高于发达国家，也高于巴西、墨西哥等一些新兴工业化国家。第二产业能耗比重过高，钢铁、有色、化工、建材四大高载能产业用能约占能源消费总量的50%。单纯依靠增加能源供应，难以满足持续增长的消费需求。

（四）能源安全形势严峻

近年来，我国石油生产和消费之间的缺口不断扩大，每年达2亿吨以上，石油对外依存度从21世纪初的32%上升至目前的57%，成为仅次于美国的世界第二大原油进口国。经济发展对油品的巨大需求和石油供应能力不足之间的矛盾已经成为我国近中期面临的重大挑战之一。与此同时，我国油气进口来源相对集中，受地缘政治和军事力量影响，进口通道受制于人，远洋运输能力不足，能源储备规模较小，能源保障能力脆弱。

（五）体制机制亟待改革

能源体制机制深层次矛盾不断积累，煤电矛盾反复发作，天然气和发电企业的政策性亏损严重，新能源并网消纳和分布式能源发电上网受到电力体制制约，价格机制尚不完善。民间资本进入能源产业的"玻璃门"、"天花板"问题，行政垄断、市场垄断和无序竞争并存等体制机制约束，成为促进能源科学发展的严重障碍。

三、我国未来能源发展战略应明确的几个重大问题

我国正处于工业化、城镇化加速阶段，未来10~20年城市基础设施建设、房地产开发、公共交通和居民生活对能源的需求必将不断增加，在中长期内将面临需求增长和供给不足的矛盾。在内、外环境发生快速变化的情况下，未来我国能源战略需要在能源生产、消费、输送、结构、体制机制等环节明确以下几个重大问题。

（一）能源生产：兼用两个市场还是能源自给？

近十年来，我国石油、天然气等对外依存度不断提高，即使是储量丰富的煤炭资源也出现大量进口，能源自给率下降，能源安全形势堪忧。由于需求旺盛且不掌握定价权，近年来我国在国际能源价格的持续上涨的背景下付出了巨大的能源采购成本，并不时受到"中国能源威胁论"杂音的干扰。因此，在能源发展战略上，是利用国内国外两种资源、两个市场继续扩大进口，还是致力于提高自给率走能源独立之路，是个必须要明确的重大问题。

（二）能源消费：节能如何落实？

我国节能潜力巨大，以往相当长时期内我们对节能没有给予足够重视。实际上，能源需求的基本公式应该是：能源需求量＝节能量＋能源供给量。在能源需求量既定和资金量有限时，要保证多少能源供给和多少节能，取决于投入。也就是说，政府投入和公共政策的引导，对能源消费至关重要。近几年，我国将节能优先上升到国家战略高度，并开始控制能源强度和消费总量。但从落实情况看，效果不是很理想，资金投入不够，行政手段多，市场手段少，还没有建立起从企业到个人自觉节能的长效机制。

（三）能源输送：集中式远距离输送还是分布式就地利用？

由于能源负荷中心与能源生产中心呈逆向分布，我国对新能源电力采用了"大规模—高集中—远距离—高电压输送"的开发模式。集中式远距离的能源输送方式不仅需要大量投资，也产生了严重的并网和消纳的问题，而且长距离线损和层层变损对整个大系统，特别是对受端电网安全运行和电能质量会带来较大负面影响。从电能属性看，间歇性、随机性和稀薄性的特点决定了风电、太阳能等新能源电力宜采用分散开发、分散利用的发展思路，就近接入中低压电网，就地、就近消纳，世界上新能源利用率高的国家莫不如此。北欧诸国风电机组星罗棋布、三三两两，有许多是单台接入 20 千伏～10 千伏以及电压等级更低的电网，大都直接接到供电系统。德国光伏发电容量 2011 年年底达到 2 300 万千瓦，与我国三峡水电站装机规模相当，基本上也都是分散建在用电户屋顶，分布式接入系统。我国今后的能源规划和产业布局是否应该重新评估能源集中式输送和分布式利用的利弊，需要引起足够重视。

（四）能源结构：怎样处理传统化石能源与清洁能源关系？

发达国家近几年来清洁能源发展很快，页岩气革命正在改变美国能源结构乃至世界能源版图。在此背景下，我国如何处理传统化石能源与清洁能源关系，如何应对美国页岩气革命的影响？应该看到，欧美国家之所以大力发展清洁能源，一个大的前提是这些国家已基本完成工业化和城市化，总能耗不再增长，或者是增长很少，新兴能源主要是补充和逐步替代增加部分的化石能源。而资源禀赋和发展阶段决定了我国以煤为主的能源结构和火电为主的电力格局短期内难以改变，加上本身的技术和经济性约束，新能源在相当长时期内只能作为传统能源的补充能源。因此，现阶段我国应正确评估新能源市场开发潜力和应用前景，在积极发展新能源的同时，实事求是、科学谋划，进一步加大对传统能源的清洁化改造力度，并加快油气资源开发，确立以传统化石能源为主、新能源为补充的能源生产和消费结构。

（五）能源体制机制：以行政手段为主还是以市场手段为主？

目前，我国能源生产、消费、输送、价格机制等多个环节依然采用计划手段进行管理和调控，市场在资源配置中的基础性作用发挥很不充分。例如，油气资源的勘探开发和管网运行，电力的输送和销售均由国有企业垄断经营，发电量依然由各地方政府采用计划手段进行分配，而能源终端消费价格也基本由政府制定。这些计划方式和行政手段在市场化改革推进了三十多年的今天，已在各自的产业链中表现出诸多的不适应和矛盾，严重地影响到我国能源生产和消费。对于能源发展的调控和引导，是以行政手段为主还是以市场手段为主，越来越迫切地成为我们必须要回答的重大问题。

四、对我国能源发展战略的几点建议

（一）明确我国能源中长期发展战略，分阶段制定发展目标

2012～2050 年将是我国能源体系从粗放、低效向集约、高效的现代化能源体系过渡的转型期，在此期间能源生产和消费方式都将发生革命性变化。建议从近期、中期、长期来分阶段制定我国到 2050 年的能源发展战略，根据不同时期经济发展可能出现的阶段性特征，科学谋划明确的时间表、目标值和路线图。我国总体能源战略应兼用国内国外两个市场，重点致力于提高能源自给率，降低能源对外依存度，不断提高能源安全保障水平。

（二）落实节能优先，提高能源利用效率

不少国际组织和专家将节能与煤炭、石油、天然气和核能等能源并列，称为"世界第五大能源"。如果中国国内能源供应规模保持不变，减少 1 亿吨标煤能源消耗，意味着可以减少 1 亿吨标煤的能源进口量，可以减低当年能源对外依存度 3 个百分点。要切实落实贯彻节能优先的方针，在实施能源消费总量和强度双控制的基础上，着力提高能源转换效率、使用效率和产品的节能效率，努力构建节能型生产消费体系，促进经济发展方式和生活消费模式转变，加快构建节能型国家和节约型社会。

（三）重视化石能源清洁化生产，积极发展煤基多联产和优化梯级利用

从我国能源结构看，大力推进煤炭绿色生产和清洁利用，是解决我国供给不足和提高能源自给率的必然选择。当前，提高煤炭利用综合效率和清洁化水平的技术手段主要有两类：一是超（超）临界发电技术，以及热电联产和多联产技术，目前技术较为成熟，近期可积极推广应用。二是整体煤气化联合循环技术（IGCC）和碳捕获及埋存技术（CCS），目前这类技术尚未成熟，运行能耗及成本较高，大规模应用尚待时日。应多策并举，积极开展以煤的气化为龙头的多联产系统建设，积极发展多类能源转换梯级优化利用，高能源综合利用效率、减少环境污染，力求能源、环境、经

济整体效益的最大化。

（四）大力支持清洁能源发展，提高天然气比重

从经济性和现实性看，水电和核电是近中期可以对我国能源结构产生实质影响的两种清洁能源，应坚持积极有序开发和安全高效发展，不断做大规模。此外，根据当前国际天然气市场的新变化，应积极引进天然气进口，加快常规天然气和煤层气、页岩气等非常规油气资源勘探开发，大力提高天然气比重，与水电、核电配合，作为我国能源消费实现清洁化的重点能源予以政策扶持。此外，从中长期能源替代考虑，则是应积极支持风能、太阳能、生物质能等新能源和智能微电网发展。

（五）破除体制机制障碍，鼓励分布式能源分散利用

积极推进能源市场化改革，加快推进重点领域和关键环节改革，鼓励民间资本参与能源资源勘探开发和建设，构建有利于促进能源可持续发展的体制机制。深化能源价格改革，建立能够反映市场供求关系和能源稀缺程度、体现生态价值和代际补偿的能源有偿使用和生态补偿制度，引导清洁能源科学发展。统筹能源规划和产业布局，采取分散开发和集中开发并举模式，大力推动清洁能源分布式发展，使其形成一定规模，鼓励其分散利用，就地消纳。组建统一的能源综合管理部门，加强能源发展顶层设计和行业管理能力，对我国能源行业进行集中管理和开展国际合作。

（六）积极开展能源外交，加强能源国际合作

大力拓展能源国际合作范围、渠道和方式，提升能源"走出去"和"引进来"水平。构建全球能源治理机制，建立能源、外交、财税、外贸、金融等联合保障机制，积极参加境外能源资源开发，继续巩固和加强海外能源基地建设，推进能源贸易多元化，扩大能源对外贸易和技术合作。加强外交和军队建设，深化国际能源多边和双边合作机制，打造世界先进的油气运输船队，切实保障海外能源基地安全和海上能源通道安全。

（本文原刊载于《中国能源报》2013 年 2 月 4 日）

新常态下我国能源发展的战略选择

当前，我国能源发展国内外环境复杂多变。国际能源生产和消费格局"西斜东倾"，大国博弈日趋激烈，国内经济进入新常态，粗放式增长难以为继，亟须优化能源生产与消费结构，提高能效，降低成本，加快推进能源转型，建立清洁、高效、经济、安全与可持续的现代能源体系。

一、新常态下我国能源发展面临的国内外宏观背景

（一）"西斜东倾"全球能源新格局逐步形成

当前，全球能源新格局呈现"西斜东倾"特点。"西斜"是指世界能源生产中心正从中东转向西半球；"东倾"是指世界能源消费中心正转向中国、印度等亚洲新兴经济体。一方面，得益于技术进步，加拿大油砂和美国页岩气正在以前所未有的规模进行开发，北美依赖于生物燃料供应和非常规油气产量的增长也将由传统的能源净进口国逐渐变成能源"独立国"。在美国"能源独立"的影响下，中东地区能源的战略地位将进一步削弱。另一方面，亚洲新兴经济体快速崛起，全球主要能源需求正在向东转移。《2030 年世界能源展望》预测，2010 年至 2030 年，全球能源消费总量到 2030 年将增加 39%，有 96% 的消费增长都来自非经合组织国家。到 2030 年，非经合组织国家的能源消费将占全球的 65%。全球能源格局的变化将引发国际石油贸易加速转向，未来亚洲国家，特别是中国对中东石油的依存度将大幅上升。构建中国能源安全新版图，积极开展国际能源合作已迫在眉睫。

（二）国际能源变局中的大国博弈日趋激烈

石油作为集商品属性、金融属性和地缘政治属性为一身的特殊商品，是大国博弈的重要变量。2014 年 6 月中旬以来，国际油价一路暴跌，从

105.15 美元/桶跌到 2016 年 3 月 11 日的 41.54 美元/桶,一度跌破 30 美元/桶,最大跌幅达 72.17%,其背后是日趋激烈的大国博弈。油价下跌引发国际能源格局大洗牌。美国作为生产和消费大国,油价大幅下挫,给美国如日中天的页岩气革命蒙上阴影。对于 OPEC 产油国而言,为了减少页岩气革命带来的冲击,选择不减产,让油价继续暴跌,试图继续保持市场份额,但要付出惨重的代价。以俄罗斯、伊朗、委内瑞拉为代表的产油国经济结构单一,严重依赖石油出口,油价持续暴跌给这些国家财政带来巨大压力。对于中国来说,油价下跌为中国节省巨额能源进口费用,为我们加大石油储备,强化国家能源安全提供了契机。但同时,油价大幅下跌也压缩了国内油气行业利润空间,迫切要求推进油气改革,降低生产成本。石油作为一种稀缺商品,其定价权决定一个国家在国际竞争中的地位和话语权,围绕能源主导权争夺的大国博弈将日趋激烈。

(三) 绿色低碳能源成为未来不可逆转的趋势

进入 21 世纪,全球已经开启绿色能源时代。世界各国能源转型的基本趋势是实现以化石能源为主向以清洁低碳能源为主的可持续能源体系转型。发达国家的能源供应中可再生能源等低碳能源比例不断提高。最近几年,欧美国家通过采取"目标导向和系统视角"率先提出了面向 2050 年以可再生能源为主的能源转型发展战略。美国能源部在《可再生能源电力未来研究》中,认为可再生能源可满足 2050 年美国 80% 的电力需求。推动以清洁能源为主的能源系统,特别是电力系统重大变革将成为全球能源发展的大趋势。

(四) 能源科技革命孕育新突破

美国著名趋势学家杰里米·里夫金认为,一场通信与能源革命性的结合正孕育第三次工业革命。以互联网(包括物联网)、大数据、云计算等先进技术为核心的信息通信技术,通过重塑能源生产、传输、销售和利用方式,催生能源互联网。以智能电网为载体的能源互联网,是互联网发展延伸到能源和传统工业领域的必然结果。通过应用云计算、物联网、大数据和电子商务等新技术,将实现人、物、能源之间的全程互联和广泛互动,将电网中分散、孤立的能源、信息等流动性因素统一管理起来,不断推动电网生产管控由壁垒向协同、由分散向集中、由自发向可控、由孤岛向共享转变，带动业务和管理创新能力的提升。能源互联网使能源与信息融合发展，必将带来技术与产业的变革，产生广泛而深远的影响。

（五）国内能源需求放缓，供需矛盾趋于宽松

自 1998 年以来，受经济周期变化和能源效率提高的双重影响，我国能源需求表现出先加快、后放缓的阶段性特征。2005 年之前，我国能源消费增速一路上扬，2003～2005 年间高于 GDP 增速，2004 年达到 16.8% 的峰值。2005 年以后，我国采取节能减排措施，加之金融危机影响，能源消费增速一直低于 GDP 增速。"十五"期间，我国能源消费增速为年均 8.4%，"十一五"期间为 6.6%，"十二五"的前四年为 4.3%，2014 年为 2.2%。从总量上看，2014 年我国能源消费总量达到 42.6 亿吨，占全球能源消费量的 23%。虽然我国能源消费总量仍居世界首位，但从增速放缓趋势来看，能源供需矛盾趋于宽松，为推进能源价格及体制机制改革提供难得契机。

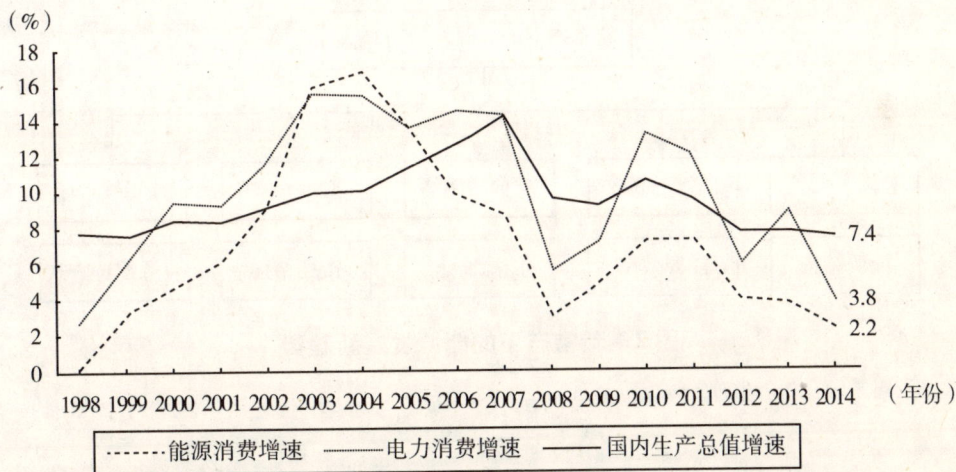

图1　1998～2014 年我国能源、电力消费及 GDP 增速对比

资料来源：国家统计局。

（六）环境保护压力倒逼我国能源转型

2014 年 11 月，我国在中美气候变化联合声明中首次正式宣布中国将在 2030 年左右达到碳排放峰值并争取尽早达峰，单位国内生产总值二氧化碳

排放比 2005 年下降 60%～65%，非化石能源占一次能源消费比重达到 20% 左右，森林蓄积量比 2005 年增加 45 亿立方米左右。这一倒逼机制，将对国内能源发展带来压力和挑战。一是迫切要求清洁能源加快发展，以实现 2030 年非化石能源占比 20%（2013 年为 9.8%）的承诺。二是与国际相比，能源成本仍需大幅降低。三是碳排放交易体系要加速推进。2015 年 9 月 25 日，中美两国再度发表《气候变化联合声明》，中国承诺到 2017 年启动全国碳排放交易体系，这对目前仅在 7 省市开展试点的碳交易市场而言，压力较大。

（七）新常态下我国能源发展将呈现新趋势

新常态下，经济增速放缓，增长方式从规模速度型粗放增长转向质量效率型集约增长，我国能源发展将呈现新趋势。即能源结构由高碳向低碳转变，能源效率由低效向高效发展，能源输送由单向向网络发展，能源市场结构由垄断走向竞争，能源的资源配置方式由计划为主转向以市场为主。

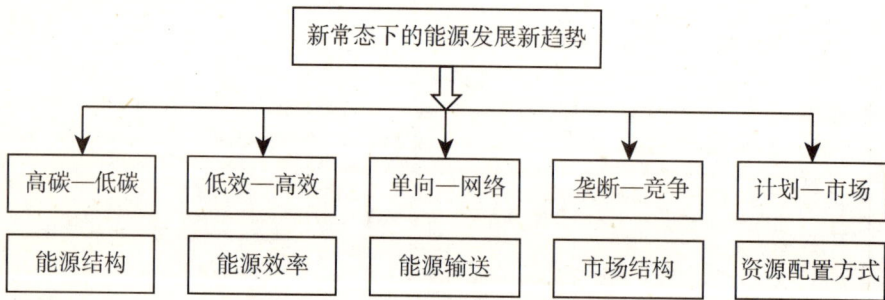

图 2　新常态下的能源发展新趋势

资料来源：作者整理。

二、新常态下我国能源发展存在六大瓶颈

（一）能源管理方式单一，市场手段运用不足

我国能源管理方式仍具有明显计划色彩，以行政手段为主，市场手段明显欠缺。改革开放以来，我国能源行业改革进展缓慢，政府和企业边界

不清，能源管理上依然注重投资项目审批、制定价格和生产规模控制等方式，经济手段和法律手段运用不多，能源政策、规划滞后，监管缺位问题突出，缺乏统一的市场准入标准。政府仍然通过制定发电量计划、油气排产计划等方式控制能源生产量，在煤炭、石油资源的探矿权、采矿权的取得上仍然起着主导作用。能源价格主要由政府制定，缺乏科学的价格形成机制，不能真实反映能源产品市场供求关系、稀缺程度及对环境的影响程度，缺乏对投资者、经营者和消费者的激励和约束。在改革开放 30 多年后的今天，作为企业，既不能决定价格，又不能决定产量，是个非常值得深思的问题。

（二）能源市场竞争不足，垄断问题突出

我国能源市场主体不健全，竞争不充分，行业分割和垄断现象突出。我国能源企业多为大型国企，民营资本进入较少。电网组织依然高度集中，输配售一体化经营，区域电网公司的主体功能逐步弱化，市场竞争弱，经营效率不高；油气行业产业集中度高，基本实施勘探、炼油、输送、进口、销售一体化运营，多元化的主体格局尚未形成，市场缺乏公平竞争的环境，即使在国有企业内部，也存在竞争不充分的问题。长期垄断导致效率低下，抑制投资和技术创新，形成高额垄断租金，极大地阻碍能源市场竞争，制约能源发展。

（三）能源生产和消费以煤炭为主，结构亟待优化

我国能源生产和消费长期以煤炭为主，清洁能源发展缓慢，能源转型压力日益加大。近年来，受经济周期、节能减排以及能效提高等因素影响，我国能源消费呈现放缓趋势，同时能源生产和消费结构出现积极变化，但仍以化石能源为主，清洁能源比重较低。从生产结构看，煤炭、石油比重由"十五"期间的 77.4% 和 11.3%，降至"十一五"期间的 76.2% 和 9.3%，2014 年又分别降为 73.2% 和 8.4%。天然气、一次电力及其他能源所占比重由"十五"期末的 2.9% 和 8.4% 上升到 2014 年的 4.8% 和 13.7%。

图3 我国能源生产结构

资料来源：国家统计局。

从消费结构看，煤炭、石油及火电的比重逐步下降，可再生能源比重有所上升。煤炭消费份额从 2000 年的 68.5% 降到 2014 年的 66%。2014 年火电装机容量比重为 67.3%，比 2000 年下降 7.1 个百分点。天然气消费比重同期上升 3.5 个百分点，一次电力及其他能源提高 3.9 个百分点。但与美国、欧洲及世界平均水平相比，我国煤炭消费比重过高，天然气、核能和可再生能源比重明显偏低。

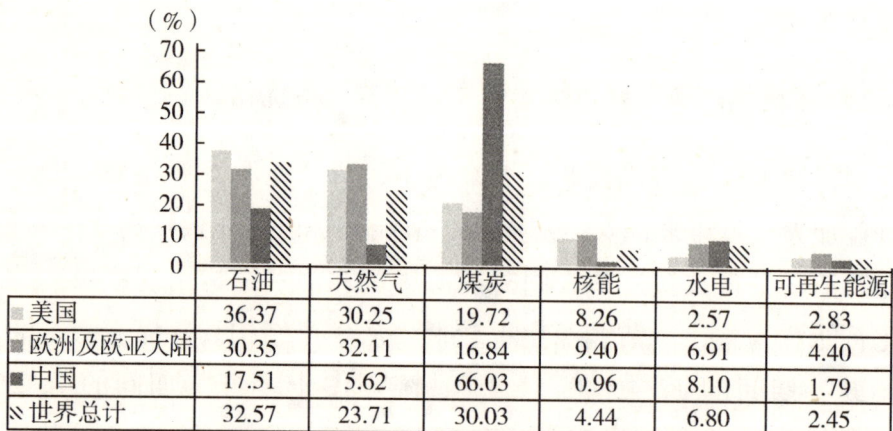

	石油	天然气	煤炭	核能	水电	可再生能源
美国	36.37	30.25	19.72	8.26	2.57	2.83
欧洲及欧亚大陆	30.35	32.11	16.84	9.40	6.91	4.40
中国	17.51	5.62	66.03	0.96	8.10	1.79
世界总计	32.57	23.71	30.03	4.44	6.80	2.45

图4 主要国家及地区能源消费结构对比

资料来源：根据《BP 世界能源统计年鉴 2015》有关数据计算而得。

（四）能源成本高，能源转型压力大

整体来看，我国能源成本明显高于发达国家，能源价格改革推进缓慢，制约能源转型。一方面，传统能源成本居高不下。从电价看，美国与中国的批发电价非常接近，均在 0.3～0.5 元/千瓦时之间。但在零售端，两国电价水平差异明显。2013～2014 年，美国工业电价维持在 6～7 美分/千瓦时左右，略高于其批发电价，表明其输配成本和税费较少。我国工商业电价基本在 0.6～1 元/千瓦时，比美国高出 55%～70%，这与国内税负和附加费用（基金）较高，以及存在输配加价和交叉补贴情形有关。另一方面，清洁能源成本高，新能源发电经济性不高。天然气方面，受上游气源垄断和电价机制不合理等因素影响，国内天然气使用成本偏高。美国近期天然气价格约百万英热单位 2.75 美元，换算为人民币不到 0.6 元/立方米。而北京民用天然气、车用气价格分别为 2.28 元/立方米和 5.12 元/立方米。当前，我国天然气发电成本约 0.7～1 元/度，远高于煤炭发电成本。新能源方面，风力及光伏发电设备造价高，发电成本仍高于传统能源。据统计，我国陆上风力平准度电成本为每兆瓦时 77 美元，太阳能光伏是 109 美元，均高于煤炭发电的 44 美元。同时，新能源电力利用小时数低，且具有间歇性。若要远距离输送，需要配备调峰电源，将会降低火、水电的利用小时数，提高传统电源发电能耗。此外，还需完备而复杂的调度管理，综合成本较高。

（五）能源高能耗、高污染、低效率问题严重

我国能源利用效率不高，单位 GDP 能耗显著低于世界平均水平。当前，我国能源总体效能低，能源利用效率为 33%，比发达国家低 10 个百分点。2005 年以来，我国不断加大节能减排力度，单位 GDP 能耗逐年下降，由 2005 年的 1.406 吨标准煤/万元降至 2014 年的 0.67 吨标准煤/万元，总体降幅达 52.3%。

然而，与主要发达国家相比，我国单位 GDP 能耗仍然较高。根据 2014 年数据计算，我国单位 GDP 能耗是世界平均水平的 1.73 倍，是美国的 2.17 倍、日本的 2.89 倍、德国的 3.55 倍、英国的 4.49 倍、法国的 3.42 倍、巴

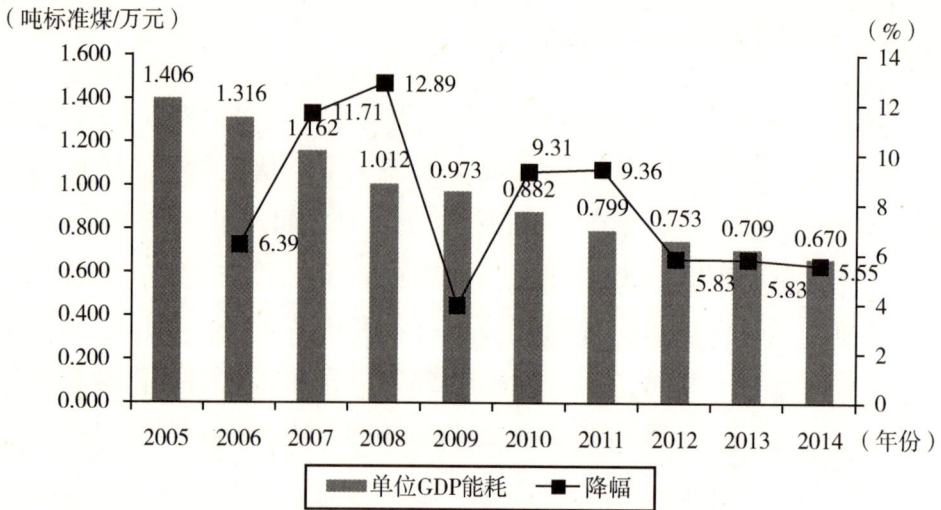

图5 2005～2014年我国单位GDP能耗及降幅

资料来源：根据国家统计局数据计算而得。

西的2.27倍、意大利的4.13倍、澳大利亚的3.39倍、韩国的1.48倍。我国建筑采暖、空调能耗均高于发达国家，其中单位建筑面积采暖能耗相当于气候条件相近的发达国家的2～3倍。

表1　　　　　　　2014年世界主要国家能耗对比　　　　单位：吨油当量/万美元

国　别	单位 GDP 能耗	国　别	单位 GDP 能耗
美　国	1.32	法　国	0.84
中　国	2.87	巴　西	1.26
日　本	0.99	意大利	0.69
德　国	0.81	澳大利亚	0.85
英　国	0.64	韩　国	1.94
世界平均1.66			

资料来源：根据世界银行及《BP世界能源统计年鉴2015》有关数据计算而得。

（六）核心技术不足，新能源发展受限

我国新能源产业发展迅速，装机容量突飞猛进，但核心、关键技术仍受制于人，关键零部件仍依赖国外。以风电为例，从市场空间来看，我国

国产风机市场份额已达到 85% 以上，从设备构成来看，单机零部件中有 90% 以上由国内生产，但关键核心部件，如变频箱和控制系统等仍需依赖国外技术。同时，大多数太阳能企业都是带料加工进行合作生产或直接购买国外许可证进行组装生产，自主研发制造能力偏弱，核心设备缺乏自主掌控。总体来看，我国新能源产业的资源评价、技术标准、产品检测和认证体系均不很完善，没有形成完备的技术服务体系，导致产业链分散，生产不连续，影响产业的规范化发展。

三、新常态下我国能源发展的战略选择

面对复杂多变的国内外形势，我国能源发展要着力推进能源供给侧改革，不仅要加快推进能源转型与结构升级，提效降耗、保障供给，更要降低能源成本，加强能效管理，切实推动能源消费革命、供给革命、技术革命、体制革命，加强国际合作，建立清洁、高效、经济、安全、可持续的现代能源体系。

（一）推动能源体制改革，破除体制瓶颈

推动能源体制革命，要坚定不移推进改革，还原能源商品属性，构建有效竞争的市场结构和市场体系，形成主要由市场决定能源价格的机制，转变政府对能源的监管方式，建立健全能源法治体系。

建立规则统一、功能互补、多层级的现代能源市场体系，分离自然垄断业务和竞争性业务，逐步放开竞争性领域和环节，完善市场准入，鼓励各类投资主体有序进入能源产业的各个领域。明确电网和油气管网功能定位，推进基础设施建设运营体制改革，逐步建立第三方公平接入、互联互通、供需导向、可靠灵活、运输与销售分离的电力和油气输送网络。完善促进核电、水电、风电和太阳能在全国更大范围内消纳的市场机制，加快培育互联网能源、分布式能源和综合能源服务市场。积极推进原油、成品油、天然气、煤炭、电力期货市场建设，逐步形成具有国际影响力的亚太地区能源市场中心。

完善市场价格机制。放开竞争性环节市场价格，形成由市场决定的价

格机制。实施油气和电力领域"管住中间，放开两端"的价格机制，逐步放开成品油出厂价、批发价和零售价以及天然气价格，由市场竞争形成，强化对具有自然垄断性质的管输等环节价格和配气价格的监管。建立充分反映能源资源稀缺程度、市场供求关系、环境成本和社会可承受的能源价格机制。建立完善对生活困难人群和一些公益性行业的定向补贴和救助机制。消除价格的交叉补贴现象，健全能源价格监管制度，形成各种能源品种之间合理的比价关系。

建立现代能源治理体系。理清政府和市场的边界，制定完善的"权力清单、负面清单、责任清单"，真正做到"法无授权不可为、法无明文禁止即可为、法定责任必须为"。设立高级别的能源管理机构，改革能源发展的战略谋划，综合运用规划、政策、标准等手段，规划行业发展，实施行业宏观管理。加快简政放权，继续取消和下放行政审批事项，切实减少政府对微观事务的干预。健全监管组织体系，明确监管责任，加强监管能力建设，创新监管方式，维护公平公正的市场秩序。加快提升能源普遍服务的能力和水平，加强储备、预警、应急能力建设，提升储备和应急响应水平，确保能源运行完全和紧急状态下社会秩序稳定。

建立现代能源法治体系。研究制定"能源法"。修订完善《电力法》、《煤炭法》，实施好《可再生能源法》、《节约能源法》。研究制定"石油天然气法"以及能源公用事业法、原子能法。加快制定和完善与能源法律相配套的能源行政法规及规章，制定颁布海洋石油天然气管道保护条例、国家石油储备管理条例、核电管理条例、可再生能源法实施条例、能源监管条例。完善《电力监管条例》、《电力供应与使用条例》、《电网调度管理条例》、《煤炭生产许可证管理办法》。制定和修订《电力工程质量监督管理规定》、《可再生能源电力配额管理办法》以及《电力二次系统安全防护规定》、《天然气基础设施建设与运营管理办法》。做好执法监督和法制服务，完善行政处罚工作制度，积极指导、服务地方和企业的能源法律工作，指导能源系统的法制建设，积极推动普法，全面推进依法行政。

创建现代能源监管体系。推动"政监分离"改革，设立独立、统一、专业化的监管机构，健全中央和省两级的、垂直的监管组织体系（包括派出机构）。明确监管责任，主要负责经济性监管，加强社会性监管，确保以管网为核心的网络型基础设施等自然垄断环节的公平竞争。加强监管能力建设，创新监管方式，提高监管效能，维护公平公正的市场秩序。

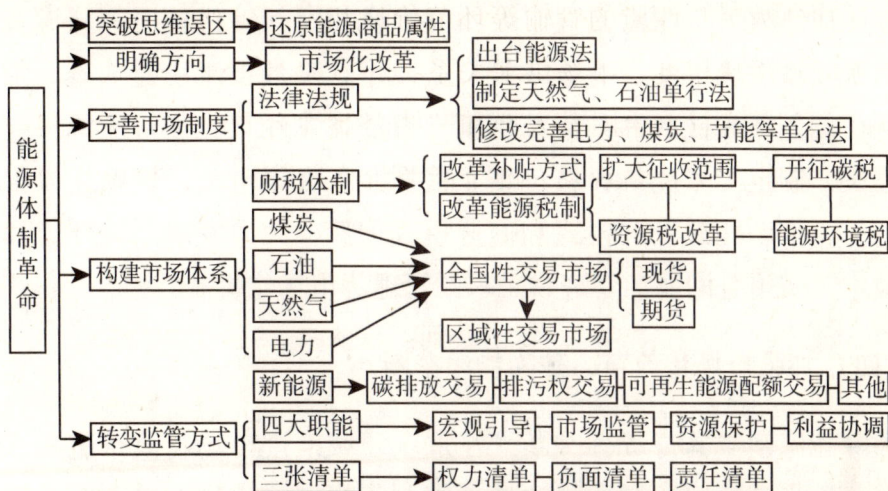

图6　能源体制革命逻辑框架图

（二）推进能源供给侧改革，实现科学发展

在国内经济增速放缓、能源消费增长减速、发展动力转换的背景下，亟须推进能源供给侧结构性改革，既要"去产能"，又要"调结构"，推动能源发展方式由粗放式发展向提质增效转变，实现能源系统运行效率的整体提高。在"去产能"上，要积极稳妥地化解煤炭行业过剩产能，严控增量、优化存量，通过兼并重组方式，发展壮大优质企业集团，引导落后产能有序退出。建立统一开放、竞争有序的煤炭市场体系。要解决煤电过剩问题，严格控制煤电新开工规模，为新能源发展预留空间。在"调结构"上，要积极发展新能源，统筹清洁电力供给与能源消费、电网建设与新能源发展、新能源与传统电源等关系，切实解决弃水、弃风、弃光问题，大力发展分布式能源，化解电力消纳与上网瓶颈，有序发展新能源。同时，优化高耗能产业和能源开发布局，推动能源协调发展和互补利用，提高能源系统的智能化水平和运行效率。

（三）推动能源技术革命，着力提效降耗

坚持创新发展，通过技术创新，提升能源利用效率，降低能源成本。

加强能源科技创新，掌握最先进的能源技术，加快成熟技术的产业化推广应用和关键核心技术的集中攻关，争取在新一轮能源科技革命中走在世界的前列。以页岩气、深海油气、天然气水合物、新一代核电等能源领域重大科技专项攻关为抓手，突破一批核心技术，降低技术引进成本。加快能源体制机制创新，破解制约能源创新发展的体制约束，加快能源科技创新体系建设，制定国家能源科技创新及能源装备发展战略。同时，以提效降耗为目标，推动能源发展模式和商业模式创新，大力发展节能环保和能效提升技术，实施合同能源管理、需求侧管理等市场化机制。

（四）加强市场化改革，破除能源垄断

破除能源领域的行政性垄断，在重点领域推进市场化改革进程。在油气领域，逐步废除原油和成品油进口管制等规定。破除上游勘探开采环节的行政性垄断，允许国有油气公司向市场转让油气矿藏资源。组建油气资源交易所，实现各类油气资源在平台上公开竞价交易，实行油气矿藏的公开、透明拍卖。探索取消油气勘探专营制度，开放油气勘探开采环节。在天然气管道和电网方面，要将具有自然垄断属性的生产环节从现有的油气公司和电力公司分离出来，并以收取过网费和过管费的形式对管网进行自然垄断经营。同时，放开生产和销售这两个竞争性环节以及天然气管道和输电网的投资建设。通过网运分离，形成中间运输环节自然垄断，生产和销售两头充分竞争的市场结构。

（五）深化价格机制改革，理顺供求关系

在区分竞争性和非竞争性业务的基础上，对油气管网、输电网络等自然垄断环节，核定其输配成本，确定企业的合理回报率，加强价格和成本监管。对于其他竞争性环节，则应打破垄断格局，通过竞争形成市场化的价格机制。

要分行业进行有针对性的价格改革。煤炭方面，继续完善煤电联动机制、完善交易平台建设，以及建立覆盖煤炭全成本的价格机制。加快推进煤炭资源税从价计征改革，完善煤电价格联动机制，深化煤炭价格市场化机制，形成覆盖全成本的煤炭价格。石油方面，完善调价周期、调价频率、

调价幅度、调价方式等定价机制，时机成熟时可将定价权下放给行业协会或企业，政府做好监管。天然气方面，应以产业链体制改革带动天然气价格改革，形成"管住中间、放开两头"的监管模式，从根本上理顺天然气价格机制，目标是完全放开气源价格和终端销售价。加快上游气源多元化改革，落实管网、储气库、LNG接收站等基础设施的公平开放，实现管输成本的独立核算。电力方面，单独核定输配电价，分步实施公益性以外的发售电价格由市场形成，妥善处理电价交叉补贴，加快淘汰落后产能。完善水电、风电、抽水蓄能等价格形成机制，出台电动汽车用电价格政策，促进清洁能源发展。同时，实行分类电价、分时电价、阶梯电价等电价制度。

（六）推进资源税改革，实现税价财联动

积极推进资源税改革，通过对化石能源采取环节征收资源税的方式，将资源与环境成本计入价格，形成全要素成本价格，理顺化石能源与清洁能源比价关系。通过资源税改革，将税负传导到整个产业链，推动税、价、财联动。在生产环节，促进能源生产企业提高生产工艺，采用节能技术，挖掘生产潜力。在消费环节，促进能源消费企业进一步节能降耗，使中高收入居民提高节能意识，调整生活习惯。同时，发挥财政资金转移支付作用，适度提高低保标准，减小低收入阶层受价格上升影响。

（七）加快能源结构调整，实现绿色发展

坚持绿色发展，在控制能源消费总量的同时，优化发展和降低化石能源比重，大力发展非化石能源。一是严格控制新增火电项目，提高煤炭清洁利用水平。按照碳排放峰值要求，倒推清洁能源装机容量，进而核算所需调峰火电份额，规划新增火电项目。同时，大力推进化石能源清洁高效利用，加快重点领域用能方式变革。二是适度发展水电。综合考虑移民和环保等问题，在严密慎重的考察调研论证基础上发展水电。三是稳步发展核电。在保障安全运行的前提下，合理安排核电建设项目，建立和完善核电安全运行和技术服务体系，因地制宜，稳步发展。四是有序开发风能，充分考虑风能的间歇性、随机性问题，论证大规模基地式发展带来的调峰

和市场消纳问题，统筹发电与电网规划，合理有序开发。五是积极发展生物质能，在不破坏生态环境，不与农争地、不与民争粮的前提下，积极发展。六要大力开发太阳能。及时研究制定支持太阳能开发利用的价格、财政和税收等政策，完善产业发展体系。七是重视开发地热能、海洋能等新能源产业。

（本文原刊载于《经贸导刊》2016年5月，与中国国际经济交流中心副研究员王成仁博士合作研究）

上篇　能源革命

一、能源革命之消费革命

孙中山先生曾经提出"知难行易",指出如果有"真知"指导,"则行之决无所难"。观念意识是一个行为主体的基本价值观和行为准则,它决定着主体的行为模式。要使一个主体的行为发生根本改变,必先使其观念发生根本改变。因此,实现能源生产和消费革命,首先要让其主体的观念意识发生革命。

树立新的能源消费观是关键

我国能源消费具有四个特征问题:一是人均资源占有量低,但人均消费量较高。我国资源从总量上看比较丰富,但人均能源资源拥有量在世界上处于较低水平。煤炭、石油和天然气的人均占有量仅为世界平均水平的67%、5.4%和7.5%(见图1)。[①] 近年来,能源消费总量增长较快,随着未来经济发展和城镇化的提速,我国近中期能源消费还将继续增长,资源约束矛盾将进一步加剧。

二是能源消费总量大、经济发展对能源的依赖大。从2000~2013年,我国能源消费总量从14.6亿吨标煤猛增到39.5亿吨标煤,居世界第一。与此同时,能源消费弹性系数偏高,从2000年到2013年平均为0.73,而发达国家一般不超过0.5,这说明我国经济增长对能源的依赖度高,能源效率

---

① 资料来源:英国石油公司:《世界能源统计年鉴2013》,2013年6月,www.bp.com;国家统计局人口和就业统计司:《中国人口和就业统计年鉴2013》,中国统计出版社2013年版。

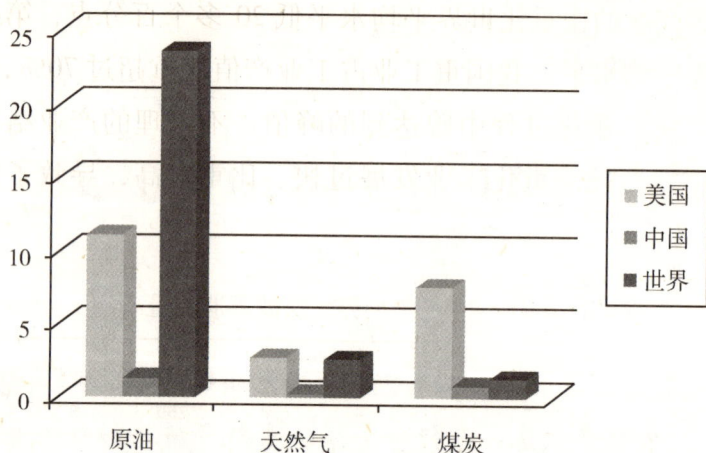

图1 世界主要能源拥有量对比

低。此外，我国能源消费强度高。2013年，我国GDP约占世界的12.3%，但能源消耗约占世界的22.4%，2012年我国单位GDP能耗是世界平均水平的2.5倍、美国的3.3倍、日本的7倍，也高于巴西、墨西哥等发展中国家（见图2）。

吨油当量/2011年千美元国内生产总值

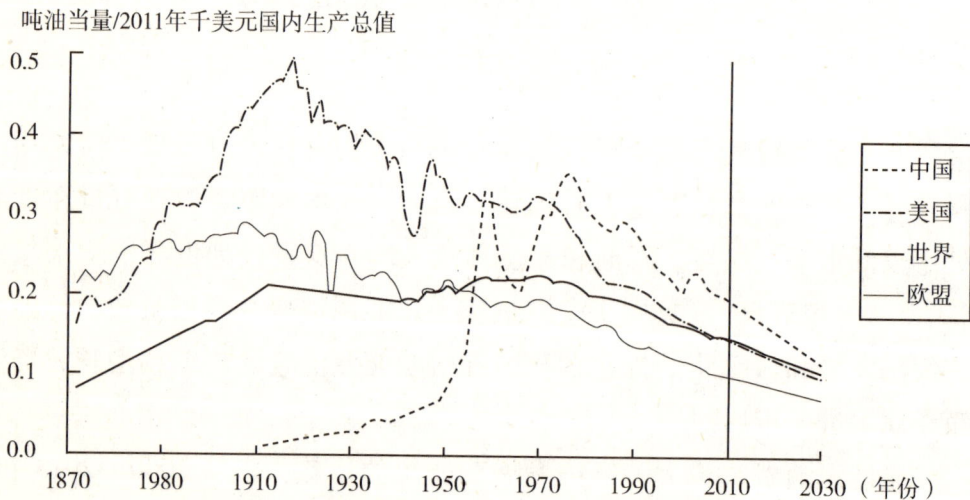

图2 世界各地区能源强度比较

三是产业结构不合理，导致能源消耗居高不下。单位GDP能耗畸高，这与我国发展阶段和产业结构有很大关系。在我国三次产业结构中，第二产业比重偏高，第三产业比重偏低；在工业内部结构中，高耗能行业所占比重过高。2012年，第二、第三产业增加值的比重分别为45.3%和

44.6%，第三产业的比重比世界平均水平低 20 多个百分点，第二产业的比重远高于世界平均水平。我国重工业占工业产值比重超过 70%，超过日本、德国、美国等在工业化过程中曾达到的峰值。不合理的产业结构制约了能效提高，特别是高耗能重化工业发展过快、比重过高，导致了能源消耗的强劲增长。

表 1			2007～2013 年世界一次能源消费量			单位：百万吨油当量	
年份	2007	2008	2009	2010	2011	2012	2013
美国	2 372.7	2 320.2	2 205.9	2 277.9	2 269.3	2 210.4	2 271.7
中国	1 951.0	2 041.7	2 210.3	2 402.9	2 613.2	2 795.3	2 903.9
日本	522.9	515.3	474.0	503.0	477.6	468.5	465.8
英国	218.3	214.8	203.7	209.0	198.2	201.9	201.4
法国	256.7	257.8	244.0	251.8	242.9	244.7	247.4
德国	324.4	326.7	307.5	322.4	306.4	316.7	325.8

四是环境承载力日渐脆弱，油气依存度不断上升。2013 年年初弥漫全国 1/7 国土面积的大规模雾霾天气折射出经济发展与能源消耗、环境承载力之间的尴尬困局。随着未来经济发展和城镇化的提速，近中期能源消费还将继续增长，资源约束矛盾也将不断加剧。近几年，我国石油消费缺口每年达 2 亿吨以上，对外依存度从 21 世纪初的 32% 迅速上升至目前的 57%，天然气对外依存度接近 30%，以油气品为代表的能源短缺已成为制约我国近中期经济发展的重大因素。

以上国情充分说明，大量的能源消耗与环境污染使得中国经济社会发展过程中的资源支撑力和环境承载力受到极大威胁与挑战。能源消费过快上升倒逼能源节约。节能不仅具有重要的生态环境价值，而且具有道德价值，符合效率原则，攸关我国未来经济社会可持续发展。节约能源实际上就是生产能源，我国能源消费节能潜力巨大。无论是生产用能还是生活用能，都属于能源消费的范畴。从理论上讲，能源消费的基本公式应该是：

$$能源消费量 = 节能量 + 能源供给量$$

在能源消费量既定的情况下，节约的能源就等同于生产的能源。因此，不少国际组织和专家将节能与煤炭、石油、天然气和核能等能源并列，称为"世界第五大能源"。2010 年，IEA 报告曾指出，改善能源效率对于保障能源安全具有极其重要的作用。如果中国国内能源供应规模保持不变，减少 1 亿吨标煤能源消耗，意味着可以减少 1 亿吨标煤的能源进口量，可以减低当年能源对外依存度 3 个百分点。

在当前的能源消耗中，有相当部分是由于观念不到位、行为不到位而产生的不合理消耗，把这部分不合理的消耗减下来，切实"瘦瘦身"、"减减肥"应该作为能源消费革命的首要任务与举措。我国节能潜力巨大，以往相当长时期内我们对节能没有给予足够重视。近几年，我国将节能优先上升到国家战略高度，并开始控制能源强度和消费总量。但从落实情况看，效果不是很理想，资金投入不够，行政手段多，市场手段少，还没有建立起从企业到个人自觉节能的长效机制。实现能源生产和消费革命，需要我们更新观念，树立新的能源消费观，下大力气挖掘节能潜力，着力提高能源转换效率、使用效率和产品的节能效率，构建节能型生产消费体系，促进经济发展方式和生活消费模式的转变。

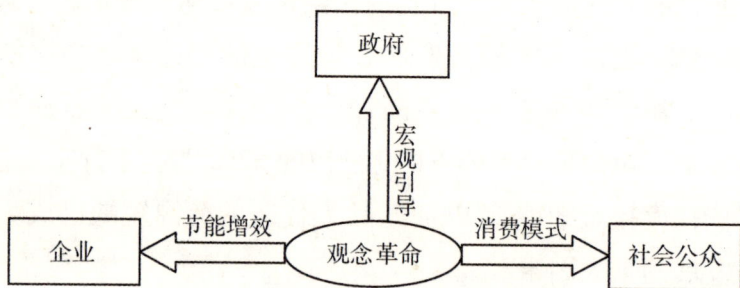

图3　能源消费主体的观念革命

从行为经济学角度讲，经济活动的结果最终取决于经济主体的行为取向。党的十八大三中全会报告指出要发挥市场在配置资源的决定性作用，更好的发挥政府作用。这为政府转变传统调控模式、转变传统管理思维指明了方向，政府要更多的发挥其在政策引导、产业规划、市场监管等方面的作用，减少对市场经济的直接参与；而企业作为经济活动的主要参与者，转变发展理念是其转变生产方式的前提，要摒弃传统单纯追求经济利润而忽视社会责任的粗放式发展模式，响应国家号召，践行绿色发展，实现节能增效；社会公众作为参加经济活动的微观主体，要摆脱过去陈旧观念的束缚，提高节能意识，转变不合理的生活消费方式。因此，我们从能源消费主体的维度，分政府、企业和社会公众三个层面分析如何做到观念革命，从而推动能源消费革命。

政府：正确舞动指挥棒

政府具有经济调节、市场监管、社会管理、公共服务等职能，作为能源生产和消费活动的组织者和引导者，政府的公共政策基调犹如指挥棒，对能源生产和消费全局起着重要的导向作用。

发展理念要革新，树立正确的政绩观。匈牙利著名经济学家亚诺什·科尔奈在其名著《短缺经济学》中深刻揭示了计划经济的体制痼疾，指出政府预算约束的软化鼓励了不负责任的借贷、投资与扩张行为，并导致"投资饥渴症"。很长时间以来，我们都将追求 GDP 的规模和速度作为推动经济发展的首要目标，这种政绩观必然带来资源能源的高投入，生产规模的盲目扩张。实际上，经济增长有其内在规律，并不是投入越大产出就越高。从经济学角度讲，经济增长与要素投入之间存在一个"均衡点"，越过这个点，产出反而会成为投入的减函数，出现"规模不经济"。或者说，经济发展存在一个"潜在增长率"，当实际增长率等于"潜在增长率"时，资源配置最优，要素投入最优，经济实现最优发展轨迹；当用行政的办法不切实际地拉动经济增长、超过"均衡点"或"潜在增长率"时，带来的往往是能源消费量的过度消耗，使得经济增长的质量和效益大打折扣。实现能源生产和消费革命，必须将经济发展理念从追求数量和规模转向提高质量和效益上来，实现能源消费约束下的经济效益最大化。同时，改变对地方政府的政绩考核方式，将单位 GDP 资源占用、能源消耗等指标纳入考核体系，激励地方政府在推动经济发展的同时更加注重降低能源消耗和保护生态环境。改变中央和地方财政分成体制，改革地方税制，从根本上扭转地方政府热衷推动经济增长的行为。

在传统的经济发展理念下，地方政府热衷通过上大项目、高投资竭力做大 GDP，形成"政绩＝GDP 规模＝投资"的怪圈，造成大量能源、资源浪费。实现能源生产和消费革命，地方政府必须摒弃 GDP 主义，树立正确的政绩观，将经济发展的质量和效益作为促进地方经济发展的根本立足点。

无论中央政府还是地方政府，都应按照党的十八大提出的经济、政治、文化、社会以及生态文明建设"五位一体"的总体部署，摒弃单纯追求经济发展而忽视提高经济发展的质量和效益，不计社会效益、资源和环境代价的粗放式发展模式。

发展方式需要转型，科学引导经济结构调整方向。我国传统经济发展方式存在着一系列问题：如高投资、高消耗、高浪费导致的经济低效率，在经济高速增长的同时付出沉重的环境代价，社会发展不协调问题愈益突出，区域和城乡之间发展不平衡的问题没有从根本上得以缓解，进出口贸易不平衡和出口方式粗放等，其根本原因是经济结构不合理。因此，推进经济结构战略性调整是转变经济发展方式的主攻方向，也是降低能源消耗的必须之举。结合我国当前能源领域存在的问题，国家宏观政策需要从需求结构、产业结构、区域结构等方面科学引导经济结构调整方向。

在消费、投资和出口这三大需求结构中，我们需要优化产品出口结构，减少高载能产品的出口。随着全球化的发展，能源消耗与环境污染已不再是单个国家独自生产与消费的后果，而是全球化贸易往来的综合结果。经济总量的提升、对外贸易的活跃使我国在成为贸易大国的同时，也成为一个能源消费大国。由于在国际分工体系中仍处于产业链的低端，与发达国家相比，我国生产同样单位价值的商品需要耗费更多的能源。过去几十年，我国生产出口商品所消耗的能源增长很快，20世纪80年代出口商品中的能源含量不到1亿吨标油；90年代不到2亿吨标油；2005年则达5.23亿吨标油，其中1980年至2005年间，出口商品的生产用能年均增长13.46%。据统计，我国出口内涵能源为进口内涵能源的1.92倍，出口内涵能源与进口内涵能源的差额大于进出口价值量的差额。近几年，出口商品中的能源含量进一步快速增长。研究表明，近年我国直接和间接出口的一次能源已占到能源消费总量的1/4。同时，我国能源结构以煤为主，核能、可再生能源等非化石能源比例低，单位能源消费的二氧化碳排放因子比发达国家高30%以上。因此，进出口内涵能源的二氧化碳排放量的差额较内涵能源量的差额还要大。

从产品结构看，我们出口的基本上都是能源投入高、产品附加值低、能源密度高的商品，而进口的却多是科技含量高、能源投入少、产品附加值高、能源密度低的商品。中国每年二氧化碳排放中有近15%是承担了转移排放。一方面净内涵能源出口会加重中国资源环境的负担，增加中国的节能减排压力；另一方面发达国家为保护本国企业的竞争力，可能会实行绿色贸易壁垒或采取新形式下的贸易保护主义。这对将中国出口贸易提出严峻挑战，但同时也是中国转变出口产品结构、向价值链高端发展的机遇。鉴于此，我国需进一步加大对出口领域节能的重视，针对重点出口地区、行业和企业，加大节能技术改造扶持力度，引导出口转型升级。同时，改善外贸结构，推动外贸发展从能源和劳动力密集型向资金和技术密集型转变，降低高载能产品出口。

在产业结构方面，我们需要降低第二产业和高耗能产业比重。世界各国工业能源消费一般只占能源消费总量的1/3左右，而我国工业能耗占比超过70%，其中能源化工、建材、钢铁、有色金属四大高耗能产业能耗已占到全社会能源消费总量的一半。根据国家能源局相关研究，如果我们降低第二产业1个百分点，相应提高第三产业1个百分点，单位GDP能耗可以降低1个百分点。据我们测算，在其他条件不变的情况下，2015～2030年，第二产业降低1个百分点，能源消费总量减少0.5亿～0.84亿吨标煤。按照2010年GDP当年价格推算，如果2020年第二产业比重从2010年的46.7%降至45.1%，则可节约0.9亿吨标煤；如果2030年降至42.3%，则可节约3.7亿吨标煤。可见，通过改变产业结构节约能源的效应十分显著。政府应把调整产业结构作为节约能源的战略重点，加强总体规划和顶层设计，不断提高第三产业比重，降低第二产业比重，严格控制低水平重复建设，加速淘汰高耗能、高排放落后产能。

表2 三次产业结构预测 单位:%

年 份	2010	2015	2020	2030
第一产业	10.1	8.9	7.6	5.7
第二产业	46.7	45.9	45.1	42.3
工业	40.1	39.2	38.5	36.8
建筑	6.6	6.7	6.6	5.5
第三产业	43.2	45.2	47.4	52.0

年　份	二产比重（%）	消费总量（亿吨）	二产比重（%）	消费总量（亿吨）
2010	46.7	23.7	46.7	23.7
2015	46.7	40.5	45.9	40.1
2020	46.7	49.9	45.1	49.0
2030	46.7	66.0	42.3	62.3

表3　　　　　　　　产业结构变动与能源消费总量预测

注：此处比重为2010年GDP当年价格。

表4　　　　　　　　产业结构变动与能耗差异

年　份	单位比重变化能耗（亿吨）	二产比重差异（%）	能耗差异
2015	0.50	-0.80	-0.4
2020	0.56	-1.60	-0.9
2030	0.84	-4.40	-3.7

　　在区域结构方面，结合新型城镇化背景，我们需要优化能源生产和消费区域布局，减少因长距离输送带来的不必要的能源损耗。优化区域能源结构，需要处理好东部、中部和西部的关系，在全国各地区之间形成既有分工又有协作的能源生产和消费格局，促进区域经济协调发展。由于区域发展战略和产业布局的历史原因，我国能源分布与能源消费呈逆向分布，煤电油气等能源生产主要集中于西部，而能源消费则主要集中于东南沿海，因此长期以来形成了能源的大规模远距离输送的能源消费格局。在历史形成的产业布局下，这种能源消费格局将西部的资源优势转变为经济优势，也满足了东部优先的国家区域发展战略要求，但同时也造成了大量的电力线损、油气管网损耗，以及铁路运输的巨大压力。试想，如果我们在产业布局上做一些调整，将一些高载能的产业布局于中西部的资源能源富集地，或在体制上进行松绑，允许小规模分布式就地消纳的分布式能源遍地开花，那么很多不必要的能源输送损耗会省去，我国的产业格局、区域发展格局都会发生积极变化，城镇的能源消费模式也会随之变革。

资料专栏1

中国产业结构低碳转型潜力巨大

中国是世界上最大的发展中国家。为尽早实现现代化，中国采取了赶超式发展模式——工业化、特别是重工业发展优先的产业倾斜发展战略。经过长期艰苦努力，中国的现代化发展取得了举世公认的成就。然而，这种倾斜发展模式在造就了国家整体经济实力大幅提升的同时，也推动了中国能源消费需求和温室气体排放的快速增长。目前，中国已经成为全球第一大能源消费国和第一大碳排放国。

进入21世纪以来，处在转型时期的中国现代化建设遇到了较之以往更为严峻的挑战。这种挑战不仅来自本国日趋脆弱的资源环境基础，而且也来自不断增长的国际贸易竞争和全球环境恶化的压力。此种背景下，未来中国现代化的进程已经无力延续传统的产业结构和能源供应结构演进方式。

初步判断，中国未来20~30年的经济总量有可能继续保持良好的发展态势。由于长期的粗放发展，未来中国低碳经济发展的空间巨大。若判断得当，实施得法，产业结构和能源供应结构两者的改善在未来国家低碳经济发展中贡献极有可能达到70%以上，其中，产业结构低碳演进的贡献度有望达到60%（或为整个结构减排总量的约85%）；与之相比，国家能源供应结构的低碳化演进则将依然举步维艰。但是，若能充分利用国内市场的巨大增长潜力和合理利用全球能源供应市场的有限空间，中国能源供应结构的低碳化改善仍可取得一定进步，在国家节能低碳经济发展中的贡献度也有望超过10%（或为整个结构减排总量的约15%）。

资料来源：张雷、李艳梅：《基于结构演进的中国低碳发展特征及潜力分析》，载于《鄱阳湖学刊》2010年第3期。

能源政策需调整，实现"柔性"转向。我国在"十二五"时期实施能源消费强度和消费总量"双控制"，以此来倒逼能源消费结构调整。2012年，全国一次能源消费总量约为36.2亿吨标煤，到2015年拟控制在40亿吨标准煤左右，这意味着后三年的能源消费年均增量只能控制在1.3亿吨标煤以内，而根据近些年能源消费的增长情况，这一空间不被突破很难。因此，从实事求是的角度出发，为避免类似拉闸限电的本末倒置式节能行为再次发生，能源政策应改变过去偏重刚性的、行政指令性的调控，注重指导性和规划性，更多采用经济激励、市场机制的柔性政策。总量和强度控制是能源节约的结果而不应作为手段，不宜实施分解指标和"问责制"，因为其本质上不是一种市场化的长效机制，容易使政策效果"跑偏"或导致地方政府"反弹"。从长期来看，可以通过调整资源税税率、计征方法、开展碳排放交易等经济手段进行调控，改革体制机制释放制度红利，加快技术创新，多管齐下降低能源消费总量消费强度。同时，将能源消费的存量和增量分开，核定存量，合理控制增量，新增项目必须是低能耗、低排放的项目，国家设定相应的技术标准，以此来取得更高质量的经济增长。

资料专栏 2

深圳率先启动碳排放权交易

经过近两年准备，深圳碳排放权交易于 2013 年 6 月正式上线启动，这标志着中国的碳排放交易试点工作进入新阶段，这也是中国政府在减排行动中发挥市场机制的积极探索。碳排放权交易，是指通过设计碳排放总量，明确参与企业、行业范围，对碳排放权指标进行"配额"分配的交易方式，从而达到节能减排、控制温室气体的目标。

深圳是全国首批 7 个碳排放权交易试点省市之一。作为中国第一个正式运行的强制碳交易市场，18 日首日共完成 8 笔交易，成交 21 112 吨配额，最低成交价为每吨 28 元，最高成交价为每吨 32 元。目前，深圳已将 635 家工业企业纳入碳交易市场中。按计划目标，在 2013～2015 年，这 635 家单位获得配额总量合计约 1 亿吨，到 2015 年这些企业平均碳强度比 2010 年下降 32%。

此前，中国政府在推进节能减排和生态保护方面，更多是依赖强制手段和行政命令，由于市场机制没有充分发挥，作为碳排放主体的企业却鲜有自觉减排意识。由于碳排放交易体系的建设处于起步阶段，碳权主体意识、成本意识不强，交易机制、管理制度还不完善。在"配额制"运行过程中，一些企业可能由过去的"跑项目"转为"跑份额"。目前，作为中国首批碳交易试点的北京、上海、天津、重庆、湖北、广东等省市预计在未来一年陆续启动碳交易权上线。国家发展改革委表示，在7个试点启动运行后，最终目标是建立全国碳交易市场体系。一方面，国家正在统一企业的核算方法，涉及电力、钢铁、有色建材、化工、航空等行业；另一方面，已着手资源交易和碳排放权的注册登记系统的设计。全国性碳交易体系的建立是对既有利益和新兴利益的重新分配，也关系到行业企业未来发展方式的转变。

国有企业需引导，改革完善传统的考核方式。目前，国资委对国有企业的考核，往往侧重对总量和规模的考核而缺乏对其单位资产经济效益的考核，致使企业一味追求做大做强，导致效率低下，浪费现象严重。引导国有企业专注于发展的质量和效益，需要改革对国有企业的传统考核方式。考核国有企业的"资产总量排名"、"发电装机总量排名"等规模指标不应有过高权重，避免"资产总量末位淘汰"这类可能促使某些企业非理性发展的政策。改革国有企业经营业绩考核办法，增加效益、效率方面的指标与权重，特别是对单位能耗与排放指标的考察。同时，需要严格区别对竞争性业务和自然垄断业务的不同考核方式，对前者考核单位资产利润率，即考核其经济效益；对后者考核其经营效率，例如单位资产输配电量、单位资产的输配气量等。

企业：能效就是竞争力

在我国一次能源消费总量中，居民生活用能和农业生产用能不到15%，而以企业为主体的工商业消耗了85%以上的能源。因此，企业能源消费观念的转变是能源消费革命的关键。对企业来说，重点是树立以提高竞争力为主的企业发展理念，转变企业发展方式。

目前，我国企业特别是国有企业能耗普遍较高。高耗能企业的盲目扩张不但会导致能源的巨大浪费，还会造成环境污染，由于过度投资造成的低水平重复建设和产能过剩已成为当前经济调控的重点问题。另一方面，我国企业的能源利用效率和世界发达国家也有较大差距，例如2012年中国GDP仅占世界总量的11.6%左右，而国内钢材消费量却占世界钢材总消耗的近45%，水泥消费量大约占世界水泥总消耗量的54%。国有企业作为我国的经济支柱，在国民经济的关键领域和重要部门中处于支配地位。因此，在进行能源消费革命，实现节能增效的目标上，国有企业更应该积极发挥带头作用，转变发展观念，提高能源利用效率。

第一个理念是，企业发展应从注重规模扩张向提高国际竞争力转变。随着中国经济进入"换挡期"，对企业而言，基于行业地位和能力的竞争优势日益重要。企业很难再像过去那样雇一些工人开一家工厂，然后模仿其他企业以获得竞争优势。劳动力市场不再由农民工和初次上岗的年轻人来主导。企业规模及其在现有产业群中的地位变得更加重要。终端市场和品牌认知越来越稳定。基于以上变化，只在必要情况下扩大现有运营规模和现有组织将不再可行，而且无法满足发展的要求，新形势下企业发展的指导思想须以提高竞争力为宗旨。在经济全球化和跨国公司竞争的日趋激烈，国内经济结构调整和转变经济发展方式的背景下，企业应积极应对复杂多变的国内外经济环境，加快推进产业升级和结构调整，加强技术和管理创新，强化节能减排，提升质量和效益，不断提高企业竞争力。

第二个理念是，企业发展应从依靠物质资源消耗向依靠技术管理创新转变。长期以来，我国企业发展方式较为粗放，盲目延伸产业链或实施多元化经营，"大而不强"、"大而不精"、"大而不优"的情况普遍存在，不仅使企业发展的质量和效益大打折扣，也影响到企业在国际市场上的竞争力。我国企业由于盲目扩张招致失败的案例比比皆是，光伏行业的"标杆"企业——无锡尚德的盛极而衰则是其中的典型代表。无锡尚德2002年9月首条封装线投产，年产能10兆瓦，当年12月即开始赢利。2005年在美国上市后，股价不久涨至40美元，成为全球最有价值的光伏企业。此后，受益于欧美光伏市场的一系列强有力政策的刺激，以及国内对光伏产业的扶持，无锡尚德出现"裂变"式增长。2006~2011年，尚德电力主营收入从44.9亿元人民币提升至202亿元，股价曾一度超过90美元。截至2012年年底，尚德电力的年产能达2.4吉瓦，10年中产能扩张了240倍。此外，在美国、德国、日本、澳大利亚拥有多家分公司和研发机构。无锡尚德拥有良好技术、品牌，导致其一步步走向破产重整的原因，除了行业恶性价格战、国外贸易战升级、金融危机等外部环境问题外，更有快速扩充产能中债台高筑的行业通病（见资料专栏3）。因此，实现能源生产和消费革命，企业必须改变贪大求全，过度追求产业规模扩张的粗放式发展方式，实施集约化经营，由主要依靠物质资源消耗推动向主要依靠科技进步、产业升级、劳动者素质提高、管理创新驱动的内涵式发展方式转变。

资料专栏3

债权清单显盲目扩张之痛

截至2013年5月下旬，首次债权人会议召开时，共有529家无锡尚德的债权人申报了债权，申报总额达173.96亿元，包括82亿元人民币、14亿美元、4亿泰铢及14万欧元等。申报总额中，银行债权金额为70多亿元，供应商金额为90多亿元。

无锡尚德破产重整中的债权清单只是整个光伏产业高负债的冰山一角。中国光产业联盟的数据显示，2007~2012年，中国光伏行业连续6年年增速超过100%，产能扩张至60吉瓦。全国31个省市自治区均把光伏产业列为优先扶持发展的新兴产业；600个城市中，有300个发展光伏太阳能产业，100 多个建设了光伏产业基地。

"这样的产能粗放式增长主要依赖于银行的贷款资金支撑。"多位光伏业内人士分析，"无锡尚德破产重整中的债权申报清单揭示出，前几年大肆举债扩张产能的光伏企业，其债务压力、资金成本居高难下。这类企业貌似强大，实则资金链十分紧张，弱不禁风。当前最能决定其生死的不是产能规模，而是稳健的财务状况。"

第三个理念是，企业发展应从单纯追求经济效益向兼顾社会责任转变。将节能减排作为自觉行为，做受社会尊重的企业和企业家。根据熊彼特的定义，企业家的功能是："通过利用一种新发明，或者更一般地利用一种未经试验的技术可能性，来生产新商品或者用新方法生产老商品；通过开辟原料供应新来源或产品的新销路，以及通过改组工业结构手段来改良或彻底改革生产模式。"而克雷格·霍尔进一步指出，"企业家不仅是社会的革新者，更是社会责任与信用关系的维护者，并且致力于推进社会进步。"以我国电力行业为例，目前，我国煤炭资源丰富的禀赋决定了电力装机在相当长的时间内仍将以煤电为主，电力发展主要依赖煤炭的格局在短期内难以改变。发电行业的碳排放量占我国总碳排放量的 40% ~ 50%。大力发展洁净煤发电，减少二氧化碳的排放，不仅是我国应对国际社会舆论压力的现实需要，更是促进我国电力工业可持续发展的必然选择。在这方面，华能集团走在了行业的前列。华能集团自 2004 年起，就在我国发电企业中率先提出了"绿色煤电"计划，旨在研究开发、示范推广能够大幅度提高发电效率，达到污染物和二氧化碳近零排放的煤基发电系统。作为世界第六、我国首座 IGCC 示范电站，华能天津 IGCC 电站，便是该集团"绿色煤电"计划的重要组成部分，该 IGCC 电厂于 2012 年 12 月 12 日投产，至今投产整整一年。专家表示，相比于常规燃煤发电技术，IGCC 具有发电效率高、污染物排放低等特点，IGCC 污染物的排放量约为常规燃煤电站的 10%，脱硫效率可达 99%，氮氧化物排放只有常规电站的 15% ~ 20%。同时，IGCC 能够同二氧化碳捕集与封存相结合，以较低成本大幅度削减二氧化碳排放，相对最容易实现二氧化碳的近零排放。从华能集团《2012 年可持续发展报告》中可以看到，华能集团始终把绿色发展作为实现企业可持续发展的必由之路，通过坚持节能减排的产业政策，依靠严格管理和技术进步，挖掘节能降耗潜力；提高能源、资源清洁高效利用水平；致力生态保护，实现环境友好。而在追求绿色发展的过程中，华能集团的企业效益也有了明显提升，2012年，华能集团实现利润同比增加59.3亿元，经济效益创历史最好水平。从华能集团的发展历程可以看出，企业要实现能源生产和消费革命，必须要转变发展理念，做负责任的企业，而走节能低碳的可持续发展之路不仅仅是实现企业社会价值的必然选择，也是企业在日益激烈的竞争中立于不败之地的必然选择。

社会：勿以善小而不为

中国自古以来就是个崇尚节俭、反对浪费的国度。在 2000 多年前的《左传》中便有"俭，德之共也；侈，恶之大也"的训诫。可是，进入现代社会，随着我国综合国力的迅速挺高，人们生活水平不断改善，勤俭节约这一优良传统已被大多数人所遗忘，奢侈、浪费已成为我们身边司空见惯的现象，铺张炫富似乎已成为一些人的个人价值观。而近两年来媒体曝光的"舌尖上的浪费"、"包装浪费"、"奢侈品浪费"案例层出不穷，其数额之大令人触目惊心，扼腕痛惜。

资料专栏 4

"舌尖上的浪费"

据专家估计，中国人在餐桌上浪费的粮食一年高达 2 000 亿元，被倒掉的食物相当于 2 亿多人一年的口粮。据中国农业大学专家课题组研究推算，我国一年仅餐饮浪费的食物蛋白质就达 800 万吨，相当于 2.6 亿人一年所需；浪费脂肪 300 万吨，相当于 1.3 亿人一年所需。

简单进行换算，我国每年损失和浪费的粮食、肉类和水产品总量，折合成标准粮约为 8 288.5 万吨，比黑龙江和河南两个产量大省年产量高 600 万吨以上，相当于产量大省四川的 1.88 倍，湖北省的 2.59 倍以上。据折算，我国每年损失和浪费的粮食，相当于 1.55 亿亩良田生产的粮食总量。

资料专栏 5

"包装浪费"

推崇外表，公款消费，与商家追逐高利润的动机，让过度包装大行其道。专家指出，我国每年各类包装物产值约为 1 万亿元，其中直接废弃的占 40%，高达4 000亿元，资源浪费惊人。豪华包装既成为生产企业谋取暴利的一种手段，又推高了普通消费品的价格，还助长了铺张浪费的不良社会风险，亟待予以遏制。公开数据表明，我国已成为世界上包装浪费问题最严重的国家之一，城市生活垃圾中1/3属于包装垃圾，占到全部固体废弃物的一半。

资料专栏6

"奢侈品浪费"

越来越多的人追求奢侈品消费，凸显中国"未富先奢"苗头。国际知名管理咨询公司贝恩公司2012年年底发布的《中国奢侈品市场研究报告》显示，中国人已成为世界最大奢侈品消费群体，2012年中国人买走了全球约1/4的奢侈品，消费总额达3 060亿元。中国购物者的强大购买力正推动全球奢侈品行业创下自2008年全球经济衰退以来连续第三年的强劲增长。

可是，与之形成鲜明对比的是，2012年我国人均GDP仍排在世界近90名，人均可支配收入还要靠后许多名。按2011年提高后的贫困标准（农村居民家庭人均纯收入2 300元/年）计算，我国还有约1.2亿的贫困人口，许多农村地区群众受到物质匮乏和营养不良的困扰。

社会公众应从观念和行为入手，切实树立节约的理念，做到"勿以善小而不为，勿以恶小而为之"。第一，要树立"节约光荣、浪费可耻"的新消费观。各种"浪费"背后均是资源能源的巨大浪费。推动能源生产与消费革命，必须转变消费理念，努力营造节约为美的社会新风尚。大手大脚、片面追求奢华的背后反映出一些消费者盲目攀比、推崇外表、忽视品质的消费心理和"好面子"的心理特征。刹住奢侈浪费之风，需要全社会转变消费观念，从每个人、每个家庭、每个机构做起，让节约成为"面子"的新内涵，成为社会的主旋律。

第二，践行"低碳节能、绿色环保"的生活方式。除了让节约为荣、浪费为耻的消费观念深入人心，国家还应加强制度层面建设，探索建立厉行节约、杜绝浪费的长效机制，引导全社会、全民践行低碳节能的生活方式，如倡导低碳、绿色出行，节电节水，从日常生活的点滴做起。各级政府应严格执行中央的"八项规定"和"六项禁令",完善相关法律法规和标准体系,加大监管力度,同时制约公款消费,遏制公款送礼之风。行业组织应制定本行业发展相关标准,提高全行业形象和产品质量,发挥龙头企业引领和倡导作用,增强社会责任感,注重可持续发展,多策并举解决过度包装、奢侈浪费问题。

转变消费观念,改变消费模式对能源消费总量的影响是巨大的。仅通过随手关灯,重复用水等日常生活中一些习惯的改变,就能节约可观的能源。相关统计资料显示,每节约 1 度电,就可节省 0.4 千克的标准煤,节省 4 升净水,减少 0.272 千克粉尘,减少 0.03 千克二氧化硫的排放,而节约用电,转变电力消耗模式,既有利于减少污染,更可节约社会对电源、电网投资,提高电力资源利用效率。比如,增加 1 千瓦的供电能力,社会需投入 1 万元,而节约 1 千瓦的电力仅需投入 500～2 000 元。另一方面,如果平均每个月少开一天车的话,一年下来就能节省 44 升汽油,能减少 98 千克二氧化碳排放量。以 2012 年的数据为例,全国有 5 308 万私人轿车,每辆车每月只要少开一天,全国就能节约汽油 24.5 亿升,也就相当于减少 537 万吨的二氧化碳排放量。我们测算,2010 年我国人均生活终端能源消费总量为 0.26 吨标准煤,如果能源消费增速降低 10%,2020 年可节约 1 581 万吨标准煤,2030 年可节约 2 467 万吨标准煤;如果能源消费增速降低 20%,2020 年可节约 3 117 万吨标准煤,2030 年可节约 4 387 万吨标准煤。

表5　　　　　　　　　个人节能习惯对能源消费总量的影响预测

年度	人口（万人）	人均能源消费（吨标准煤/人）	增速降低		总节能量（万）	
			10%	20%	10%	20%
2010	134 091	0.26	0.26	0.26		
2015	140 159	0.3045	0.2995	0.2946	696	1 382
2020	143 287	0.36	0.3440	0.3332	1 581	3 117
2030	145 330	0.40	0.3830	0.3667	2 467	4 837

注:上述测算仅针对居民生活的直接终端能源消费,包括采暖,炊事,洗浴等。

（本文完成于 2013 年 12 月,原刊载于《中国能源生产与消费革命》,社会科学文献出版社 2014 年版）

二、能源革命之供给革命

节能发电调度与电力工业节能减排

2007 年 8 月 2 日，国务院国办发〔2007〕53 号文批复了国家发改委等部门的《节能发电调度办法（试行）》，要求发改委会同有关部门认真组织试点，改革电力行业现行调度方式，开展节能发电调度，并将逐步覆盖全国所有并网运行的发电机组。节能发电调度之所以受到高度关注，不仅因为电力调度是电力生产的中心环节，对电力资源配置发挥着重要作用，更主要的是节能调度体现了对转变电力工业经济增长方式的一种追求，是合理利用现有存量资源获取更大经济效益的一种制度的优化。节能调度的推行必将对我国电力工业的节能减排和可持续发展产生积极而深远的影响。

一、什么是节能发电调度

电力调度理念的演变是与电力行业发展面临的宏观环境紧密相连的。20 世纪 90 年代电力市场化改革以前，各国的电力行业都以垂直一体化的垄断模式运行，电力系统运行调度的准则是满足安全可靠供电前提下的经济调度，即实现安全约束下运行成本最小，这是一种基于机组变动成本（主要是燃料成本）的调度方法；在环境保护越来越得到重视，发电生产中污染物排放限制越来越严格的情况下，环保目标被引入发电调度，实现安全约束下运行成本和污染排放最小成为电力调度的优化目标；为应对天然气价格上涨对燃气电厂的不利影响，美国在讨论 2005 年能源法案（Energy Policy Act of 2005，EPAct05）时提出了"效率调度"的概念，即使高效率的燃气机组总能优先于较低效率的机组发电；此外，还有研究者提出了考虑经济、环保、安全的多目标优化调度，在经济目标中不但考虑发电变动成本而且考虑网损因素等。

鉴于能源和环境问题的凸显，电力行业节能减排的紧迫需要，我国提出了节能发电调度的理念。节能发电调度是指在保障电力可靠供应的前提下，按照节能、经济的原则，优先调度可再生发电资源，按机组能耗和污染物排放水平由低到高排序，依次调用化石类发电资源，最大限度地减少能源、资源消耗和污染物排放。仅从节能角度讲，我国提出的"节能调度"有点类似于美国的"效率调度"，但节能调度的内涵更加丰富，它是在满足安全约束条件下，集节能、环保、经济为一体的多目标优化调度。节能调度是我国电力调度制度的一次重大变革，将对我国电力行业发展带来深远的影响。目前，国家已确定了河南、江苏、四川、广东、贵州为首批试点省份，并将逐步向全国推开。

二、为什么要实行节能发电调度

长期以来，我国发电调度一直以电厂或发电机组大致平均分配发电量指标，大小火电机组不论能耗高低，都享有基本相同的发电小时数。这种传统的调度模式导致我国的电力生产仍处于高耗能、高污染、低效率的粗放式增长，与我国确立的科学发展观、建设资源节约型、环境友好型社会的总体目标不符。因此，国务院在有关文件中明确要求："优化调度可再生能源、核电等清洁能源发电，鼓励高效、环保机组多发电，充分发挥市场机制作用，尽快建立并实施节能、环保、经济的发电调度方式。"节能调度并非单纯的企业生产管理的优化行为，其推行对于电力行业自身、国家以及电力市场建设均意义非凡。

实施节能发电调度是实现电力行业节能减排和保障国家能源安全的需要。我国经济发展面临严峻的资源和环境约束，一些高耗能高污染产业过快增长，经济增长的资源和环境成本过高、代价过大。电力行业是我国的能源消耗大户，其节能潜力的充分挖掘，不但是电力行业自身节能减排的需要，而且是缓解我国能源供应压力，保障国家能源安全的需要。2005年，我国电力工业平均供电煤耗370克/千瓦时，比国际先进水平高40~50克左右，相当于一年多燃用约1.6亿吨原煤。若实行节能调度，充分利用高效的机组发电，逐步淘汰能耗高的小火电，全国可以减少发电用煤约7 000万吨标准煤，万元产值能耗可以降低3.15%，将为"十一五"期间能耗降低20%的目标贡献近1/6，居全国各大行业之首。可见，如果节能调度的改革能够被切实执行，我国2010年比2005年的1.43吨标准煤下降20%目标的实现将得到有力的保障。

实施节能发电调度是促进电力工业经济增长方式转变的需要。我国电力工业自20世纪80年代中期开始，为鼓励投资办电的积极性，逐步形成了按照平均分配电量的调度方式。但随着电力供需趋于平衡，这种计划方式下的调度方法给小火电发展培植了温床，遏制了节能工作的开展，使得电源结构持续恶化，也使得电力工业增长方式低效、粗放。2005年，全国单机10万千瓦及以下小火电机组1.15亿千瓦，占火电装机容量的比重达29.4%；全国电力行业发电用原煤11.1亿吨，占煤炭消费总量的近50%，占一次能源消费总量的36%，排放二氧化硫占全国排放总量的53%。节能发电调度将打破延续多年的大平均调度模式，通过实施按照机组能耗和污染排放水平确定次序的调度规则，优化资源配置，建立提高能源利用效率、降低污染排放的新机制、新体制，大大提升电力系统整体效率和效益水平，加快企业从高投入、高能耗、高污染、低效益的粗放型增长向高增长、高效益、低投入、低能耗、低污染的集约型增长转变，实现电力工业的又好又快发展。

实施节能发电调度是加快电力产业结构优化升级的需要。我国电力产业结构不合理的矛盾仍然十分突出，特别是能耗高、高污染的小火电机组比重过高。节能调度方式下，单机规模大且具有脱硫、脱硝设施的燃煤机组将占有优势，而小火电只能参与剩余份额的竞争，甚至会出现无电可发、不能上网的生存困境。因此，节能调度的实施将加快中国电源结构的调整，加速电力企业分化，使可再生能源发电、大型环保机组得到支持，而小煤电和燃油发电机组将逐步退出市场。这将对加速我国电力产能优胜劣汰，促进电力产业结构整体优化升级产生积极的推动作用。

实施节能发电调度是推进电力市场化改革的需要。电力市场化改革是电力体制改革的基本方向，节能调度的推行将对电力市场的构建和完善起到积极的作用。通过优化调度，使节能发电调度和市场机制有机结合，可形成一套鼓励先进、奖优罚劣的运行机制。可再生、节能、高效、低污染的机组获得优先发电权，而能耗高、污染大、违反国家政策和有关规定的机组逐步减少发电权，必然会对电力行业投融资起到良性的引导作用。节能调度还可能推进电价改革，催生新的电价机制的形成。电价政策在促进节能环保、推动经济结构调整等方面具有不可替代的作用，是最直接、最灵敏、最有效的一种手段。如果节能环保的电价机制能够引发与市场经济相适应的电价机制的最终形成，那么节能调度的"蝴蝶效应"就会显现——由市场发现价格，以价格引导投资，就可以更好地发挥电力市场配置资源的基础性作用，我国电力市场的运行体系及电力工业的可持续发展长效机制将得以建立。

三、企业、国家共促节能发电调度，落实电力工业节能减排

节能调度不是单纯的电力企业内部管理和技术问题，而是一个涉及多方利益调整的重大社会、经济问题，需要企业微观管理和国家宏观政策的共同配合，运用技术、经济、行政、法律等手段多管齐下，通盘考虑、合力解决。

1. 对电网企业优化节能调度的建议。按照《节能发电调度办法（试行）》要求，在做好试点工作的基础上全面实施电网节能调度。试点地区要以确保电力系统安全稳定运行和连续供电为前提，以节能、环保为目标，通过对各类发电机组按能耗和污染物排放水平排序，以分省排序、区域内优化等方式实施优化调度，并与电力市场建设相结合，充分发挥电力市场的作用，努力做到单位电能生产中能耗和污染物排放最少。未开展试点的地区，要全面推行差别电量计划，在各地区安排年度发电量计划时逐渐减少小火电机组的发电小时数，为将来全面实施节能发电调度做好准备工作。

按照该办法要求，尽快制定出各调度单位节能发电调度的实施细则。

节能调度对调度规则做出了重大改变，对于电网而言，将面临重新分配负荷、计算潮流分布、电网阻塞、备用负荷等问题，工作量大且较为繁杂。应尽快制定出相应的实施细则，依据机组设计煤耗作出排序表、测定各类火电机组煤耗特性曲线、建立综合节能优化发电调度模型等。

充分发挥电网调度对于供给侧和需求侧的杠杆调节作用，撬动整个电力行业节能减排。电网除了降低自身线损、提高输电能效水平外，还要通过优化调度实现电源与用户联动，实现资源合理配置，撬动整个电力行业节能降耗。应从发电侧调整电源结构，优化电源布局，加快火电"上大压小、节能减排"；从销售侧引导用户科学用电，节约用电；全面执行差别电价政策，提高高耗能产品差别电价标准，清理和纠正在电价方面对高耗能高污染行业的优惠政策，配合政府完成"十一五"时期降低用电单耗指标。

估算和分析实施节能调度对市场各方利益的影响，建立企业自觉节能减排的补偿机制。（1）妥善解决发电权交易中的利益补偿问题。为促进小机组顺利关停，应使机组在关停后可在一定期限继续享受发电量计划指标，并可通过转让电量指标获得一定经济补偿；关停早的机组，获得的电量补偿和享受期限应更多、更长一些；关停机组的自备电厂企业或趸售电网在用电价格方面应享受一定优惠；解决好关停机组涉及的职工安置、债务、土地开发等善后事宜。（2）妥善解决辅助服务中的利益补偿问题。对于节能调度排序后更多地承担系统调峰、调频、调压、无功、备用等辅助服务的企业，电网公司、发电企业（特别是调度方式改变后的优势企业）应向其提供辅助服务费用，以提高辅助服务的积极性。

恰当处理节能发电调度实施中的一些具体问题。如一些耗能较高的小机组（统调地方机组）主要处于负荷中心，对电网的安全稳定运行起着至关重要的作用，在短期内无法退出运行；而一些综合利用（供气/热）的机组尽管能耗较高，但对当地的经济发展、环境保护、节能降耗起着无法替代的作用，在节能调度具体实施中应该考虑这些因素。此外，部分地区存在电网调度权不统一，还有以自发自用为主的一些自备电厂、地方备用电厂和部分小水电等，应该理顺和明确各自的责任。总之，节能发电调度的实施应避免"一刀切"，充分考虑不同地区的具体情况。

2. 配套政策建议。继续建立健全区域电力市场体系，为节能优化调度的顺利开展创造宽松的电力供需环境。区域电力市场的建立有利于充分竞争，引导合理投资和优化产业结构；可使电力资源在一个更大范围内优化配置，合理调整季节性、时段性电力负荷的差异，实现水火互补、省际间的余缺调剂，从而化解节能调度与省内电源供给不足的矛盾，创造相对宽松的电力供需环境，为节能调度的开展提供必要的前提。

加强能源审计，为实现节能、环保、经济的多目标优化调度奠定必要的计量基础。竞价规则的修正、节能环保电价的形成及节能、排污标准的制定，以及对节能减排总体状况的判断和监管等，都需要加强能源统计和核算，建立科学的节能减排数据体系。国家虽然自2005年以来在加强能源统计制度建设方面采取了较多措施，但仍然存在能耗统计口径不一、能源消耗标准混乱、能耗数据可比性和可靠性差等问题。针对我国的电力行业而言，目前应加大能源审计的力度，修订和完善电力行业节能规范、节能标准，加强相关指标的测算和计量工作，建立节能系数、环保折价系数、综合能耗等一揽子节能减排量化标准，为执行节能、环保、经济的多目标优化调度、实现电力行业节能减排奠定必要的计量基础。

实行节能环保的电价政策，实现节能调度与市场的有机衔接。"水火置换"、"以大代小"等发电权交易手段，虽然使各方的利益得到了适当平衡，但实质上仍沿袭了传统计划方式分配发电指标的做法，只能是一种过渡方式。加快电力市场化的建设，通过市场的手段解决能耗的问题，是电力节能减排的根本途径。作为电力市场最基本、最核心的要素，电价政策在促进节能环保、推动电力结构调整等方面具有不可替代的作用。从长远看，应进一步深化电力价格改革，将节能因子和环境排放因子纳入到电价中，形成激励清洁能源发展的电价机制，从而使高耗能、高污染的外部成本内在化，让电价全面地反映供求关系、资源稀缺程度和环境污染状况等信息，更好地发挥电力市场配置资源的基础性作用，激励相关企业自觉节能减排，真正建立起电力行业节能减排的长效机制。

修改电力市场竞价上网规则，使之适应节能减排的需要。在电力市场价格形成机制尚未理顺、节能环保电价尚未形成的情况下，应对目前的竞价规则进行修正。由于高能耗小机组尤其是老机组的造价比较低，按照目前"低价优先，竞价上网"的原则，将无法限制小机组多发电。因此，除财务成本外，还应将单位能耗、单位排污指标、运输成本、网损等因素考虑在内，依据各要素的权重、系数建立一个复合竞价模型，按照复合竞价模型进行排序上网。这样可较全面地兼顾经济、节能、环保因素，激励发电企业自觉节能减排，并将效益最终传递到全社会，从根本上限制住小机组多发电。此外，这样的复合竞价规则也可反过来催生新的电价机制，有助于建立与发电环节竞争相适应的上网电价形成机制，可大大促进电力市场的建设。

加强对调度机构执行节能调度的监管工作，对节能优化调度工作的高效运作进行及时、有效的监管。电力监管部门应建立一套涵盖信息发布、披露、监管、查询、纠正和处罚的机制，增强社会公众对节能调度相关信息的知情权，逐步解决监管部门与电力企业，发电企业与电网企业信息不对称问题。对相关单位节能调度方案的执行情况进行督导，统计、分析相关信息并定期向社会公布，维护市场主体的合法权益，同时对节能调度中出现的缺位、违规行为做出及时的纠正和处罚。

运用财税等政策工具促进节能减排。（1）必要的财政补贴不可少。中小燃煤机组的上网电价较低，而节能环保的机组上网电价较高，实施节能调度可能会增加电网公司购电成本。因此，国家应出台相应的政策对电网公司进行适当的补贴。（2）完善支持节能降耗的相关税收制度。财政部应进一步研究支持生物质能发电、地热能、太阳能等可再生能源开发利用的税收优惠政策；对于高排放、高污染的企业，应加强环保监督检查，并征收排污税，提高发电企业的环保违法成本。此外，开展排污、取水许可指标交易。按期关停的机组可转让污染物排放指标、取水许可指标，获得一定经济补偿。

建立落后产能退出机制。为鼓励和引导关闭、淘汰高耗能和高污染企业，应妥善解决好人员安置、债务、土地开发等善后事宜，按期关停的机组在一定期限内可享受发电量指标，并可通过转让发电量、排污和取水指标、用电价格优惠等政策获得一定经济补偿；企业内部无法消化和解决的，国家应根据关停后的实际节能减排量，通过转移支付等方式给予适当补贴或奖励；积极稳妥地处理"上大"和"压下"的关系，应"先建设后关停"或"先改造后关停"；做好关停机组的电力接续工作，制定周密的电力供应预案，加快配套电网建设，切实保障关停机组企业或地区的电力安全可靠供应。

　　总之，必须构建一个以市场为导向、企业为主体、政策做支撑的三位一体的节能发电调度实施平台，才能确保电力工业节能减排的有效落实和电力工业的又好又快发展。

（本文原刊载于《经济师》2008 年 5 月）

煤炭革命重在"绿煤"和"节煤"

煤炭在我国能源生产和消费结构中的比重长期占 70%～75%，为国民经济保持长周期较快发展提供了可靠的能源保障。即便是在煤炭消费量增幅较小的 2014 年，煤炭消费依然占到了我国能源消费总量的 66%。

从国际上看，中国是全世界最大的煤炭消费国，消费量占全球一半左右，在近十年世界煤炭增量中，我国占 80% 的比重。数据显示，2009 年起，中国成为煤炭进口国，进口量逐年增加，2014 年进口量大约为 2.8 亿吨，消费总量在 37 亿吨左右。

煤炭在我国能源消费中的地位和在国际煤炭市场上的体量，都说明了煤炭清洁利用具有举足轻重的作用。推动我国煤炭的清洁高效利用，实现煤炭革命，其影响力将不亚于美国的页岩气革命。可以说，其成败在一定程度上决定着中国能源革命的成败。

一、现状堪忧

尽管我国煤炭产量高、煤电占比大，但目前煤炭的开采利用存在的问题不容乐观。全国烟粉尘排放的 70%，二氧化硫排放的 85%，氮氧化物排放的 67% 都源于以煤炭为主的化石能源燃烧。煤炭从生产、采选到储运，再到煤化工、冶金、建材、发电以及终端消费，是一条很长的产业链，几乎每个环节都存在清洁环保不到位的问题。综合来看，造成我国煤炭未清洁利用大概有以下几个方面：

其一，工业和生活散烧用煤疏于治理。美国消费的煤炭中有 94% 集中用于发电，欧盟和日本的这个比例都在 85% 以上，而我国煤炭消费总量中仅有 50% 用于发电，其他大部分分散利用于燃煤锅炉、钢铁、建材和生活领域。分散使用的煤炭，无法与火力发电企业一样采用环保装置脱硫、脱硝、除尘，造成量大面广的污染物排放，这是重度雾霾频发的重要成因，并且因其难以集中治理，导致单位燃煤治理成本较高。

统计数据显示，中国约有 70 万台工业锅炉没有系统性的脱硫脱硝除尘，另外还有 5 000 万吨家庭散烧用煤，这些散煤每年排放的大气污染物总量，约等于 10 亿吨没有经过清洁化改造的电煤。据工信部统计，除电力行业外，工业领域煤炭消耗量大的领域分别为焦化、煤化工、工业锅炉、工业炉窑，以上四个耗煤重点领域煤炭消耗量占工业煤炭消耗量（除电力）的 95%，烟粉尘、二氧化硫、氮氧化物排放量分别约占全国排放量的 36%、45%、24%。

其二，燃煤发电高效机组普及率不高。我国电煤消耗占煤炭消费总量的 50% 以上，其排放物是雾霾的主要来源之一。实际上，我国的燃煤发电超临界、超超临界技术已经比较成熟，设备制造、运营能力和煤耗也达到世界先进水平，但普及率仅为 35% 左右。清洁高效的大机组普及率低，造成燃煤发电煤耗总量和排放总量居高不下。

其三，商品煤质量差。我国对煤炭洗选没有强制性规定，煤炭入洗率不到 40%，而美国是 75%，欧盟是 90% 以上。煤炭经过洗选可以消除 50%~80% 的灰分和 30%~40% 的硫，能够大大提高煤炭使用效率，减少污染物排放。洗选环节会加大企业的成本负担，而我国目前没有有效的激励和约束机制，企业缺乏主动洗选的动力和压力。

其四，节能环保装置使用率低。国家已有明确政策规定，要求发电厂必须配备脱硫脱硝除尘设备，而且还有脱硫脱硝电价补贴。目前，发电企业的环保装置已经普及，但使用率不高，企业的偷排漏排问题仍然很严重。据环保部相关研究表明，如果现有环保设备全部投入运行，火电行业二氧化硫和氮氧化物排放量，可比现在实际排放水平分别降低 60% 和 30%，这反映出我国环保监管亟待加强。

其五，监管不力，执法不严。煤炭从上游生产到终端利用涉及国家发改委、国土资源部、国家能源局、工信部、环保部、安监局等部门，职能分散，监管未形成合力。对煤炭开采、洗选、储运、转化、利用的质量、标准、技术以及环保排放等缺乏系统的监管制度和监管规则，也缺乏煤炭清洁生产和高效利用的协调机制和联合执法的工作机制。

二、做好"绿煤"和"节煤"

在未来相当长时期内，煤炭仍将在我国能源消费中扮演重要角色，处理好煤炭和清洁能源的关系是中国能源革命的核心问题。片面地否定煤炭的作用或妖魔化煤炭，不仅对于解决问题于事无补，也是不客观的。煤炭清洁高效利用与清洁能源发展是能源革命这枚"硬币"的两面，相辅相成，并不对立。

这是因为，我国能源革命的主要目的，一是保障国家能源安全，通过控制能源消费总量、实现多元供给、科技和体制革命、加强国际合作来提高能效，增加供给；二是实现能源结构转型，改变化石能源消耗过大、污染排放过高的能源现状，转向节约、清洁、安全、高效的能源生产和消费体系。达到此目的，不仅要通过发展新能源和可再生能源等清洁能源做到"降煤"和"替煤"，还必须通过大力推动煤炭清洁高效利用做到"绿煤"和"节煤"。更进一步讲，无论煤炭比重降到多低，只要还使用煤炭，就必须做到高效清洁利用，这是能源革命的必然要求，也是行业发展的必然趋势。

推动煤炭清洁高效利用的主要思路是做好"绿煤"和"节煤"。"绿煤"涉及煤炭的采选、储运、加工、转化、终端利用等的全产业链，需要勘探符合生产标准的开采地点，还需要先进的开采装备和工艺，每一个环节都涉及绿色开采，绿色储运和绿色利用。"节煤"意味着利用大机组，降低使用量、提高能效。

三、"五招"推进高效利用

推进煤炭清洁高效利用可概括为控总量、提效率、建标准、强监管、促创新，具体建议如下：

1. 控总量。降低煤炭消费总量可以降低污染排放。我国节能潜力巨大，但还没有建立起从企业到个人自觉节能的长效机制。控制煤炭消费总量已经提出了几年，但行政手段多，市场手段少。控制能源消费总量应尽可能通过市场手段建立长效机制。可通过税收和价格等政策工具，调整煤炭价格形成机制，将煤炭排放对环境和对人的健康损害成本纳入煤炭价格，将外部成本内部化。或是通过适当的财政补贴，鼓励清洁能源发展。也可以从需求环节入手，运用产业政策工具控制能源消费总量，如调整产业结构，提高技术与环保标准门槛，限制钢铁、建材、化工等高能耗产业的盲目扩张。

2. 提效率。推动煤炭清洁高效利用，需要进一步提高燃煤发电效率，鼓励使用先进的开采工艺和设备，加快推进煤电落后机组的淘汰和改造。当前我国的燃煤发电占二氧化碳排放比重超过 1/3，如果发电煤耗降低 1 克标煤/千瓦时，二氧化碳可减少排放约 2.8 克/千瓦时，全国就可能减排超过 850 万吨二氧化碳。提高煤炭利用效率还应大力推进散煤集中治理，分梯次推进工业锅炉、供热锅炉、工业窑炉治理改造；提高煤炭用于发电的比重，将各种工业和生活散烧用煤向煤电集中，进行集中处理、集中净化和集中清洁排放。

3. 建标准。煤炭行业的很多混乱源于没有可供遵守的行业标准，构建有利于煤炭清洁生产和利用的行业标准和制度已刻不容缓。这方面政府责无旁贷，但也不必都亲力亲为，可根据现实情况委托第三方机构代为构建，政府做好监管即可。什么品质的煤矿可以开采，什么质量标准的煤炭可以进入加工、储运环节，相关政策法规都应做出明确规定。建议限制高硫高灰的煤炭直接燃烧，禁止未经洗选的煤炭进入长途运输，控制低热值褐煤进入流通和使用环节。提高环保和排放标准，倒逼企业改造生产工艺，淘汰落后产能和加大污染治理力度。

4. 强监管。建议搭建企业环保信息公示的公共平台，对发电企业的能耗排放等数据进行在线实时监控，对发电企业能耗和污染物排放进行监测监管，最大限度发挥已有节能环保装置作用。相关部门联合执法，强化监管，从严从重处罚违规排放，对未达环保标准的产品不准进入市场。强化能效管理和监督，完善节能评估、节能考核、节能监督制度，推进煤炭清洁转化利用的节能减排长效机制。建立相关政府部门、行业机构和科研单位共同参与的协调机构，组织开展相关重大问题的研究和煤质标准、支持政策的制定，编制煤炭清洁利用发展和管理规则，协调规划实施过程中的重大问题。

5. 促创新。煤炭清洁利用的主要瓶颈在于成本过高，这必须通过提升煤炭科技创新能力从根本上加以解决。建议加快建立煤炭清洁高效可持续发展科技支撑体系，尽快使我国煤炭科技自主创新能力和技术装备达到世界先进水平。实施煤炭清洁高效开发利用重大工程，重点攻克煤炭资源勘查、安全高效绿色开发、煤炭提质、先进煤炭燃烧和气化、现代煤化工、先进输电、煤炭污染控制、节能等一批核心技术，尽快形成重大成套装备制造能力。积极跟踪世界煤炭技术进展，大力加强国际煤炭技术合作交流，促进创新技术的集成优化。

（本文原刊载于《瞭望》2015 年 5 月）

以推动循环经济手段带动煤化工产业转型发展

一、我国煤化工产业基础良好但亟须转型

随着科技创新的深入推进，我国煤化工产业取得了长足进步，一批拥有自主知识产权的现代煤化工技术进入产业化示范阶段，如世界第一套可使用水煤浆气化的水冷壁气化炉技术、新一代甲醇制烯烃工业化技术（DM-TO－Ⅱ）、煤制油技术、流化床甲醇制丙烯工业技术等。但是，与发达国家现代煤化工产业发展相比，目前我国煤化工发展总体仍处于较低水平，主要是水资源消耗和碳排放量大，科技创新不够，结构性产能过剩，综合经济效益不高。

我国煤炭储量世界第一，通过现代煤化工技术将相对丰富的煤炭资源转化为国民经济所急需的化工产品，是解决石油资源缺乏的重要途径，对缓解我国石油供需矛盾，减少对进口石油的过度依赖，保障能源安全具有重大意义。当前，我国煤化工产业亟须以循环经济为转型手段，实现煤化工产业的集约绿色发展。

二、循环经济园区可带动煤化工产业实现集约绿色转型——以内蒙古庆华集团为例

（一）循环经济园区可以实现煤化工集约绿色转型

近年来，我国涌现出一批探索和实践现代煤化工循环经济的示范企业，主要特点是以循环经济园区为载体，综合考虑资源、环境及技术含量等因素，采用先进技术、不同工艺的集成联产发展煤化工及煤基多联产，形成投入低、产出高、污染少、可循环的煤化工循环经济产业。其中，从内蒙

古阿拉善盟迅速发展成长起来的民营煤炭企业——内蒙古庆华集团，在地方政府的大力支持下，积极践行现代煤化工循环经济园区建设，开辟现代煤化工产业集约绿色发展的新途径，逐步走出了一条"依托煤、发展煤、延伸煤、超越煤"的新型煤化工发展之路。

循环经济园区实现了产业链的有效延伸和综合利用，可显著提高资源、能源的利用效率，大大减少对环境的污染，实现煤化工的绿色转型。庆华集团循环经济园区产业链主要以 300 万吨/年焦化项目为核心，通过煤炭资源的加工、生产、综合利用形成循环产业链。其主要循环产业链有：

原煤—精煤—焦炭—甲醇—芳烃产业链。在煤炭洗选方面，与直接外购精煤的焦炭冶炼企业相比，实现了副产品煤泥、煤矸石的循环利用，满足企业用电需求；而发电厂锅炉炉渣、粉煤灰又再次循环利用作为粉煤灰制砖项目原料，在减少废物排放、降低生产成本的同时，又能增加企业盈利空间。在焦炭炼制方面，采用国内较先进的侧装捣固炼焦技术，与采用顶装焦炉的公司相比，可适当增加弱黏性煤炭比例，冶炼成本相对较低，也可有效提高焦炭质量，降低污染物排放量。在甲醇生产方面，净化处理后的焦炉煤气作为原料提供给甲醇生产项目，实现焦炉煤气的循环利用。与简单处理伴生焦炉煤气的企业相比，庆华改变以往直接向天排放焦炉煤气或简单以低价格直接外销煤气的方式，增加焦炉煤气附加值，避免了对大气的直接污染。与直接采用煤炭或石油制甲醇的企业相比，庆华的生产原料为焦炭产生的副产品——煤气，具有原料成本低，产品附加值高等优点。

焦炉煤气—煤焦油、粗苯（硫磺、硫胺）—石脑油、柴油馏分、煤沥青（高纯苯、甲苯等）产业链。在煤焦油等生产方面，炼焦产生的焦炉煤气经回收利用，生产煤焦油、粗苯、硫磺、硫胺，实现焦炉煤气的循环利用和产业链延伸。在石脑油等生产方面，生产甲醇产生的含氢弛放气作为粗苯和煤焦油加氢项目原料，生产石脑油、柴油馏分、煤沥青、高纯苯等，实现含氢弛放气的循环利用。与直接出售煤焦油的企业相比，具有产业链长，产品附加值更高，资源利用充分等特点。

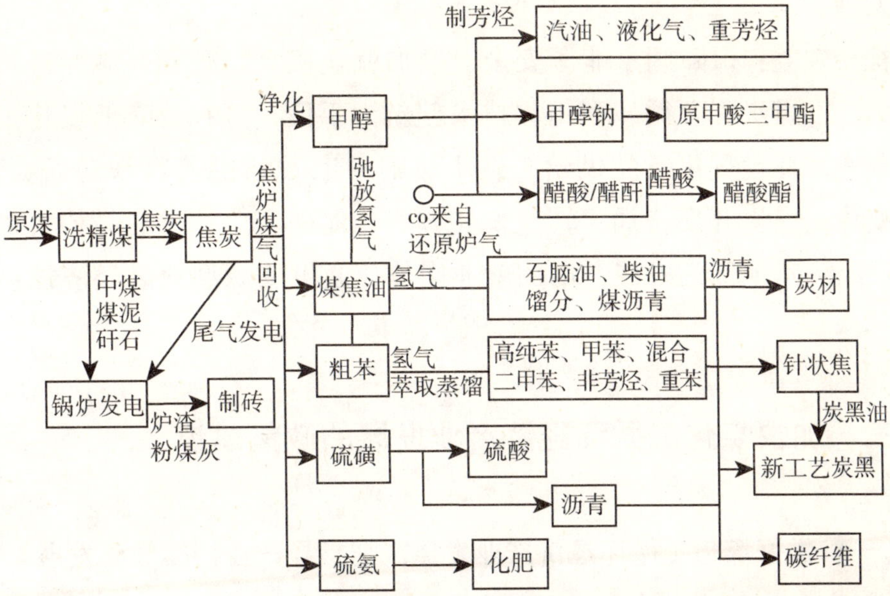

图1　内蒙古庆华集团煤化工循环产业链示意图

（二）煤化工循环发展可产生显著的经济、社会、生态效益

采用煤炭综合循环利用产业链，可使资源得到优化配置和循环利用，大气污染、粉尘排放、污水处理等达到国家标准，从而彻底改变煤炭及煤化工产业的高污染状况，实现经济、生态和社会效益的三效合一。

经济效益：降低企业成本、加强企业核心技术、提高企业竞争力。研究表明，若煤炭燃烧的价值为1，煤加工为焦炭增值1.8倍，转化为电能增值10倍，加工成煤焦油增值10倍，加工成塑料增值90倍，合成染料后增值375倍。因此，通过各种副产品（伴生矿物）和废水废气废渣等废弃物资源的循环利用，拓宽产业发展的原料来源，可有效延长产业链和提升产品附加值，减少废弃物的处理费用，降低企业生产综合成本，提高整体经营效益。

生态效益：防治污染、保护环境、提高资源利用率。煤化工循环经济要求实施清洁生产，从源头上减少污染物产生，形成一个"资源—产品—再生资源"的反馈式流程，构建废弃物资源化利用和生态工业链网，充分利用产生的副产品和废弃物，提高煤炭资源的利用率，形成封闭型物质能量循环网状经济，使经济发展建立在环境可承受范围内，实现经济与环境和谐发展。

社会效益：保障国家能源安全、增加就业机会、激发区域经济社会发展动力。以煤炭资源循环利用和技术创新为手段，可有效降低煤化工产品生产成本，替代石化产品供给，逐步缓解国家石油供求紧张局面。同时，可改变传统煤炭开发格局，转变发展方式，促进产业技术和结构升级，带动国民经济其他部门发展，增加就业岗位，激发资源型地区经济社会发展动力。

三、加快煤化工循环经济产业发展的政策建议

（一）做好煤化工循环经济产业发展规划指导产业持续健康发展

与煤炭、电力、石化等行业统筹规划、联合布局，鼓励煤炭资源富集地区发展煤化工循环经济，调整优化现有示范工程项目工艺和设备，合理规划现代煤化工循环经济项目建设。研究制定国家现代煤化工循环经济发展中长期规划，确定煤化工循环经济领域专业人才培养使用引进、资源综合开发利用、产业链延伸、环境保护等方面的实施细则，在产业布局上延伸产业链、产品链，提高产业和产品附加值，促进工业消费品向生活消费品转化，将煤炭资源型经济从"资源依赖型"向"资源效益型"转变，最终实现"资源生态型"发展。

（二）制定相关标准及产业政策促进产业规范协调发展

目前，煤化工循环经济仍处于示范工程建设阶段，在相关标准及产业政策方面缺乏合理规范。建议出台促进煤化工循环经济发展的产业政策，制定现代煤化工准入条件及能耗、水耗、污染物排放限额标准，加快煤化工产业法规和标准制定，加大技术研发支持，形成具有自主知识产权的煤化工循环经济产业技术支撑体系。鉴于煤化工产生的污染物种类多、范围广、积存量大，治理污染耗资大的特点，建议建立资源循环利用发展基金或专用资金渠道，加大对洁净煤技术研发、示范工程和推广应用的投入，拓宽融资渠道，鼓励利用清洁发展机制获取先进减排技术。

（三）引导地方政府和企业坚持资源开发与环境保护并重

我国在建和拟建煤化工项目大多位于生态脆弱的偏远地区，建议完善相关政策，鼓励地方政府和企业主动管控自身行为，坚持"谁污染谁治理"原则，以经济手段激励企业主动转方式、调结构。同时，制定煤化工循环经济评价指标体系和科学考核机制，引导地方和企业坚持资源开发与环境保护并重，实现煤化工产业科学发展。

（四）扶持中西部地区和有基础的企业做大做强煤化工循环产业

统筹考虑地区资源禀赋、经济发展水平等因素，以西部大开发战略和扩大内需为切入点，在重点产业布局上优先向中西部倾斜，推动中西部地区煤化工产业做大做强。建议对资金实力雄厚、技术创新领先、管理经验先进、产业特色鲜明的大企业、大集团在项目审批、用地指标、投融资、资源配置、引进和利用新技术、煤化工人才培育等方面给予扶持，支持其做大做强循环经济，加快现代煤化工循环经济示范园区建设步伐，助推区域经济持续健康发展。

（本文完成于 2013 年 9 月，原刊载于中国国际经济交流中心内参《要情》）

煤化工布局应重视煤制烯烃产业化发展

烯烃作为现代化学工业的基本有机原料，主导着石油化工的半壁江山。烯烃的下游产品被广泛用于各个领域，如用来生产塑料和薄膜，用作食品、药物的包装材料；制成日常用品、绝缘材料、管道、辐射保护衣；合成纤维，用来制造渔网、绳索、耐酸碱的织物等。可见，烯烃在工业生产中地位举足轻重。

世界各国都将烯烃产量作为衡量一个国家石油化工产业发展水平的重要标志。我国烯烃供需缺口大，对外依存度较高。因此，加快煤制烯烃发展具有重要的战略意义。

一、补充传统石化工艺

乙烯和丙烯是生产很多石化产品的原料，但由于原料资源短缺等原因，国内乙烯产量增长速度相对缓慢。数据显示，近年来我国烯烃供需缺口每年都在50%以上，已成为亚洲最大的乙烯和丙烯现货进口国。2010年，我国进口聚乙烯与聚丙烯分别为736万吨和387万吨，自给率仅为55.4%和62%。

不仅如此，"十二五"期间，聚乙烯和聚丙烯供需缺口也将持续存在。中石化预测，2010~2015年，我国聚乙烯和聚丙烯需求年增速将在5%~7%，2015年聚乙烯当量消费将超过3 500万吨，聚丙烯当量消费将接近2 600万吨。而到2015年，我国聚乙烯和聚丙烯的产能预计只能分别达到1 588万吨和1 698万吨，供需缺口较大。

与此同时，我国已成为世界第二大原油进口国。2001~2011年，世界跨区原油贸易量年增长率仅为1.71%，而同期中国原油净进口年增长率却高达13.99%。与之相应，中国进口依存度从2000年的28.2%快速攀升至2011年的54.8%。在未来烯烃需求不断增长的情况下，如果依然按照传统石化工艺生产烯烃，无疑会使我国本已十分严峻的石油对外依存度更雪上加霜。

制取烯烃的传统路线是采用石脑油裂解生产，即通过石油化工生产获得。随着科技的发展，采用现代煤化工技术，通过煤制烯烃也可以生产出乙烯、丙烯等烯烃产品。

煤制烯烃技术主要有两种，中间都经过甲醇：一种是甲醇制乙烯、丙烯等低碳混合烯烃（MTO），该技术由美国 UOP 公司/挪威 HYDRO 公司开发；另一种是甲醇制丙烯（MTP），该技术由德国 Lurgi 公司开发。煤制烯烃开辟了由煤炭生产基本有机化工原料的新工艺，可实现"以煤代油"，作为传统石化制烯烃的重要补充。

二、"以煤代油"成为可能

目前，煤制烯烃技术已较为成熟，技术工业化生产的成熟性和可靠性已得到验证，未来大规模推广值得期待。在充分考虑资源、环境承载力的前提下，煤制烯烃可作为我国实现"以煤代油"能源战略，保证国家能源安全的重要途径之一。

我国煤炭储量世界第一，通过煤制烯烃技术将相对丰富的煤炭资源转化为国民经济所急需的烯烃产品，不乏为解决我国石油资源缺乏的重要途径。

据示范工程投资情况测算，当国际原油价格高于 60 美元/桶时，煤制烯烃项目便具备经济性。与石脑油裂解制烯烃技术路线相比较，煤制烯烃在经济上具备竞争力的先决条件是项目须在煤炭基地坑口建设，以自产廉价煤炭为原料，通过经济型的大规模装置生产低成本的甲醇，再由甲醇制烯烃。近年来国际油价高位震荡，并带动下游化工产品价格上涨，而国内煤炭价格处于相对低位。在这种情况下，用煤替代石油生产相应的化工产品，具有较强的经济竞争力。

同时，我国煤制烯烃技术领先，并具备大规模发展条件。我国在 MTO 和 MTP 技术基础上，开发出了具有自主知识产权的甲醇制取低碳烯烃（DMTO）和流化床甲醇制丙烯（FMTP）技术。

目前国内已经拥有四个煤制烯烃示范项目。其中神华宁夏煤业集团旗下 50 万吨/年 MTP 项目于 2010 年 10 月开始试运；神华包头煤化工有限公司旗下 60 万吨/年 MTO 项目于 2010 年 8 月投产；大唐国际发电旗下 46 万吨/年 MTP 项目于 2011 年 6 月试运行。这三套装置的生产已经稳定，加上 2011 年投产的河南中原石化旗下 20 万吨/年的煤制烯烃（CTO）装置，截止到 2011 年年底我国煤制烯烃生产能力已达 176 万吨。

三、科学统筹必不可少

为加快煤制烯烃发展，建议推进相关政策的实施。

首先，应该将煤制烯烃作为我国现代煤化工发展的重要方向，使之成为传统石化工艺路线的重要补充。2011 年，我国合成氨、甲醇、电石和焦炭等传统煤化工产品产量均居世界第一，但产业结构较为落后，竞争力差，产能过剩问题严重。而以煤制烯烃、煤制油、煤制天然气、煤制乙二醇、煤制二甲醚等为代表的现代煤化工产品则存在较大供需缺口，市场空间广阔。在我国煤矿资源丰富、国际石油长期看涨的大背景下，发展现代煤化工，实现煤炭对石油的部分替代，是我国能源问题的最佳解决方案，以满足烯烃需求，缓解原油紧缺压力。

其次，出台相关发展规划，积极推进煤制烯烃示范升级。煤制烯烃尚未建立科学的政策体系，产业发展缺乏统筹规划、定位不明、发展目标不清晰。建议抓紧出台《煤炭深加工示范项目规划》和《煤炭深加工产业发展政策》，进一步明确"十二五"期间煤制烯烃发展目标、思路和重点，启动一批基础好、起点高的煤制烯烃项目，着力推进示范项目升级建设。

再次，提升煤制烯烃节能减排效率。在当前油煤比价下，煤制烯烃经济效益较好，但现有发展方式下的二氧化碳及污染物排放明显高于石油制烯烃。在示范项目升级过程中，应进一步优化建设方案，重点加强煤炭清洁高效转化、三废处理、节能节水等单元技术和集成技术优化，提高资源转化和利用效率；同时大力发展二氧化碳捕集、利用和封存技术，有效解决生产过程中的碳排放问题和环境污染问题。

最后，要适当布局煤制烯烃产业化发展。在产业规划方面，应将煤制烯烃和甲醇制烯烃总体上作为传统石化工艺路线的补充，要统筹考虑产业布局，与国家乙烯规划衔接，与石油制烯烃实现区域协调和差别化发展。在项目布局方面，要兼顾地区资源禀赋和经济发展水平，结合相关产业技术升级和产业转移，优先考虑在煤炭净调出地的西部省区进行布局，优先考虑为中西部地区发展化工产业提供原料。

（本文原刊载于《中国能源报》2012 年 12 月 10 日）

尽快启动我国煤制油产业化进程

2011 年，我国多类传统煤化工产品产量居世界第一，但产业结构较为落后，产能过剩问题严重。而新型煤化工产品则存在较大供需缺口，市场空间广阔。我国煤矿资源丰富，在国际石油长期看涨的大背景下，发展现代煤化工，实现煤炭对石油的部分替代，是解决我国能源问题的一条现实途径。作为新型煤化工的重要部分，煤制油可在其中担当重要角色。

一、我国发展煤制油项目的背景

煤制油（也称"煤液化"）技术起源于 20 世纪二三十年代的德国，距今已有 80 多年历史，但截至目前，世界上仅有南非萨索尔（SASOL）公司进行了煤制油间接液化的商业化生产。

我国于 30 年前开始进行煤制油技术研究，目前已经可以合成高品质的汽柴油，并成为世界上少数几个拥有可将煤变为高清洁油品全套技术的国家之一，但仍处于示范工程阶段。我国煤炭资源丰富，因此企业对煤制油项目积极性很高，"十一五"期间曾出现投资过热倾向。

为规范煤制油项目发展，国家发改委先后于 2006 年 7 月、9 月及 2008 年 9 月三次暂停煤制油项目审批。同时，在相继出台的《煤炭工业"十一五"规划》、《能源发展"十一五"规划》和《石化产业调整和振兴规划》三个文件中，又通过推进煤液化示范工程建设等举措来鼓励煤制油项目发展。三次"叫停"与三项规划，体现了国家对煤制油项目审慎而积极的态度。

当前，我国煤炭库存高企，石油供需矛盾凸显，对外依存度居高不下，以及油价高位震荡、煤炭价格有所回落的市场态势等因素，为我国煤制油项目进一步发展提供了良好机遇，重启煤制油项目正当其时。

二、推动煤制油发展对保障我国能源安全具有重要战略意义

我国石油消费快速增长的趋势不可避免。近年来，我国石油生产和消费之间的缺口不断扩大，每年达 2 亿吨以上，已成为仅次于美国的世界第二大原油进口国，进口依存度从 2000 年的 28.2% 快速攀升至 2011 年的 54.8%。经济发展对油品的巨大需求和石油供应能力不足之间的矛盾，已成为我国近中期面临的重大挑战之一。据 BP 公司预计，我国未来石油消费还将快速增长，2020 年能源消费总量将达 50 亿吨标煤，石油进口依存度将高达 71%。

我国"富煤贫油少气"，目前是世界上最大的煤炭生产国，煤炭探明储量居世界第三位，通过煤制油技术将相对丰富的煤炭资源转化为石油产品，实现对石油需求的部分替代，是解决石油资源缺乏的一条重要途径，对缓解我国石油供需矛盾，减少对进口石油的过度依赖，保障我国能源安全具有深远战略意义。

同时，煤制油可为经济增长回落中的煤炭"去库存"提供出路。今年以来，由于宏观经济下行，煤炭消费大幅减少，出现供过于求局面，行业亏损面不断扩大，煤炭滞销积压严重。数据显示，今年上半年，40 家上市煤企合计存货金额 568 亿元，平均每家公司存货达 14.2 亿元。"十二五"是我国"调结构、转方式"的关键时期，加之欧债危机、美国经济增长乏力等国际经济不利因素影响，经济增速放缓在所难免。推进煤制油项目发展，近期可为消化高企的煤炭库存提供出路，中长期可为煤炭产能提供更大市场，有利于宏观经济平稳增长。

三、重启煤制油项目的条件已经具备

自 2006 年以来，经过对煤化工行业的调整和规范，煤制油生产从技术、经济、装备制造以及人才储备方面均实现了很好的积累，目前国内需求迫切，产业前景可期。重启煤制油项目，推动我国新型煤化工产业发展，可为当前宏观经济稳增长、调结构和振兴我国实体经济发挥积极作用。

工艺先进，技术成熟。我国对煤制油技术的研发较早，近10多年取得重大进展，除神华集团直接液化工程取得成功外，在间接液化方面，形成了原创的高温浆态床成套过程技术，包括：大型高温浆态床反应器和配套装备技术、成套的工艺集成技术等，特别是高温浆态床铁基催化剂技术生产能力是国际水平的4～6倍，自主技术的煤制油过程能量效率为45%～47%，高出国际同类技术4～6个百分点。2009年，神华集团、内蒙古伊泰集团、山西潞安集团采用上述技术建设的6万吨示范项目陆续建成，均已顺利产油，且油品质量优异。

市场形势乐观，经济性较好。对煤制油效益产生影响的因素主要是煤炭价格和国际油价。当前油煤比价下，煤制油市场前景广阔，具有良好的经济性。我国神华等大型煤炭企业拥有成本低廉的坑口煤，价格远远不到市场平均水平，其煤制油项目能够获得巨大的成本优势。

示范项目建设标准高、节能减排潜力大。事实上，在空气污染方面，煤液化远低于电厂；在水耗方面，其远低于化肥项目和煤制甲醇；在能效方面，与传统的燃煤发电30%～43%的效率相比，煤制油的能源转换效率可达到40%～65%。因此，煤制油产业建设不一定会对节能减排造成负面影响，关键是选址布局时，要兼顾好资源和环境因素，并从技术上高起点、高标准建设。从我国一些煤炭净调出省的示范工程运行效果看，煤制油完全可以成为煤炭清洁利用最为实际和可行的途径。例如，根据内蒙古伊泰集团540万吨煤制油产业化的可研结果，自主煤制油技术在煤耗方面可达3.2吨标煤/吨油，在水耗方面可达3.4吨水/吨油，仅为同类规模甲醇、煤制天然气项目耗水量的1/5，单位国内生产总值（GDP）二氧化碳排放量为火电厂的1/2～1/4，水可以实现零排放。同时，煤制油过程中85%的二氧化碳已经在油品生产中捕获，为碳排放的彻底控制创造了条件，通过封存处理后，排放量低于石化项目。目前，伊泰集团正在论证利用捕获的高纯二氧化碳和少量气化含氨废水生产海藻示范项目，探索主动处理二氧化碳的科学途径。

奠定了必要的设备制造、人才基础。需要注意的是，只有持续发展，才能稳住来之不易形成的人才队伍。德国和美国是煤制油技术的先行国，但由于煤制油产业没有形成，研发未能持续，历经多年积淀而成的研发团队全部流失，这些国家目前甚至已不具备建设早期向南非 SASOL 公司输出的煤炭间接液化技术能力。我国历经多年，才形成了一批技术研发和专业人才队伍，这个技术团队若不能存续于大规模产业化建设中，若干年后将需再从头开始。吸取已有经验教训，我国宜在未来 5～10 年内形成一定规模的煤制油产业，以容纳足够规模的技术团队，保持技术的不断进步。

四、推动煤制油发展的政策建议

建议尽快出台相关发展规划，重启煤制油项目审批。示范工程是手段，不是目的，只有实现煤制油的产业化规模化发展，才能对解决我国石油供需矛盾产生实质性影响。煤制油发展尚未建立科学的政策体系，产业发展缺乏统筹规划、定位不明、发展目标不清晰。目前，将对"十二五"煤化工起纲领性引导作用的《煤炭深加工示范项目规划》和《煤炭深加工产业发展政策》两个文件，已报至国务院。煤制油工业化工程从立项到生产大约需要 5 年建设周期，建议国务院尽快批复这两个文件，重启一批基础好、起点高的大型煤制油项目，进一步明确"十二五"期间煤制油发展目标和重点，加快我国新型煤化工产业发展，为缓解我国石油供需矛盾做好前瞻性准备。建议在"十二五"后期布局煤制油产业化发展，将我国 2020 年煤炭液化生产的规模扩大到 5 000 万吨左右，以届时形成对进口石油比较实质的替代。

出台配套政策，着力解决水资源和碳减排两大关键问题。规划方面，坚持因地制宜，优先在煤炭资源净调出、后备资源丰富的地区进行布局；研究依托北煤南运铁路专用线建设，在南方富水地区建立煤制油基地可行性；坚持规模经营、集约发展，防止项目建设一哄而上和遍地开花。政策方面，应支持企业借鉴 SASOL 公司经验，大力发展循环水资源利用技术，促进清洁生产；尽快出台碳税政策，大力发展二氧化碳捕集、利用和封存技术，以有效解决煤制油过程中的大量碳排放问题。

建立煤制油长效发展机制。油价波动是影响煤制油产业发展的重要因素。受政治、经济、自然等因素影响，油价波动已成常态，为实现煤制油项目可持续发展，建立保护机制十分必要。一方面，要通过政策调节实现煤制油清洁生产，实现资源综合利用，提高经济效益；另一方面，通过补贴、税收等经济政策杠杆进行扶持，待其实现规模化且具备较强的抗风险能力之后再取消政策优惠。

（本文原刊载于《中国能源报》2012 年 10 月 22 日）

多策并举促进我国新能源可持续发展

一、我国新能源发展成绩突出

近年，我国颁布实施《可再生能源法》，提出了到 2020 年非化石能源达到能源消费 15% 的目标，将新能源作为七大战略性新兴产业之一。在政策扶持下，凭借资源和制造成本优势，我国迅速成长为全球新能源产业大国，实现了可再生能源技术、市场和服务体系的突破性进展，为可再生能源规模化发展奠定了重要基础。

我国风电装机以突飞猛进的速度增长，风电装备制造业已经成为具有国际竞争力的优势产业。2006～2011 年，我国新增风电装机 5 000 万千瓦左右，实现了从 200 万千瓦到 5 000 万千瓦的巨大跨越，用 5 年半时间走过了美国、欧洲 15 年的发展历程。今年 6 月，我国并网风电达到 5 258 万千瓦，超过美国跃居世界第一。我国已初步形成覆盖风电设计、装备制造、建设运行的完整产业链，风机平均造价下降 40% 左右，风电场建设平均造价下降 20% 左右，成效十分显著。此外，风电装备制造业已经成为具有国际竞争力的优势产业之一，部分风电机组制造企业进入全球前十强。

太阳能装机快速增长，已成为世界光伏电池制造大国。2000 年以来，我国光伏发电装机容量累计增长 110 倍，年均增长 54%。2011 年，并网太阳能发电装机容量达到 214 万千瓦，一年增加 7 倍多，成为全球发展最快地区。在国际市场拉动下，我国 10 多年来光伏电池生产能力快速增加，产业技术水平不断提高。2011 年，我国光伏电池产量达到 2 000 万千瓦，占到全球光伏电池产量的 60% 以上，形成了从晶体硅提纯、电池生产、组件封装、系统集成等完整的光伏产品制造产业链，成为名副其实的光伏电池制造大国。

二、弃风限电使我国新能源发展面临重大挑战

由于种种原因，新能源并网消纳困难，一些风能、太阳能重点发展区域弃风、弃光、限电现象严重，使我国新能源发展面临重大挑战。

当前风电弃风限电严重。自2010年开始，我国风电弃风和上网难问题日益突出，成为社会各界关注的焦点。2011年，全国风电弃风比例在10%左右，部分风电基地弃风20%左右，个别地区高达40%。除弃风外，一些地区还存在着风电上网难问题，有的项目风机建成后并不了网，有的项目并网后上不了网。风电弃风和上网难问题不仅直接降低了风电企业的经营效益，而且造成社会投资浪费，并影响到风机设备制造和施工产业。2012年以来，风电弃风现象更加严重，风电企业经营困难进一步加剧，风电行业对可持续发展的要求和呼声日趋强烈。

风电后续消纳能力不足。由于内蒙古、黑龙江、吉林、甘肃等风电大省本地风电消纳能力不足，外送通道不畅，限电范围和严重程度不断加大，风能开发和利用效率大大降低。为避免限电形势进一步发展，国家采取了控制"三北"一线地区风电发展规模和速度的政策，这导致全国风电增长速度大幅下降。2011年以来，国家将风电发展的重点放在了山西、陕西、宁夏、河北、辽宁等电网接入相对较好的"三北"二线地区以及东南沿海、内陆低风速地区，预计2014年之前每年尚可维持1 500万千瓦左右的新增并网规模。但是，在现有电力市场运行体制下，"三北"二线地区的电网可继续接入的风电容量是有限的，而沿海地区和内陆低风速地区省份受风资源总量、土地利用规划、环境影响、风电开发成本限制，可经济开发的风电规模也不大。因此，基本可以得出结论：如果2014年之前"三北"地区并网与消纳问题处理不好，则"十三五"期间我国风电将面临可持续发展的严重挑战，并将影响我国2020年节能减排目标的完成。

太阳能发电出现弃光现象。今年以来，随着2011年年底建成的大量太阳能光伏电站投入运营，我国太阳能发电装机第一大省青海已出现太阳能弃光现象。但与此同时，仍然有大量太阳能电站在建设过程中，国家还将继续规划开工建设更多的太阳能电站。有理由担忧太阳能发电可能会重蹈

风电覆辙。

三、多因素导致我国新能源弃风限电

导致新能源弃风限电的原因是多方面的，有发展思路、战略规划、体制、政策、技术等多种因素。

发展思路原因：分散式能源集中式利用的困境。间歇性、随机性和稀薄性的特点决定了风电、太阳能发电宜采用分散开发、分散利用的发展思路，就近接入中低压电网，就地、就近消纳，世界上新能源利用率高的国家莫不如此。例如北欧诸国，风电机组星罗棋布、三三两两，还有许多是单台接入 20 ~ 10 千伏以及电压等级更低的电网，大都直接接到供电系统。德国光伏发电容量 2011 年年底达到 2 300 万千瓦，与我国三峡水电站装机规模相当，基本都分散地建在用电户屋顶，分布式接入系统。我国对新能源采用了"大规模—高集中—远距离—高电压输送"的开发模式，而这种模式必然带来并网和消纳的问题。为远距离输送风电光电，需要层层升高电压而配套新建一系列高压、超高压甚至特高压输变电装置，长距离线损和层层变损对输电经济性影响颇大，对整个大系统，特别是对受端电网安全运行和电能质量也会带来较大负面影响。而目前提出的"风火打捆"输送方式，还需要配套建设大量价格昂贵的抽水蓄能电站。因此，通过建设大规模风电外送通道、进行跨区域消纳面临一系列技术和经济问题。

战略规划原因：新能源电力规划与电网建设脱节。从国际经验看，新能源发展领先的欧盟国家在新能源发展方面都有清晰的战略规划，并以法律或政策的形式明确。近年来，我国新能源电力的高速发展与电网建设不协调，与调峰电源建设不配套，电力外送通道不畅，电网局部环节产生"卡脖子"现象。黑龙江依兰地区、吉林通榆地区、内蒙古锡林郭勒盟灰腾梁地区与乌拉特中旗川井地区、甘肃酒泉地区、辽宁北部地区等，受电网网架送出能力影响，风电被限出力。此外，企业、地方政府的风电发展规划与国家规划不协调，项目开发布局和建设时序调控困难，电网调峰、调频电源建设激励政策不到位，这些问题也导致风电在并网、送出、消纳、安全等方面积累的矛盾越来越突出。我国太阳能发电的发展政策和开发管

理模式基本与风电类似，虽处起步阶段，但已显过热苗头，如不及时调整政策，可能重蹈风电覆辙。

管理体制原因：现行电力法和电力体制制约新能源发展。按照我国现行电力法，供电营业区只能有一个供电主体，新能源电力都必须经升压后通过大电网进行统一输送，而在发达国家非常普遍的自发自用式的分布式屋顶光伏发电、小规模风力发电、分布式天然气多联产电站，在我国尚未得到法律和体制上的许可。按照我国现行电力体制，电网企业的收入仍然是全部来自发电环节与终端销售环节之间"价差"。新能源"自发自用"一度电，将直接导致电网企业减少一度电的价差收入。并且风能、太阳能的发电成本高，上网价格高，却按统一的终端价格销售，也导致电网企业的利润空间缩小。因此，在应得收入及其保障机制尚未落实的情况下，电网企业接受分布式新能源电力的意愿不足。当前，我国光伏产业遭受欧美"双反"调查，海外市场剧烈收缩，启动国内市场势在必行。而国内市场能否启动，关键则在于分布式能源发展的体制障碍能否破除。

政策激励原因：补贴政策缺陷带来了新能源投资的不当激励。新能源发展初期离不开政府补贴，但必须科学适度，讲求效率。2011年，与光伏电池快速降价的市场走向相反的高额补贴政策出台，加上地方政府的项目核准权限，两项因素叠加，引发西部数省区光伏发电脱离中长期规划和电网建设衔接的"大跃进"式建设热潮，电网企业措手不及，大量抢建的光伏电站陷入"窝电"的尴尬境地。当前，我国对新能源企业的补贴政策对效率兼顾不够：一是政策显反向激励效果。由于政府部门只按企业申报的成本进行审批，容易造成"高成本高补贴，低成本不补贴"，这不但没有充分体现鼓励先进的政策初衷，反而加大了发生道德风险的可能。二是补贴数额往往跟不上技术进步和市场供需所产生的成本变化，2009年甚至出现过政府补贴金额高于屋顶光伏工程整体造价的失误。这样的补贴方式收到适得其反的效果，很容易造成国家财产的损失。

技术标准原因：新能源电力的系统调峰能力差，接网与调度运行的技术难度大。风电、太阳能发电具有随机性、间歇性、波动性的特性，受自然条件如风力、光照变化的影响，不论日内还是短时间内出力曲线变化都非常大，功率预测难度大。大规模集中接入和并网不仅易对电网的电压和频率带来冲击，增大电网调度和运行管理难度，而且需要电网加大调峰调频能力建设，增大电网系统备用和调峰成本。此外，风电并网标准制定工作滞后，标准体系还不完善，也影响了风电的接入并网。

四、深化改革，多策并举，促进我国新能源可持续发展

优化布局，分散开发和集中开发并举。贯彻落实可再生能源发电量全额保障性收购的法律规定，科学分析和确定各层级电网接受和消纳风电、光电的比例。按照充分消纳，基本杜绝弃风、弃光，分散和集中并举，大中小型电站同步的原则，确定风电、太阳能发电的开发布局。合理把握各地区风能、太阳能开发节奏，在弃风、弃光现象明显和严重的地区，暂缓核准和建设新的风电、太阳能发电项目，提高已建成电站的利用小时数，最大限度地提高本地区消纳能力。适当提高太阳能、风能资源条件较好、电网设施坚实的沿海、南方以及内陆的电力负荷区的消纳潜力。

统筹规划，实现新能源与电网协调发展。加强新能源与电网、新能源与调峰电源的统一规划，统筹新能源开发与市场需求，建立新能源基地与电网工程同步规划、同步投产的有效机制，扩大新能源消纳范围。打通局部地区电网送出瓶颈，针对"卡脖子"的局部地区采取建设风电汇集站、扩容输电线路、扩容主变容量等措施，解决单纯由于电网网架薄弱原因导致的风电限出力问题。

深化改革，破除可再生能源发电上网的体制机制障碍。第一，修改电力法相关规定，鼓励新能源"分散上网，就地消纳"，构建有利于分布式能源发展的法律和政策体系。第二，深化电力体制改革，改革电网企业盈利模式，建立公开透明、竞争有序的电力市场机制，为提高能源利用效率、促进新能源发展提供体制保障。第三，尽快实施可再生能源配额制，明确地方政府、电网公司、电力开发商开发、利用和消纳新能源的职责和义务，从体制上重点解决电网企业接纳风电的积极性问题。第四，建立分布式能源电力并网技术支撑体系和管理体制，鼓励分布式能源自发自用，探索多余电力向周边用户供电机制。

完善政策，采取有利于新能源发展、符合效率原则的补贴措施。政府

补贴政策必须贯彻效率原则，形成以政府阶段性适度补贴为基础的良性循环，尽可能减少因发展新能源给国民经济带来的负担。一是在新能源具有一定竞争力后，补贴政策应适时退出。二是要考虑成长性，对商业化新能源项目补贴的对象应是已经具有成长性的技术，且能够通过自身技术进步和商业化规模扩大不断降低成本的企业。三是补贴要紧扣实际发电业绩，建议将"改事前装机补贴"改为"事后度电补贴"，矫正重建设规模、轻发电量的片面思想。

多面着手，提升我国新能源消纳的技术水平。一是电网企业已推行了低电压穿越、无功补偿等风电场接入电网技术，建议根据实际运行效果，总结完善后加以推广。二是提高系统调峰与消纳能力，加快调峰调频电源建设，提高系统运行灵活性。三是加快智能电网建设，为更多地接入风电、光伏发电等新能源提供技术平台。四是积极探索新能源储能技术，提高经济性，为多种新能源的综合开发、提高新能源利用率、打捆外送奠定基础。

（本文原刊载于《中国经贸导刊》2012 年 12 月）

我国风电产业可持续发展的战略选择

我国风能资源丰富，风电产业发展迅速。截至 2009 年年底，新增风电装机容量 1 380 万千瓦，累计装机容量达到 2 580 万千瓦，成为仅次于美国的世界风电装机大国。尽管取得了可喜成绩，但我国风电产业发展中仍然存在盲目扩张、自主创新能力差等问题。因此，必须从能源战略的角度入手，探索风电产业可持续发展的对策。

一、风电产业发展现状及问题

（一）风电装机规模逐年快速增长，但缺乏国家层面、全面协调的发展规划

2003 年以来，国家有关部门先后组织了 5 次风电特许权项目招标，降低了风电上网电价，增强了风电与常规能源竞争的能力，使我国风电产业发展进入到规模化发展阶段。特别是 2006 年实施《可再生能源法》以后，明确了对风电项目的价格补贴政策，促使风电装机规模快速增长。从装机容量来看，我国风电装机规模逐年增长，2005 年以来更是呈现成倍增长态势。截至 2009 年年底，全国发电设备容量达 8.74 亿千瓦，其中，风电并网总容量 1 613 万千瓦，比上年增长 92.26%，风电装机占全国总装机容量的比重达 1.85%。

虽然风电装机规模逐年增长，但从全国范围来看，风电发展缺乏统筹、科学的总体规划。一是风电项目的大规模实施与投产没有以风能资源大规模详查作为基础，地方和企业规划均以历史粗略数据或测算为依据。二是一些地方政府利用 5 万千瓦以下风电项目的审批权，大上 4.95 万千瓦风电项目，化整为零，致使小型、分期建设的风电场遍地开花，既不符合集中开发风电的要求，也不便于风电并网接入。三是发电企业不顾成本约束，竞相压低投标价格，抢占风力资源。

（二）风机设备制造国产化水平不断提高，但仍面临核心技术瓶颈

风电产业的快速发展促使我国风机制造业规模不断扩大，且国产化率逐年提高。2009 年，华锐风电、金风科技和东方汽轮机有限公司继续保持国内市场"三甲"的地位，新增风电机组合计 825.3 万千瓦，占全国市场的 59.8%。

虽然国内风机制造行业发展迅速，但仍面临风机核心技术瓶颈。一方面，由于国内自主研发能力不足、引进风机机组关键技术不完整等因素，风机变频技术、控制系统技术等仍需依赖进口，部分风机制造企业仅依靠引进图纸、简单组装来生产风机设备，研发能力薄弱；另一方面，国内风机设备的质量检测和认证体系不完善，风电并网技术管理的程序化、规范化不足。目前，国内仅有国家电网公司颁布的风电并网企业标准，国家级的质量标准和检测制度还没有建立。

（三）并网难问题仍未解决，电网滞后仍是制约风电发展的主要因素

虽然我国风电装机规模提升较快，但风电上网电量的增幅却较低。一方面，风电项目投产快、分布广、电网建设周期长，难以实现风电的及时接入；另一方面，电网企业收购风电的积极性不高，导致出现限电、弃风现象。2009 年，我国风电累计装机容量 2 580 万千瓦，若按全国平均风电等效负荷小时数 2 000 计算，上网电量应达到 516 亿千瓦时，而 2009 年风电实际发电量仅为 288 亿千瓦时，远低于应有并网电量。在风电产业快速发展的背景下，风电并网接入问题得不到解决，将会造成较大浪费。风电设备等资源闲置或没得到充分利用，意味着风电项目的建设成本难以在规定期限内收回，从而降低了风电产业的整体效益。

二、制约风电产业发展的深层次原因

1. 地方政府为实现经济总量的快速增长，大力推进风电规模扩张。一方面，在节能减排、控制"两高"的前提下，发展可再生能源既符合国家产业政策，又能拉动地方经济发展；另一方面，抢先发展风电将获得国家

后续的政策支持。此外，分税制改革以后，地方政府面临财权、事权不相匹配的局面，发展风电可以拉动地方税收、缓解地方财政困难。

2. 国有发电企业在缺乏成本约束的前提下，追求风电价格补贴和远期利益，盲目抢占风力资源。2006 年 1 月，《可再生能源发电价格和费用分摊管理试行办法》正式实施，该办法明确了可再生能源发电由可再生能源电价附加负担。风力发电补贴，吸引了大批发电商投资风电，国有发电企业成为重要角色。2009 年，国电、大唐、华能和华电等四大国有发电集团新增风电装机容量均在 100 万千瓦以上，占市场份额的 52.2%。国有发电企业以其雄厚的经济实力大肆圈占风力资源，不重视成本收益分析，在较低的利润水平下仍扩张规模，以求争取国家对可再生能源的进一步政策支持。

3. 受风电特性影响，电网企业收购风电的积极性不高。风电具有间歇性、随机性和波动性特点。其一，风力发电时有时无，其规律难以准确预测。目前，国外先进技术可以实现对 24 小时内风力情况的预测，但国内仍无法做到。其二，风力发电量最高的时段均在夜间，属于用电负荷较低的时段，且最大出力与最小出力的时间间隔短、出力差距大，发电量大起大落。风电的这些特点对电网条件提出了较高的要求：要保证风电的顺利接入和安全送出，必须配备相应的水、火电源作为调峰电源。但要满足风电场瞬间切出电网的调峰要求，是很困难的。

4. 风电产业发展缺乏具体可行、有约束力、有效执行的政策法规。根据国外发展经验，可再生能源发展需要强有力的法律支撑，特别是国家级大法的支持。2006 年开始实施的《可再生能源法》是我国发展可再生能源的核心法律。此后，国家有关部门发布了多项规定，如 2006 年发布的《可再生能源发电有关管理规定》、《可再生能源发电价格和费用分摊管理暂行办法》，2007 年发布的《可再生能源电价附加收入调配暂行办法》等。这些规定对风电规模的扩大和风电顺利并网起到了积极作用，但其执行效力仍弱于国家级法律。2009 年，《可再生能源法》得以修正，这体现了国内可再生能源法律体系正在走向完善。

三、促进风电产业可持续发展的战略选择

1. 立足科学发展、循序渐进，从整个能源战略角度出发，构建风电产业发展战略。虽然风电作为可再生能源具备替代能源的性质，但其本身的特点决定了把风能作为主要能源很难在短期内实现，发展风电要循序渐进，不能盲目追求规模。因此，发展风电切忌急功近利，要结合国家能源结构的不断演变，逐渐确立风电在能源结构中的地位，依据国家整体能源发展战略，制定风电发展的具体战略，扎实平稳地发展风电。当前，要在完善风电资源普查和法律政策框架的基础上，建立专业化的国家队，进行独立自主的风机设计、风电场设计、风电场运行管理，争取到 2020 年，形成拥有自主知识产权的风电技术，实现风机制造的产业化，并走出国门、进入世界风电市场。

2. 遵循规划先行的原则，处理好产业发展的基础性问题，明确风电发展目标，制定合理、科学的发展规划。第一，要明确风电在可再生能源中的地位。当前，风电成本较低、资源丰富，具备大规模开发的潜力，努力发展风电是必然选择。第二，发展风电要以科学、准确的风电资源详查为基础，摸清风电发电规律和特性，并积累基础性的数据作为研究资料，为风电开发、预测和风电场并网运行等工作奠定基础。第三，要统筹风电开发与电网之间的关系，适当控制风电开发速度，将风电开发计划与电网建设规划相匹配，探索合理、有效的风电规划。第四，要协调好风电与其他电源的关系，在保证水、火电源有效运行的同时，完善风电调频、调峰方案，促进风电与网内其他电源的协调发展。第五，要明确风电并网接入、送出和消纳方案，切不可盲目开发而不顾电力消费的现实。同时，要考虑经济效益问题，通过全面衡量和比较，确定较经济的风电开发方案。

3. 以技术自主创新作为风电发展的不竭动力，尽快突破风机关键技术瓶颈。要在引进国外技术的同时，将工作重心放在消化吸收和自主创新上，加强研发队伍的培养。国家必须加大研发投入，组织和协调各大企业研发团队，集中力量攻坚风机变频和控制系统等关键技术，掌握技术主权，降低风电技术成本；同时，为提高国内风机质量，还必须严格风电机组并网

技术标准和检测程序，明确技术标准的法律地位，确保有效执行。

4. 加大国家对风电产业发展的政策扶持力度，进一步细化风电产业相关法律法规，并确保法律效力得到有效发挥。一是加大财政补贴力度，对输电环节给予适当补贴，提高电网接纳风电的积极性。当前，风电发展以可再生能源电价补贴为重要支撑，随着风电规模的扩大，电价补贴幅度逐渐提高，电力用户的负担会不断加大。对此，国家必须开拓风电发展资金的筹集渠道，通过对"两高"企业征收污染费、搞活碳交易市场和吸引民间资本进入风电产业等方式，加大资金支持。二是进一步制定有利于风电产业科学发展的政策和法律法规。通过引进强制配额制，对输配电环节提出硬性要求，督促电网企业进行合理、必要的投资，以便利风电上网；同时，必须确保法律规章得到有效实施，定期考察、监督和回馈，以掌握实际情况，及时纠正和调整。

5. 破除风电产业发展中的体制障碍，充分发挥市场作用，提高资源使用效率。目前，风电并网难的问题与电网企业积极性不高有关，而电网企业属垄断企业，其自身经营效率不高，加之电网投资不足，已严重制约风电发展。因此，要发展风电，就要破除体制障碍，进行相应的电力市场化改革。改革的目标是打破垄断，引进竞争，要实现投资主体的多元化，促进调度独立、输配分开，提高电力工业的市场化水平。此外，要理顺能源管理体制，避免出现多头管理、条块分割的局面，提高风电资源普查、规划制定、项目实施以及后续监督和管理的效率，做到全面统筹，科学发展。

（本文原刊载于《宏观经济管理》2010 年 11 月，与中国国际经济交流中心副研究员王成仁博士合作研究）

在安全高效的前提下发展核电

2003 年以来，我国核电进入了新一轮快速发展期。核电对安全性的要求远远高于其他能源产业，一旦出现核事故，不但当前核电发展好势头将不复存在，而且会危及社会稳定乃至政局稳定，全球核电发展也将受到影响。因此核电发展不仅要看到有利因素，还应当高度重视各种约束条件，量力而行，稳步推进。建议在调整核电中长期规划时，积极稳妥地制定建设规模，合理把握开工节奏，防止一些地方和企业不顾客观条件，过多、过快开工核电项目；坚决落实中央决策，明确核电发展的技术路线；切实采取有效措施，缓解人才、装备制造、核燃料等制约因素；加强核安全监管，消除安全隐患；加快现代企业制度建设，调整企业组织结构，为核电安全稳步发展创造条件。

一、核电进入快速发展期，新上项目过多过快

我国核电从 20 世纪 70 年代起步，经过近 40 年探索，在核电技术、研发、工程设计、设备制造、工程建设、运营管理等方面，积累了丰富经验，培养了一大批具有较高业务水准和实践经验的技术与管理人才，为核电发展创造了有利条件。

2003 年，全国核电建设工作会议提出，核电要统一组织领导，统一技术路线，引进国外先进技术，加快自主化建设。"十一五"规划提出"积极发展核电"的方针，为加强对核电建设的统一领导，成立国核电自主化工作领导小组，开设立办公室。通过开展三代核电技术国际招标，我国决定从美国西屋公司引进 AP1000 核电技术、建设 4 台核电机组，成立国家核电技术公司，作为引进、消化、吸收和再创新平台，开发具有自主知识产权、中国品牌的先进核电站。

近年来，我国核电呈现加快发展势头。三代核电技术引进消化吸收再

创新进展顺利，大批核电项目开工建设，核电设备国产化率不断提高。截至2010年8月底，我国运营商用核电机组11台，装机容量907.8万千瓦。国家已核准核电机组32台，装机容量3486万千瓦；其中已开工25台，装机容量2773万千瓦。已核准和运营的核电机组达4393万千瓦，超过国务院批准的2020年核电4000万千瓦的装机规模。

为了适应新的核电发展形势，能源主管部门提出对核电中长期发展规划进行较大幅度调整。新规划拟将2020年核电装机规模确定为7800万千瓦，是原规划的2倍；在建规模5000万千瓦，是原规划的2.8倍。比刚刚执行4年的规划目标翻了一番多。尽管如此，仍不能满足地方和企业加快发展核电的要求。截至目前，全国已完成核电厂址初步可行性研究，准备新上的核电项目总规模为2.26亿千瓦。东中西部地区都提出要上核电，不少省份由省委、省政府主要领导挂帅抓核电，不断向有关领导同志和能源主管部门提出，希望将本省项目纳入规划，已经纳入规划的省份都要求提前开工。新上核电项目带来的巨额投资可以拉动GDP，但由于缺少足够实施条件，项目开工和新后会带来很多新问题，特别是难以保证核电长期安全，对此应当予以高度重视。

二、核电安全发展存在的隐患

核电项目的建设和运营对安全性要求极高。目前，在建和拟建项目的规模已经不小，人才、装备制造、核燃料、运营维护、资金投入等方面的配套能力绷得很紧。如果按照现在的发展势头，在近期内过多快上马核电项目，将难以满足核安全的要求，有可能危及核电的长期健康发展。

第一，过多上马二代机型带来长期风险。20世纪50年代以来，全世界核电发展经历了三代技术。第一代技术证明了核能发电技化上可行，第二代技术二代核电在经济上可行。但苏联切尔诺贝利和美国三里岛核电站两次重大核事故说明，二代核电站的设计低估了发生严重事故的可能性。20世纪90年代，美国和欧洲明确要求新建核电站必须在预防和缓解严重事故上满足一定条件，国际上把这类核电站看做是第三代核电站，其严重事故概论比第二代核电站低100倍以上。

经过招标，我国选择了 AP1000 作为核电发展的技术路线。但是由于 AP1000 首台机组需在开工建设 2 年后，即 2011 年才能批量化发展，国内很多地方和企业为了快上核电项目，纷纷选择了二代改进型。这种机型缺乏预防类似切尔诺贝利和三里岛核电站严重事故的安全措施。目前，国际上特别是发达国家新建核电厂大都采用第三代技术，已运行的 400 余座二代或二代改进型核电机组将在未来的 20 年左右陆续退役。只有中国还在大量批准新上二代机组。如果在现有 9 个二代机组厂址上继续扩建同样机型，二代机组将达到 57 台 5 314 万千瓦，运行寿期 40~60 年。这意味着 20 年后，世界上只有中国仍有大量设计安全水平较低的二代核电机组在运行，安全风险远远高于其他国家。因此，批量建设二代机组应十分谨慎，规模不宜过大，否则将长期承受核安全风险。

第二，人才资源被严重稀释。核电建设需要大量高素质、有经验专业化的工程技术和管理人员。电站投入运营后，2 台百万千瓦级核电组需要 800~1 000 人的队伍，其中核相关专业需要约 400 人。近几年，随着大批新建核电项目开工，高端人才不断稀释，新人成长缺乏足够的培训和积累。虽然全国已有一批高校开设核学科和核专业，但一个学生从大学毕业到成为合格的核工程技术人员，需要 4~8 年不等的时间，而要培养起安全至上的价值观，则需要更长的时间。与此同时，一批有经验的技术和管理人才陆续退休，核电行业普遍出现人才资源短缺。今后几年新上核电规模若超出人才供给能力，将为核电安全运行带来隐患。

第三，核电装备制造水平不高。经过多年努力，我国已拥有 8~12 套每年制造百万千瓦核电机组装备的能力。但产品质量不稳定，技术标准不统一的问题比较突出。田湾核电站出现两次安全事故，都是在设备制造阶段埋下的隐患。我国现在的核电装备企业以往主要制造常规电力设备，制造核电装备时安全意识不强、质量保证体系不健全，因为赶工期，导致重大质量问题时有发生。一旦不合格产品装入电站，不排除后会影响电站的安全运行。

第四，核安全监管能力薄弱。常规能源的安全责任主要在地方和企业，核安全责任则是在中央。中国已向国际社会承诺，承担核安全的国家责任。但是我国核安全监管工作在机构设置、人才、经费、技术基础等方面仍面临不少困难。国外核电大国的经验表明，平均每台核电机组需要的监管人力约在 30 ~ 40 人。即使经过调整，我国核安全监管的总人数仍然不到 1 000 人，需要监管多国引进、多种堆型、多类标准的反应堆生产、建设和运营，人力资源严重不足。加上监管人员收入远低核电站工作人员，直接影响了队伍稳定和优秀人才的汇集。核安全监管部门独立性不够，仅仅是环保部下属的一个司，对外称为国家核安全局，难以实施有效的独立监管。在核设施监管方面与国防科工局存在监管职能交叉重叠，作为世界上少数几个核大国之一，我国至今没有一部涉及核安全的基本法，更谈不上核安全法律法规体系。相对于迅猛发展的核电形势，监管能力不足会降低对核电建设和运营的外部约束。安全让位于发展，安全隐患必将增多，风险也会加大。

第五，核燃料循环与后处理能力不足。核燃料循环工业包括前端（核燃料获取、铀浓缩、燃料元件加工制造）和后端（乏燃料的后处理：放射性废物的处理与处置、铀和钚回收）。我国核电站建设偏快，前端、后端能力较弱，而且在短时间内不可能大幅度提高生产能力。后处理技术是国际上为了防止核扩散而严格限制转让的敏感技术，从国外引造的代价很高。由于后处理能力不足，我国很多 20 世纪五六十年代的军用核设施至今没有完成退役。目前，国内仅有一座乏燃料后处理能力 50 吨的中试厂，新的后处理厂何时建设还不确定。这意味着今后二三十年，在役核电站将堆放过多的乏燃料。长此以往，对环境安全而言是不可忽视隐患。

第六，行业投资风险加大。核电融资规模大，投资回收期长。按照现在发展速度，到 2020 年核电需要新增投资规模在 1 万亿元左右，这还不包括在建的未投产机组。核电项目对资本金要求不高，主要核电企业在自有资金不足而又无法上市融资的情况下，将主要依靠高负债扩大投资规模。加上受制造能力的限制，可能出现项目拖期，将大幅增加企业的财务成本。目前我国核电建设还未进入高峰期，核电业主的资金链就已经绷得很紧，未来投资风险不可小视。

第七，企业组织结构不够合理。我国有限的核电技术资源分散在中核、国核技和中广核，多种技术路线并存，难以集中力量消化吸收 AP1000 三代核电技术。核燃料产业与核电业主合一，没有形成公平的市场竞争机制。

从事三代自主化的国核技缺少稳定的利润中心，影响队伍稳定和持续投入。由于复杂的历史原因，中广核与中核之间存在股权问题，成为两家企业持续发展的重要障碍。这种企业格局，影响了国家确定的统一技术路线的实施，核电企业超出自身能力和配套条件，争厂址、争资源现象十分突出，影响了核电的安全稳定发展。

三、合理把握核电发展规模和节奏的建议

为确保核电在安全的前提下稳步发展，我国核电调整应统筹考虑核电发展规模与人才、燃料、制造等方面的关系，处理好速度与安全的关系，适当控制核电发展规模，合理把握开工节奏，促进核电装机与相关产业的协调发展。具体有以下几点建议：

第一，在调整核电中长期规划时，核电发展目标不宜定得过高。经过这几年发展，核电在建和核准项目规模已突破 2006 年制定的规划各方面对 2020 年核电装机规模的预期普遍超过 7 800 万千瓦，大多数核电业主的配套企业是按照装机 1 亿千瓦以上制定自身发展规划。国内燃料企业已做好了大幅度提高燃料价格的准备。为了防止一些地方和企业不顾客观条件，过多、过快开工核电项目，建议通过规划调整国内外各方面对未来的预期，将 2020 年的运行装机容量控制在 7 000 万千瓦以下，加上在建机组，总规模控制在 1 亿千瓦左右。在规划期内，国家根据需要与可能，实事求是安排建设规模和开工节奏，尤其要控制近期核电建设规模。

第二，在调整中长期规划时，坚持 AP1000 的技术路线。建议继续坚定不移地贯彻党中央、国务院的决策部署，集中力量进行 AP1000 核碑自主建设，加快国家重大专项 CAP1400 的研发与示范工程建设进程。今后除已核准的二代改进型机组外，新上核电项目原则上以三代 AP1000 系列机组为主。

第三，加强核电人才培养。建议进一步搞好人才规划与核电发展规划的衔接。加强对高校有关核专业办学的统筹规划，建立完整的核工程专业教育体系。鼓励高校与核电企业合作培养核电人才，提高高校教育的针对性，缩短新人实际经验积累的时间。

第四，打破装备制造瓶颈制约。建议制定发布三代 AP1000 和二代改进型机组的设备设计与制造技术标准。提升制造企业的设计和制造水平，稳定产品质量。在目前设计能力短时间内无法与制造企业相结合的情况下，应提倡联合攻关，提高关键设备制造能力。

第五，提高核安全监管水平。建议把环保部管理的国家核安全局，进一步做成实体局，使其成为具有权威性的监管机构。完善核安全监管立法、强化安全管理职能、保持技术先进性。

第六，提高核燃料供应和后处理能力。建议深化核燃料体系改革，独立的核燃料企业集团。加快实施燃料走出去战略；力争未来 5 年到 10 年，在铀资源开发、铀浓缩、燃料元件制造和乏燃料后处理等关键环节取得重大突破。

第七，推进核电企业现代企业制度建设。建议重点整合技术资源，打造集核电研发设计、工程管理、核电业主、电站运营、寿期服务为一体的大型核电企业集团。理顺中核、中广核之间的产权关系，完善现代企业制度和公司治理结构，加快核电企业的集团化、专业化发展，有效提高国际竞争能力。

（完成于 2010 年 9 月，获国务院领导重要批示。与国务院研究室巡视员范必、司长唐元、中国国际经济交流中心副研究员曾少军、王天龙、刘向东、张焕波等合作研究）

京津冀应推广乙醇汽油

汽车尾气是造成雾霾的重要原因。从国际经验看，使用乙醇汽油可以有效减少大气污染和温室气体排放。建议将推广乙醇汽油作为京津冀联防联控治理雾霾的重要措施。通过深化现有成品油流通体制改革，对这一新油品实行新的推广机制。

一、推广生物燃料乙醇具有重要意义

燃料乙醇一般以小麦、玉米、薯类、高粱、甜菜等植物为原料，主要用于汽车燃料。美国、巴西、法国、日本、印度等国家都将燃料乙醇作为重要的清洁能源予以政策扶持。由于燃料乙醇对改善大气质量作用明显，经济性良好，已成为近年来世界上增长最快的车用液体燃料。我国于2000年开始发展燃料乙醇产业，目前整体技术水平居世界前列，是继美国和巴西之后全球第三大燃料乙醇生产国和消费国，正处于规模化发展前夜。当前，加快推广使用燃料乙醇具有广泛的环境、经济和社会意义。

一是可以减少温室气体排放。汽车尾气是温室气体的重要来源，添加10%燃料乙醇的汽油可降低10%左右的二氧化碳排放量。世界上很多国家，都将使用乙醇汽油作为应对气候变化的重要对策。我国大力推广乙醇汽油，有利于向国际社会展示应对气候变化的积极姿态。

二是有助于治霾降污。燃料乙醇与汽油混合使用，能够有效提高汽油辛烷值，降低芳烃和烯烃含量，使汽油充分燃烧。实验数据显示，在不更换汽车发动机的情况下，添加10%燃料乙醇的乙醇汽油可减少25%～30%的CO排放量，有效降低氮氧化物、酮类等污染物的浓度，从而大幅减少PM2.5的合成，对消减雾霾具有重要作用。据中石化近期研究，用京V92号汽油和93号乙醇汽油作对比，采用美国环保署的汽车排放模型计算，PM2.5可下降32%。目前，欧美国家都将燃料乙醇作为油品升级换代的重要添加剂。

三是有效消化陈次粮。我国每年需要处置近 2 000 万吨出芽小麦、毒素超标小麦、霉变玉米、镉大米等次粮和问题粮，约占粮食总产量的 3% 左右。2001 年，我国在吉林、黑龙江、安徽、河南等省试点生产推广燃料乙醇项目。通过生物燃料乙醇转化这些人畜无法食用的粮食，是最具安全性、经济性的解决方案。同时，以粮食为原料的燃料乙醇项目可充当国家粮食收储的"调控器"，在丰年增加粮食乙醇生产，在歉年减少或停止粮食乙醇生产，从而调剂余缺，保障国家粮食储备处于合理水平。

四是普惠"三农"。生物质能是唯一与"三农"直接相关的能源品种。甜高粱、红薯、木薯等一般生长在经济发展相对落后的地区，通过发展非粮燃料乙醇产业，可以帮助这些农作物找到销路，增加农民收入。第二代燃料乙醇也叫纤维乙醇，是以农作物秸秆、农林废弃物等纤维素资源为原料，既避免了秸秆焚烧造成的空气污染，也为农民提供了一个重要的增收来源。据农业部统计，2011 年小麦、玉米每亩净利润仅为 118 元和 263 元。按河南每亩地一年种一季小麦、一季玉米计算，一年可产秸秆约 1 吨，燃料乙醇企业收购价为 250～300 元，相当于多种了一季玉米。

"十一五"期间，燃料乙醇的主要生产原料由玉米、小麦逐渐转变为木薯、甜高粱、薯类等非粮作物，有效避免了"与民争粮、与粮争地"。目前，我国以粮食作物为原料的 1 代技术和以木薯等为原料的 1.5 代技术已非常成熟，以农作物秸秆为原料的 2 代技术基本与国际同步，正进入大规模产业化示范阶段。

二、推广乙醇汽油面临的困难

近些年来，我国在河南、黑龙江、吉林、辽宁、安徽等地区实现了车用乙醇汽油的快速推广。京津冀各省市已酝酿多年，但困难较多。主要原因是：

全封闭推广阻力较大。已推广乙醇汽油的省份基本上采用了全封闭、强制运行的方式。京津冀地区如果全封闭运行，需要三个行政区域统一行动，不易协调，监管成本也较高。

用户不良体验增多。乙醇汽油覆盖的地区，一些消费者将行车中遇到的各种问题都归结为使用了乙醇汽油。科学实验表明，使用乙醇汽油与纯无铅汽油基本没有区别，在燃烧方面甚至更优。产生这种不良体验，很大程度上是由于使用乙醇汽油不是消费者的自主选择，推广者很难使消费者心服口服，甚至引发不少维权事件。

销售渠道单一。全封闭推广乙醇汽油的省份主要依赖中石化和中石油的销售渠道。由于缺少其他竞争者进入，抬高了供应商的垄断地位，挤压了上游燃料乙醇厂商的利润，使其更加依赖财政补贴。

竞争优势不明显。乙醇汽油零售价格与纯无铅汽油相差无几。大部分地区从无铅汽油改用乙醇汽油后，相同标号的乙醇汽油只比无铅汽油便宜两角钱左右。消费者感觉不到明显的优惠，宁可使用纯无铅汽油。

三、京津冀推广乙醇汽油的思路与建议

在上述制约因素无法消除的情况下，京津冀地区推广乙醇汽油，应当加强科学、全面的宣传，逐步转变群众的消费观念。通过合理的机制设计，更多发挥市场机制作用，引导消费者使用乙醇汽油。考虑到我国现在成品油流通尚未完全市场化，建议在京津冀地区，对乙醇汽油这一新增品种实施增量改革。放开乙醇汽油批发和零售环节市场准入，制定合理的财政补贴和税收优惠政策，通过充分竞争提高乙醇汽油的市场占有率。

第一，放开乙醇汽油的批发、仓储和零售业务。建议修订《成品油市场管理办法》，除中石油、中石化外，允许各类所有制企业开展乙醇汽油的批发、仓储、零售业务；准许地方炼油企业将汽油与燃料乙醇混配后销往京津冀地区；各级商务部门简化开展相关业务的审批手续。

第二，在加油站增加乙醇汽油品种、放开销售价格。小排量汽车车主对油价高度敏感。建议京津冀地区中石化、中石油的加油站协调行动，增加乙醇汽油加油装置，允许民营加油站单独销售乙醇汽油。乙醇汽油售价由零售商自主定价，不再执行国家统一定价。

第三，改革燃料乙醇补贴方式。国家对燃料乙醇生产仍实行指令性计划，计划内的企业可以获得财政补贴。目前，国家对以粮食为原料燃料乙

醇的补贴额度逐年下调，每吨补贴标准为 2013 年 300 元、2014 年 200 元、2015 年 100 元，这一补贴政策到 2016 年终止。税收政策方面，自 2015 年 1 月 1 日起国家将取消变性燃料乙醇定点生产企业的增值税先征后退政策，同时以粮食为原料生产用于调配车用乙醇汽油的变性燃料乙醇也将恢复征收 5% 的消费税。

为了推广乙醇汽油，建议今后对非粮生物燃料乙醇的补贴继续顺延，额度基本不变。同时优化补贴方式，从按指令性计划补贴改为招标方式补贴，选择每吨燃料乙醇需要补贴最低的企业中标，使同等的补贴资金最大限度地补贴燃料乙醇产量。今后补贴重点应从支持粮食乙醇改为支持非粮和纤维乙醇。此外，建议国家延续燃料乙醇生产相关税收减免政策。

第四，制定乙醇汽油混配标准和身份识别标识。建议国家修订车用乙醇汽油的混配标准，完善现有 E10 混配标准，新制定 E15 混配标准；对燃料乙醇生产实行产品身份识别码制，实现生物燃料生产和销售的可追溯、可鉴证，避免部分不法企业混入甲醇等燃料销售。

第五，将推广乙醇汽油纳入京津冀一体化行动。建议京津冀协同发展领导小组加强协调，在落实"大气十条"关于京津冀地区油品升级计划时，将推广乙醇汽油作为一项重要内容，同时将推广乙醇汽油纳入京津冀一体化规划。在尊重地方政府和消费者意愿的基础上，条件成熟的地区可以实施封闭推广。

京津冀地区推广乙醇汽油初期，需要国家在财税、价格、市场准入等方面给予支持。通过引入多个竞争主体，放开价格管制，可以降低乙醇汽油的流通成本，不断增加产销量。最终乙醇汽油将显现出良好的经济性，可以与无铅汽油在市场上竞争。

（本文完成于 2014 年 11 月，获国务院领导重要批示。原刊载于《宏观经济管理》2015 年 2 月，与国务院研究室综合司巡视员范必、中国国际经济交流中心副研究员刘向东博士合作研究）

扩大推广乙醇汽油正当其时

2016 年上半年，我国玉米库存目前已达 2.6 亿吨，年储存财政补贴超 600 亿元，形成巨大财政负担。从国际经验看，使用乙醇汽油可有效减少大气污染和温室气体排放。对我国而言，扩大推广乙醇汽油可对粮食去库存、减少碳排放、油品升级、缓解产能过剩企业困难和普惠"三农"发挥重要作用。建议在前 15 年成功试点的基础上尽快调整政策，将燃料乙醇纳入可再生能源发展基金支持范畴，实施强制性配额制度，改造过剩酒精产能扩大燃料乙醇生产，并在 G20 峰会上提出我国将扩大推广乙醇汽油，向国际社会传递我国应对气候变化积极态度。

一、推广乙醇汽油是欧美等许多国家应对气候变化的重要对策

进入 21 世纪以来，能源安全和环境问题日益成为制约可持续发展的焦点，越来越多国家加快了开发绿色可再生能源的步伐。其中，燃料乙醇以其具有的可再生、环境友好、技术成熟、使用方便、易于推广等综合优势，成为应对气候变化和替代车用化石燃料的理想选择。目前，欧美等许多国家都将推广乙醇汽油作为改善空气质量的重要举措。世界燃料乙醇生产规模快速增长，从 2000 年的 1 283 万吨增加到 2014 年的 7 371 万吨，15 年间增长了 4.7 倍。

（一）燃料乙醇可有效减少温室气体排放和大气污染

在不改变汽车发动机的情况下，添加 10% 燃料的乙醇汽油可减少约 30% 的汽车污染物排放，大幅减少 PM2.5 的合成。据中石化近期研究，使用 93 号乙醇汽油与京 V 92 号汽油相比可使 PM2.5 下降 32%。

同时，燃料乙醇也是天然的油品升级改良剂。它能有效增氧并提高辛烷值，使汽油充分燃烧，可直接降低成品油中的芳烃、烯烃、锰与硫的含

量，降低油品升级成本。目前欧美多国都将其作为油品升级的法定改良剂。

使用燃料乙醇还可以降低对石油的依赖，优化能源结构。2014年，美国石油对外依存度已降至28%，除了页岩油气之外，燃料乙醇起了重要作用。

（二）欧美等许多国家都将燃料乙醇作为重要的清洁能源予以政策支持

为支持燃料乙醇发展，美国、巴西、印度等很多国家都成立了专门的管理机构，负责产业政策制定以及产业发展管理。不少国家还制定了中长期发展规划，如美国"能源农场计划"，巴西"燃料乙醇和生物柴油计划"，法国"生物质发展计划"，日本"新阳光计划"，印度"绿色能源"工程等。

美国是目前世界上最大的燃料乙醇生产国，20世纪80年代颁布减免税赋、实行配额制等多项政策，促进燃料乙醇发展。2014年，全美燃料乙醇总产量约4 300万吨，当年减排二氧化碳（CO_2）超过3 900万吨。通过立法，添加10%燃料乙醇的汽油在美国实现"全覆盖"，由此增加就业岗位39万个，降低石油进口依存度6%。

巴西是全球第二大燃料乙醇生产国，也是最早实现乙醇汽油全覆盖的国家。巴西1975年开始实施"国家酒精计划"，采用价格、法规、税收、政府补贴、标准等措施推广乙醇汽油和灵活燃料汽车的应用。目前，巴西的燃料乙醇已替代国内50%的汽油。

欧盟1985年就开始使用燃料乙醇含量为5%的乙醇汽油，对燃料乙醇实行税收减免和补贴。2014年，欧盟燃料乙醇使用量约为400万吨。根据欧盟理事会"可再生能源指令"，2020年欧盟生物燃料在交通运输燃料消费中所占的比重至少要达到10%，燃料乙醇总量将达1 100万吨。

二、我国当前推广乙醇汽油的必要性和紧迫性

中国燃料乙醇产业起步较晚，但发展迅速，目前整体技术水平居世界前列，2015年生产和消费230万吨，在全球经济体中位居第四。我国现阶段扩大推广乙醇汽油具有重要意义：

一是消化陈次粮、助力粮食去库存。目前，我国玉米库存已达2.6亿吨，因得不到及时处置，每年产生约3 300万吨陈化和霉变玉米，储存成本

超过 82 亿元。燃料乙醇具有市场空间大、去库存时间快、经济可行、环境和社会效益显著等优点，通过生产燃料乙醇转化这些人畜无法食用的粮食，是当前玉米去库存的最优选项。

二是减少碳排放、实现油品升级。按减排峰值要求，若 2030 年我国燃料乙醇掺配汽油比例达到 15%，乙醇需求为 2 550 万吨，如全部用纤维乙醇扩大生产，届时将直接减排二氧化碳达 7 880 万吨。此外，我国将于 2017年 1 月 1 日实现国 V 车用汽柴油升级目标，在成品油中添加乙醇是低成本且简单有效的油品升级之路。

三是普惠"三农"并缓解产能过剩企业困难。发展燃料乙醇，首先可促进扩大粮食再生产，为不断增收的粮食提供转化通道。其次，可催生新的循环经济产业链，打通农业和能源产业，带动种植、饲料、畜牧业、沼气、电力等相关产业发展，提高农业附加值。再次，充分利用目前严重过剩的玉米酒精产能扩大燃料乙醇生产，可缓解企业困难。

四是助推能源革命和供给侧结构性改革。燃料乙醇符合我国能源替代战略和可再生能源发展方向，技术上成熟可靠，在我国完全适用。目前，我国以粮食为原料的 1 代技术和以木薯等为原料的 1.5 代技术已非常成熟，以秸秆为原料的 2 代纤维乙醇技术与国际同步，正进入产业化示范阶段。全面推广乙醇汽油，可带动相关产业形成具有生态效应的产业链，大力助推能源革命和供给侧改革。

三、我国扩大推广乙醇汽油的基础条件、发展潜力及障碍

我国自 2001 年开始试点推广乙醇汽油，截至 2014 年，试点范围涉 11个省区，占当年全国汽油消费量的 22.5%。目前，在原料保障、产业基础、市场空间、技术水平等方面已具备扩大推广条件。

（一）原料资源充足

目前，我国陈化和霉变玉米每年可转化燃料乙醇近 1 000 万吨。如考虑重金属超标、霉变小麦及陈化水稻，可用资源量会更大。分析未来五年，全球及我国玉米供应能力依然较强，产量稳中略降；面对玉米饲料和深加

工需求仅少量增长现状，即使考虑调减玉米播种面积等情况，因玉米种植收益相对较好，燃料乙醇扩大应用的原料供应也是有保障的。

（二）市场容量较大

2002～2012年，我国汽油消费以年均8%以上的速率快速增长，2015年全国汽油表观消费量约为1.15亿吨。预计2020年将消费约1.4亿吨汽油，按10%的掺混比例，燃料乙醇市场规模约为1 400万吨/年。

（三）产业发展基础良好

经过十多年发展，我国燃料乙醇产业生产技术成熟稳定，纤维乙醇技术初步具备产业化条件，技术装备水平居先进国家行列，并拥有一大批具有国际视野和丰富实践经验的专业技术人才。

（四）试点工作取得成功经验

2013年，国家能源局委托第三方所做的扩大试点后评估结论认为：推广乙醇汽油具备成熟可靠、安全可行的条件，试点初期确定的战略已初见成效，社会、经济、生态效益显著。同时，乙醇汽油推广在组织领导、依法行政、配套政策、自主创新等方面创造性地开展工作，形成了适合国情、可以复制，以"核定生产、定向流通、封闭推广"为特征的中国发展模式。

（五）扩大推广乙醇汽油面临的主要障碍

多年来，我国燃料乙醇政策几经变化。从"十五"期间推广乙醇汽油，到"十一五"时期停止一切玉米加工项目审批；从对燃料乙醇免征消费税到征收5%消费税，又到恢复免征消费税等，使得刚刚起步的燃料乙醇产业一直在政策调整中艰难维持。究其原因，主要是对燃料乙醇产业的认识不足。

一是对粮食安全的认识不够全面。粮食安全主要体现在粮食的生产能力上，而不在于大量库存。适度规模的燃料乙醇产业是粮食生产的推进器和调节阀。促进玉米加工转化，会提高农民种粮积极性，形成生产消费的良性循环，强化我国粮食生产能力。

二是对燃料乙醇循环经济产业链的巨大拉动作用认识不足。以玉米为例：2005～2015年十年间，我国玉米产量净增约0.95亿吨，由于缺乏加工转化的支持政策，使得玉米库存量由0.36亿吨增加到2.6亿吨，每年储存财政补贴超过600亿元，粮食建库的投资也大幅度增加。2005～2015年，美国玉米净增产量与中国相当，但通过鼓励加工转化，新增约3 000万吨的燃料乙醇，联产近3 000万吨干酒糟高蛋白饲料（DDGS），促进了美国畜牧业的发展。在此期间，美国的肉蛋奶出口增加了25%，DDGS饲料和燃料乙醇大量出口中国，对我国饲料业、养殖业和燃料乙醇产业产生了冲击。

三是对生产燃料乙醇的综合效益认识不足。以目前玉米收储政策为例，财政补贴每年每吨近250元，生产1吨燃料乙醇需要3.3吨玉米，可减少财政支出825元。如果通过生产燃料乙醇对玉米去库存，每年生产500万吨燃料乙醇，可减少储存成本约41亿元（250元/吨×1 650万吨）。并且，还可避免长期库存导致玉米彻底失去价值的损失，节省了新建粮仓的投资和大量库存成本，缓解了企业困难，并催生新的产业链，拉动能源、饲料、养殖、肉蛋奶等产业的发展。除了可观的经济价值，发展燃料乙醇还蕴含着巨大的生态价值、普惠"三农"的社会价值，以及之于国际社会减少排放的道义价值，可谓一举多得。

此外，在40美元/桶国际油价水平下，燃料乙醇生产具有经济性。按每吨玉米进厂价1 600元计算，每吨燃料乙醇原料成本约5 300元，生产成本每吨约1 700元，合计每吨7 000元；同时副产品DDGS收入每吨约1 200元，实际成本约每吨5 800元，在当前93号汽油价格每吨6 000元水平下，燃料乙醇生产企业基本可实现盈亏平衡。

四是对纤维乙醇产业化的战略意义认识不足。我国农村地区秸秆处置缺乏通道，不仅浪费资源，还严重污染大气和农村环境。目前，国内已有企业开发出适应农村县域经济区块化发展的醇（纤维乙醇）—气（沼气）—电—肥联产示范装置。三年前我国和美国在纤维乙醇产业化示范上基本同处在万吨级水平上，由于美国及早出台了约2 150元/吨（实质是支付农民的秸秆费用）的扶持政策，纤维乙醇产量每年都翻番式增长。2015年达36万吨，2016年计划68万吨，2020年将达1 000万吨以上。我国针对秸秆纤维乙醇的扶持政策至今尚未出台，产业升级换代举步维艰。如果再无举措，我国将在世界生物能源的核心技术领域，错失从粮食乙醇向第二代纤维乙醇升级的重大机遇。

四、对我国扩大推广乙醇汽油的建议

（一）尽快形成促进乙醇汽油全面推广的政策体系

总结在 11 省区推广乙醇汽油的经验，制定全国扩大推广的规划和时间表，先行在汽车保有量大、PM2.5 污染严重的京津冀、山东等地扩大使用。将储粮补贴调整为发展燃料乙醇的投入。加快出台促进先进生物燃料发展的政策法规和实施方案，形成完整、连续稳定的涵盖纤维乙醇、生物天然气等生物质能的政策体系。

（二）将燃料乙醇纳入可再生能源发展基金支持范畴

落实可再生能源法，利用当前超低油价的机遇，将基金征收范围从电力扩展到成品油。建议汽、柴油征收标准为 0.03～0.05 元/升，所得用于专项支持包括燃料乙醇在内的液体生物燃料。

（三）对燃料乙醇生产企业和成品油流通企业实施强制性配额制度

参照我国电力可再生能源配额制和美国对燃料乙醇生产企业、成品油流通企业和乙醇进口均实施强制性配额管理方法。鼓励传统能源企业投资燃料乙醇产业。

（四）改造过剩酒精产能，加快推进非粮替代

目前国内酒精产能达 1 130 万吨、开工率仅为 50% 左右，可对其进行简单技改。具有脱水装置的企业，增加添加变性剂的装置后即可投入使用，技术改造时间在 1～2 个月；无脱水装置的企业，万吨乙醇脱水装置投资约 500 万元，50 万吨产能需投资 2.5 亿元。而新建或对现有燃料乙醇生产企业产能改造，每万吨产能约需 1 亿元，时间至少一年半。可鼓励现有燃料乙醇企业对酒精企业采取并购、租赁等形式，在短期内迅速扩大燃料乙醇产能，

预计可增加 1 000 万吨玉米处理能力。目前我国产能 10 万吨/年以上玉米酒精生产企业总产能 510 万吨，其中 314 万吨在黑龙江、吉林两省，可就近利用，降低运输成本。同时，按照时间和布局衔接的方针，定量发展粮食乙醇，适度发展薯类乙醇，积极发展纤维乙醇。尽快出台纤维乙醇扶持政策，部署推进规模化、产业化示范，力争在此轮 3～5 年的粮食去库存后，使纤维乙醇成为燃料乙醇大规模、持续稳定发展的主力军。

（五）在二十国集团（G20）峰会期间提出我国将研究扩大推广乙醇汽油

结合我国政府已宣布争取在 G20 峰会前完成批准《巴黎协定》的法定程序、逐步减少煤炭消费等举措，建议在峰会上进一步提出我国将研究全面推广乙醇汽油，向国际社会传递积极信号，提升中国推动气候变化的国际形象。

（本文完成于 2016 年 8 月，获国务院领导重要批示）

海洋能发展的若干问题及政策建议

为加快推进我国海洋可再生能源开发利用工作，近期，国家海洋局会同财政部制定并颁布了《海洋可再生能源专项资金管理暂行办法》，制定了《2010 年海洋可再生能源专项资金项目申报指南》，各项扶持项目正在积极稳妥地开展。但是，各方面对海洋能发展的必要性、定位、规模、布局、上网、电价等问题尚未做到统筹考虑，全盘布局。如何规划和管理海洋能的开发利用，促进我国海洋能产业持续健康发展，成为当前政府主管部门亟须考虑的一项重要问题。

一、如何看待海洋能发展中的几个问题

开发利用海洋能在我国能源发展中具有重要作用，但如何使整个海洋能产业在示范、建设、运营、接入、电价、管理等方面均能够持续健康发展，当前有如下问题亟须进一步明确和重视。

（一）海洋能在整个能源结构中的地位

海洋能在我国整个能源结构中目前只能处于补充和辅助地位。从一段时期来看，沿海和海岛是常规能源缺乏、能源供需矛盾最为突出的地区，而这里恰恰是海洋能资源最丰富的地区，开发潮汐能、波浪能、潮流能不仅为沿海工业、海岛渔民等就地提供能源，还可以作为缓解能源供需矛盾的辅助能源之一。中长期来看，开发近海外海的波浪能和温差能可以就地为海洋资源开发产业提供能源，具有得天独厚的优势，是其他能源所无法比拟的。因此，只要我国不断地示范、探索和实践，就能逐步提高海洋能在整个能源结构中的比例和地位。

（二）海洋能的发展目标

从近期目标看，要在已有海洋能资源普查基础上，率先开展潮汐能和潮流能优先开发区的资源勘查和选划工作，形成我国海洋能资源分布图，制定我国海洋能发展规划；通过专项资金支持，突破关键技术，形成海上示范工程；同时要紧紧围绕海上试验与测试场建设论证及工程设计、发电系统关键设备技术产业化、标准制定及支撑服务体系建设、综合开发利用技术研究与试验，以及独立和并网电力系统示范工程等方面攻关，以求解决涉及海洋能的服务、标准、并网、工程等基础性研究与实验问题，为未来大规模发展海洋能打下坚实的基础。

从中长期目标看，力争到 2015 年，通过强化科技研发和试点示范工程建设，使海洋可再生能源利用技术接近或赶上目前世界先进水平，一些成熟技术要实现大规模、现代化生产，形成产业化；扩大研究与利用海洋能的类型，与其他可再生能源形成互补，建立新能源综合示范基地；新技术、新工艺要有大的突破，形成比较完善的生产体系和服务体系，努力将我国发展成为海洋可再生能源开发利用强国。到 2020 年，在综合示范与利用的基础上，应建成兆瓦级潮汐电站、波浪能、潮流能实用电站，积极推进多能互补独立供电技术和深海温差能的技术研究；以建成海岛多能互补独立供电示范系统和温差发电示范装置为目标，适当兼顾盐差能技术的探索研究；全面推广应用成熟的海洋可再生能源利用技术，加大具有一定规模的海洋能发电项目建设力度，努力建立世界先进水平的海洋能工业体系和技术创新体系。

（三）关于发展总量与电源布局问题

海洋能发展总量关系到发展的规模与速度问题，电源布局关系到空间结构、与其他能源的统筹问题。首先，应做好海洋能资源详查工作。制定资源调研普查方案和做好海洋功能区划，开展海洋能的详查工作，摸清潮流能、潮汐能、波浪能等海洋能的储量和分布情况，做到优化海洋资源，统筹兼顾、协调发展。其次，应考虑海洋能发展规模问题。海洋能发展离不开国家的补贴和优惠政策，因此，确定我国海洋能发展的合理总量，既不能与其他能源比增长速度，也不能与国外比装机容量，而是要和国家的补贴能力相适应。现有补贴财力能够满足的开发规模，就应当是理想的装机规模。只要国家每年明确公布对海洋能的补贴数额，投资者就会预测出海洋能的市场容量，从而作出合理的规模决策。再次，电源布局要统一规划。统筹考虑资源条件、接入规划、电力需求等因素，充分论证其技术可行性与经济合理性，确定沿海各地在各时期的开发布局和规模。要处理与常规能源的布局衔接问题，防止海洋能良好站址的港湾被占用或破坏。当同一港湾存在多种资源时，应由国家至少由省级行政主管部门组织专家充分论证，从宏观角度比较各种资源的质量、数量、社会和经济效益、兼容性，考虑是否无可替代等问题后，确定哪种资源优先开发，并尽量统筹兼顾其他资源的开发。

（四）海洋能开发的经济性问题

一般来讲，短期内海洋能的经济性不如常规能源，但由于其清洁环保、后续运营无燃料、综合利用效果好等优势，因此，应凝聚共识，积极稳妥地开发利用海洋能。以我国的潮汐能为例，从目前投资情况看，建设一座较大规模的潮汐电站，估计平均千瓦投资约 2 万 ~ 3 万元左右，而一座较大型火电站，平均每千瓦投资只有 4 000 ~ 5 000 元，潮汐电站比火电高 5 ~ 6 倍；比风电高 2 ~ 3 倍；比水电高 3 ~ 4 倍。由此可见，仅从投资的角度看，海洋能开发的经济性比较差。

但经济性比较不能只看投资，从宏观效益看，潮汐电站用水作能源，建成后无需燃料，而且还可以同时搞海产品养殖、围垦、灌溉、交通、旅游等多种综合利用，使收益大为增加。随着科学技术的发展，海洋能电站的建设运行成本终将大幅度降低，这将大大提高潮汐发电的竞争力和在能源建设中的地位。综合来看，发展海洋能有利于改善经济发展方式，提高整体社会经济效益。

（五）海洋能发电的并网接入问题

海洋能是一次能源和二次能源的结合，无需燃料，电站建设的机动性较强。所以，发展海洋能既可以建设独立分布式电站，也可以建设并网式电站。

建设独立分布式电站应考虑到电力用户需求问题，只要沿海和海岛有需求，就可以就近选址直接建设，不需要考虑并网问题。建设并网式的较大规模电站，就应充分考虑到并网问题。这是因为海洋能发电具有波动、随机性和间歇性的特点，输出功率变化大，发电机组利用率不高；目前开发利用的规模较小，还没有办法像常规能源那样对其出力进行安排和控制，必须提前科学系统地考虑电力的接入问题，处理好电源与并网的有效衔接问题。

对于上网接入问题，《可再生能源法》对其并网事项只给予了原则性的规定，对于电源与电网的衔接问题、并网接入问题、电量的收购、电网企业的服务范围和内容等方面都没有进行细化。这就需要国家海洋能主管部门全面考虑，会同电网监管部门、规划主管部门和电网企业共同研究，借鉴发达国家的经验，制定海洋能并网管理办法，以解决项目后续并网的接入问题。

（六）海洋能上网电价问题

《可再生能源法》对可再生能源的价格仅仅给予了原则性的规定，针对海洋能的电价问题并没有进行细化。国外在新能源定价机制方面并非完全按成本直接定价，而是综合考虑市场因素，通过预测价格、竞标、补贴等方式确保执行新能源价格。因此，国家海洋能主管部门应提前考虑，积极会同价格主管部门、电力监管部门，就上网电价、高出平均上网电价的差额问题，以及相关费用确定、结算等问题，共同研究制定海洋能电价的相关规定，以指导新建项目的电价标准的确定和上网电价的制定。

（七）关于海洋能工程技术装备和标准问题

新一轮海洋能的发展和财政对其开发利用的扶持会产生大量的设备需求，因此，提高我国技术装备研发水平和制造能力迫在眉睫。应有目的、有选择地引进消化吸收国外的先进技术、工艺和关键设备，大力鼓励和开展自主创新活动，努力提高海洋能装备制造能力，在高起点上提高我国海洋可再生能源技术的开发步伐和总体水平。

我国海洋能开发利用具有较好的技术储备，但仍有许多技术难题制约着海洋能的大规模运用。因此，应集中人力物力，发挥科研单位协同作战的作用，从自然资源和社会效益两个方面研究解决潮汐能发展的规模化问题，研制万千瓦级潮汐电站水轮发电机组，进一步提高能量的转换效率；研究百千瓦级波浪发电设备，在气动式、液压式和机械式等三种不同能量转换模式中，择其相对成熟技术开展系统优化设计；基于工程热力学原理，利用沿海热电厂排放的冷却水与海水的温差所蕴藏的热能进行发电，研制千瓦级海水温差热能发电模拟装置进行现场试验。同时应加快制定海洋可再生能源开发利用的国家标准和行业标准，包括技术和产品标准、综合性基础和管理标准等。

（八）关于海洋能的行政管理问题

理顺能源管理体制既是一项战略目标，也是实现战略目标的保障。海洋能与其他常规能源一样，都存在多头管理、跨部门监管的问题。国家将海洋能研究、开发和管理职权赋予了国家海洋局，但项目审批、电价制定仍在国家发改委，行业监管与执法在国家电监会，财政扶持和税收优惠在财政部和国家税务总局，国资管理与绩效考核在国资委，上网和价格结算还涉及电网企业等。不难看出，涉及海洋能开发与管理的核心权力被分散到各个职能部门，国家海洋局实际上变成了一个牵头单位。这种分散式管理体制的存在，势必会产生职能交叉、政出多门、政监不分、权责纠缠不清等问题，应尽快明确主管部门及责任主体，确定相关的主要职责，有利于推进海洋能的科学发展。

二、促进海洋能持续发展的政策建议

海洋能的健康发展离不开国家的政策支持，调控海洋能发展要从规划入手，以补贴和招标为抓手，加大电力市场化体制改革力度，促使其健康、有序开发。具体建议如下：

（一）确立海洋能在我国能源发展中的应有地位

尽管海洋能在我国整个能源结构中处于辅助性地位，但并不能否认其在能源发展中的重要性。所以，研究开发海洋能是建设海洋强国的重要组成部分，应将海洋能研究、开发、利用纳入新能源发展规划和"十二五"能源发展规划，并作为战略性新兴产业加快发展；同时要不断增加海洋能专项，调动和组织各方面力量，统筹安排海洋能的研究、开发和利用工作。

（二）从国家层面确定海洋能发展指导思想

首先，应确定海洋能发展思路，以"引进突破、拉动产业、海岛优先、示范带动、集中开发"为主线，积极稳步开发利用海洋能。其次，应明确海洋能发展模式，建议目前大力发展"小规模、低电压、近消纳的独立分布式"电源发展模式，逐步过渡到"具有一定规模、一定电压等级、就近产业配套消纳、直接接入配电网的分散式"电源发展模式，待条件和时机成熟，再积极开展"较大规模、较高电压、集中开发的并网式"电源发展模式。

（三）加强海洋能发展规划工作

在深入调查研究的基础上明确海洋能的中长期发展规划，确定发展重点和方向。一是合理确定沿海地区海洋能的发展规模。明确国家在支持海洋能上的补贴力度和资金来源，从而确定一段时间内各地海洋能发展的装机容量。二是统筹考虑海洋能电源布局。在综合平衡资源条件、接入能力，以及水、火、气等电源配套条件的情况下，分沿海区域有计划、有步骤地建设一些海洋能电站。三是发挥综合效应的优势，加强海洋能综合利用，与海水养殖、海水淡化等项目结合开发，解决海岛、海上石油平台的能源需求问题。四是确定海洋能项目审批或核准的方式。沿海地方政府每年向国家上报拟开发的海洋能规模，经国家海洋局和国家能源局平衡后，将海洋能补贴规模分到地方，由地方政府组织招投标。

（四）制定海洋能研究开发利用的相关政策

海洋能开发是一个潜力大、风险大、投资大、周期长的技术性科研项目。国家能源、财政、税务、海洋、金融等有关部门应提前研究制订海洋能研究开发利用的相关政策。进一步加大财政扶持力度，建立财政专项资金不断增加的常态机制，稳定投资渠道；制定发展海洋能的税收优惠政策，对已运行和拟建的电站实行 4～6 年内免征产品税和所得税的政策；国家开发银行应对海洋能项目提供中长期低息贷款，扶持一批创新性和运用性的工程；加大国家的科技投入，鼓励和推进自主创新；选择若干高校设置海洋能专业，把自主培养和引进海洋能专业人才结合起来，积极开展国际交流与合作。

（五）建立统一领导与联合攻关的协调机制

海洋能研究、开发、利用涉及面广，工程复杂，安全要求高，没有足够人力、物力、财力和科技力量的企业或研究机构很难介入该领域。所以，需要建立海洋能开发利用协调制度，由国家海洋主管部门牵头，统一领导，统筹规划，有关部门、企业、研究单位分工协同配合，发挥综合优势，调动各方面积极因素，通力合作，抢占海洋能科技的制高点，把我国海洋能开发利用工作推向前进，走出一条我国海洋能开发利用的新路子。当前应抓紧开展两项工作：一是国家牵头单位要尽快进一步查清我国近岸海域海洋可再生能源的蕴藏量及分布，制订发展规划，选划优先开发区。二是充分发挥财政资金作用，建设好具有导向性的示范实验基地，强力扶持关键技术产业化规范、海洋能综合开发利用技术研究与实验，形成官、产、学、研有机结合的创新体系。三是应提前考虑整个海洋能发电的各个管理环节的衔接工作，着手研究海洋能标准、电价、接入和系统安全等规范性工作。

（本文完成于 2010 年 8 月，系作者主持的国家海洋局委托课题"我国海洋能并网政策问题研究"阶段性成果）

海洋能发展亟待政策扶持

海洋能作为国家战略新兴产业，在国家海洋可再生能源专项资金的支持下，海洋能示范工程取得重大进展，部分项目已经投产发电，但制约海洋能发展的瓶颈障碍亟待国家出台上网电价等有关政策予以支持，确保我国海洋能持续有效发展。

一、我国海洋能开发利用的重要性和紧迫性

我国能源特点是"富煤缺油少气"，无论在经济高速增长阶段还是在新常态下的中高速增长阶段，都需要减少化石能源的消费，提高可再生能源的消费比例。尤其在全球能源消费量持续攀升和传统能源日趋紧缺的环境影响下，各国探寻与发展新能源已经成为大势所趋。与风电、光伏一样，海洋能作为一种可再生的清洁能源，其有效开发利用可以为改善我国的能源结构，发展低碳经济和应对气候变化提供一条重要的途径，符合全面建设资源节约型和环境友好型社会的战略需求。我国是海洋大国，海洋能资源丰富，主要包括潮汐能、潮流能、波浪能、温差能、盐差能，开发潜力巨大。据初步统计，我国潮汐能可开发资源量约为 2 200 万千瓦，潮流能可开发资源量约为 1 400 万千瓦，波浪能可开发资源量约为 1 300 万千瓦，温差能蕴藏量最大可开发量超过 13 亿千瓦，盐差能可开发资源量约为 1 100 万千瓦。由此可见，海洋能源取之不尽用之不竭，随着国家建设海洋强国和 21 世纪海上丝绸之路战略的实施，海洋能在提高海洋资源开发能力、保证海岛经济可持续发展、加强国际技术合作及产业分工等领域大有可为，为促进海洋生态文明建设，推动海洋能技术沿着战略新兴产业的方向发展提供有力保障。

海洋能开发利用已得到党中央、国务院及相关部委的高度重视，社会、公众希望通过发展新能源和可再生能源改善环境，企业、科研单位都对国家发展海洋可再生能源充满期待。国家"十三五"规划纲要和海洋主体专

项规划明确提出，要拓展蓝色经济空间，坚持陆海统筹发展海洋经济，实施创新驱动发展战略，积极开发利用海洋可再生资源，积极开发沿海潮汐能资源；国务院相关文件提出"开展海洋能技术创新、发展海洋能产业"的明确要求，建立了海洋能开发利用和海洋生态文明建设的有机联系机制；国家发改委、国家能源局、国家海洋局、科技部、工程院相继开展了海洋能战略研究工作。这些都为我国海洋能开发利用提供了战略保障和政策支持。

二、当前我国海洋能示范工程的进展与实效

科学需要幻想，发明贵在创新。实施海洋能示范工程是一项创新型科学实验，自 2010 年 5 月国家设立海洋可再生能源专项资金以来，国家海洋局凝聚国内外研发团队和专家，积极推动与国际能源署、国际可再生能源署、国际电工委员会和英国、美国、加拿大、西班牙等发达国家的海洋能技术和产业合作，加强海洋能标准、测试场和示范基地建设，连续五年举办了中国海洋可再生能源年会，发挥了中央财政资金"四两拨千斤"作用。截至 2016 年 4 月，国家累计投资专项资金 10 亿元、国家自然科学基金 500 万元，支持示范项目 93 个，已有 23 个专业项目完成验收，15 个项目通过验收审核，其他 55 个项目还处于实施阶段。发表海洋能研究论文近 600 篇，获得海洋能专利 870 项。

与此同时，我国海洋能示范工程也取得重大突破，特别在海洋能的基础科学研究、关键技术研发、工程示范、标准体系建设等方面取得可喜进展，不仅缩短与发达国家的技术差距，有的方面还超越国际领先水平，将"中国制造"变为"中国创造"。江厦潮汐能实验电站 1 号机组实现增效扩容改造，发电利用和安全运行小时数创历史新高；温州欧飞和福建八尺门万千瓦级潮汐能电站完成预可研。浙江大学研制的 60 千瓦半直驱水平轴潮流能发电装置工程样机已经投产发电，累计发电量超过 2 万千瓦时，系统转效率达 39%；世界首台 3.4 兆瓦级 LHD 模块化大型潮流能发电机组总成平台成功实施下海安装，即将投产发电运行。鹰式"万山号"波浪能发电装置已进行海试，累计发电 9 900 千瓦时；组合型震荡浮子、筏式液压、磁流

体、浮体绳轮等波浪能发电装置也已实现海试。温差能仪器供电 4 台样机进行了海试，盐差能已完成正渗透膜片实验和样机制造与安装。

三、制约我国海洋能发展的突出矛盾和问题

一是电价补贴政策没有出台。海洋能示范工程造价高，技术、施工要求高，回收周期长，需要国家尽快出台电价补贴政策。国外海洋能发展国家都高度重视海洋能发展，出台了海洋能电价补贴政策，英国的潮流能上网电价为 0.305 英镑/千瓦时，约合人民币 2.86 元/千瓦时；加拿大出台海洋能法案，确定潮流能发电上网电价为 530 加元/兆瓦时，约合人民币 2.66 元/千瓦时，并给予长达 20 年的 65 加元/兆瓦时的溢价电价支持，约合人民币 0.33 元/千瓦时。经过五年的科技攻关和示范工程，我国一些海洋能项目已经开始发电，急需国家出台电价补贴政策，否则示范项目将再次面临搁浅的窘境。

二是科技研发资金投入不足。从世界各国发展海洋能经验看，由于海洋能初始投资大、科技含量高、投资风险大，各国集中各方面资金，全力打造政府和企业研发队伍，集体攻关。据统计，在全球海洋能 418 家研发机构中，欧美占 90%。法国阿尔斯通、挪威 Andritz、EDF、韩国现代重工以及德国福伊特水电集团、美国通用电气等跨国公司均已涉足该领域，且普遍具备了较强的技术研发储备，以及较具竞争力的代表产品；法国天然气苏伊士集团以及 Iberdrola 电力公司都在从事潮流能产业链研发。20 世纪 50 年代，我国东南沿海投资 40 多座小型潮汐电站或动力站，由于没有稳定的科研资金支持，缺乏科学论证和勘探设计，加上一些项目选址不当、设备简陋、海水侵蚀等问题，多数电站运行一段时间后停办或废弃。近几年来，尽管国家出台海洋可再生能源专项资金办法，对海洋能示范工程投入很大，但与西方发达国家相比，我国资金资金投入渠道单一，仅有政府投入，企业投入很少；扶持金额较少，资金缺口大，研发资金依然紧张，影响到技术研发的进度，难以保障重点示范项目的有效实施，亟待国家加大科研投入。

三是财税与金融支持政策缺乏。海洋能作为战略新兴产业，从技术研

发、商业化示范应用到技术扩散成长、大规模生产使用等阶段，都需要国家建立激励性财税政策和金融政策。我国海洋能发展尚处于起步阶段，一方面在政府采购、政府资金投入、政府转移支付、财政补贴以及企业所得税、增值税、关税、设备折旧等财税政策方面还没有进行深入研究，尚未出台系统的扶持政策；另一方面在海洋能研发示范项目贷款、证券与债券市场融资、天使风险基金等方面也缺乏金融支持政策，尤其对民营企业更是缺乏金融政策支持。我国民营企业绿盛集团自主研发的世界级最大兆瓦级 LHD 模块化大型潮流能发电机组，前期累计研发投资高达 1.6 亿元，后续还需 1 亿元左右的投资，为了给项目提供研发资金，绿盛集团将自己拥有的土地、厂房等优质资产作为抵押物到银行贷款，但银行一再表示，贷款只能给绿盛集团，不能贷款给 LHD 潮流能项目公司，致使企业研发资金匮乏。

四是海洋能发展管理和规划有待加强。世界各国均成立专门管理部门来统筹海洋能的开发和利用，承担协调、监督和审批等职能，出台海洋能发展规划，明确发展目标、重点任务和实施步骤。如美国的《能源政策法案》、英国的《海洋能源行动计划》和欧盟的 JOULE 计划、日本的"阳光计划"等。我国海洋能开发管理职能较为分散，涉及价格主管部门、能源主管部门、海洋管理部门、财政部门、电网企业等单位，部门、行业之间配合协调效率有待提高，工作机制尚待建立。海洋能开发利用缺乏统一规划，可再生能源发展规划仅对海洋能作了一小部分考虑，海洋能专项规划还在研究制定没有出台，已有法规政策缺乏可操作实施细则，使得海洋能发展动力不足、方向不明。我国除个别潮汐能发电的上网电价实行了发电价格和费用分摊外，其他海洋能发电尚没有激励政策；行政监管体系跟不上，监管部门的地位、权利、义务、手段不明确，行政管理监督薄弱，国家级检测中心和技术标准缺失，均影响了海洋能资源的开发利用力度和效果。

四、亟须出台的海洋能支持政策

一是出台海洋能补贴政策和上网电价。电价补贴政策是当前我国海洋能发展的关键环节，也是示范工程能否取得成功的决定性因素。我国 1980 年并网投产的江厦潮汐能电站如果没有 2.58 元/千瓦时的电价政策支持，该电站恐难运行至今，也没有目前的示范带动效应。因此，应借鉴国内外对海洋能电价补贴政策，参照光伏、风电的补贴标准，由国家发改委、财政部、国家能源局、国家海洋局等部门尽快按照"合理成本加收益"的原则，对不同类别的海洋能进行电价补贴分类测算，实施度电补贴，明确电价补贴标准，尽快出台示范工程上网电价；由于海洋能示范项目大多处于研发和实验阶段，海洋能发电补贴应高于风电、光伏发电的补贴，海洋能上网电价也应高于风电、光伏发电的上网电价。

二是多渠道筹措海洋能研发资金。海洋能属于创新型科研项目，技术外溢性强、开发难度大、投资高风险，特别在初期，其"资金密集型"特点十分明显。所以，国家研发资金投入对海洋能产业化起着至关重要作用。国家应多途径筹措资金，既要加大各级政府投入力度，持续并扩大海洋可再生能源专项资金规模，并将海洋能纳入国家自然科学基金、国家科技重大专项、国家重点研发计划、技术创新引导专项（基金），确定扶持重点示范项目，提高科技攻关效能；又要鼓励能源企业和装备制造企业设立研发资金和相关基金，实施重奖和激励措施，集中力量攻克海洋能技术研发和装备研制。

三是制定操作性强的财税政策和金融政策。支持先进海洋能技术的研发和运用，构建有竞争力的自主技术产业体系，需要从财税政策、金融政策等方面支持海洋能基础研究、技术开发、装备制造和产业体系建设。国家财税部门会同海洋主管部门要针对海洋能示范和运用项目，综合运用财政直接投资、补贴和政府采购等多种财政扶持政策，提供公共服务平台；将海洋能发电项目纳入国家资源综合利用企业所得税优惠目录；研究推行消费增值税、退税政策和免征企业所得税、关税等政策，扩大进项税抵扣范围，将海洋能安装所形成的固定资产纳入抵扣范围，对发电项目实行"即征即返"增值税政策，采取加速折旧和投资抵免政策。完善扶持海洋能发展的金融政策和金融工具，优先提供政策性低息贷款和财政贴息政策，延长还贷期限至 20～30 年，提供政策性担保，制定收益权抵押贷款政策。建议在国家开发银行内设"国家科技研发专项贷款"，专门为科技创新项目提供 10 ~ 15 年的长期低息贷款。

　　四是建立海洋能开发利用管理新机制。健全有效的管理机制和切实可行的管理办法是海洋能发展的基础和保障。海洋能开发利用涉及研发、发电、上网、价格、费用分摊等环节，决定了海洋能开发需要国家相关部门和单位之间的有效衔接和合力机制。因此，要建立由国家价格、财税、能源、海洋、科技、电网等部门、单位参与的海洋能开发利用协调工作机制，明确职责分工和责任人，协调解决重大问题，研究出台"十三五"时期海洋能开发利用规划，制定涉及海洋能发展的电价、资金、补贴、税收、金融、土地等政策，明确技术标准，落实海洋能发电全额保障性收购制度。加强海洋能科研队伍建设，鼓励兴办企业研究院，打通国家科研院所与企业研究院之间的人才流动渠道，使得高端人才无论在研究院所还是在企业都享受同等的职称和待遇，并对重大科技创新团队给予政策倾斜和财政支持。完善海洋能项目立项评价机制，建立专家评审档案数据库，实行随机方式选取专家，打破有关领域专家的独家话语权。

　　　　（完成于 2016 年 4 月，系作者主持的国家海洋局委托课题"我国海洋能并网政策问题研究"后续研究成果）

三、能源革命之技术革命

能源技术革命：能源革命的动力之源

当前我国在能源领域面临严峻挑战，能源革命的首次提出彰显了中央在能源领域进行根本性变革的决心。习近平总书记提出推动能源消费、能源供给、能源技术和能源体制革命及加强国际合作的"四革命一合作"战略思想，成为指导我国能源中长期发展的行动指南。作为能源革命战略的重要一环，能源技术革命是助推能源消费、供给、体制革命和加强国际合作的基础，是实现"十三五"时期建设绿色、低碳、安全、高效可持续的现代能源体系目标的支撑，是建设创新型国家的重要内容。推动能源技术革命，必须明确总体目标和发展方向，力争在国家发展紧密联系的重大领域有所突破，同时要加强配套机制，保障能源技术革命高效推进。

一、能源技术革命是推动能源革命的根本手段

（一）能源技术革命的提出

改革开放以来，我国能源市场化改革不断推进。经过长期发展，形成了煤炭、电力、石油、天然气、新能源、可再生能源全面发展的能源供给体系，但同时也面临着能源需求压力巨大、能源供给制约较多、能源生产和消费对生态环境损害严重、能源技术水平总体落后等挑战。面对能源供

需格局新变化、国际能源发展新趋势，2014 年 6 月 13 日，习近平总书记主持召开中央财经领导小组第六次会议，明确提出中国能源中长期发展的"四个革命、一个合作"战略思想，即推动能源消费革命，抑制不合理能源消费；推动能源供给革命，建立多元供应体系；推动能源技术革命，带动产业升级；推动能源体制革命，打通能源发展快车道；全方位加强国际合作，实现开放条件下的能源安全。能源技术革命是推动能源革命的根本手段，在能源发展全局中居于核心地位。

（二）能源技术革命在能源革命中起决定性作用

能源技术创新在能源革命中起决定性作用，是推动能源革命的根本手段。这是因为：

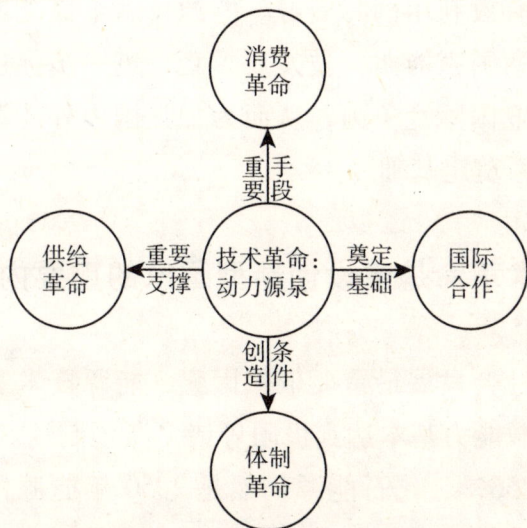

图 1　能源技术革命

推动能源消费革命，首先要抑制不合理的能源消费，提高能源利用效率，要通过推行更严格的能效环保标准，加快燃煤发电升级与改造，打造高效清洁可持续发展的能源产业"升级版"。能源技术革命着力于自主创新，新技术的研发应用是提高能效的重要手段，能够为抑制不合理能源消费、促进能源消费转型打下技术基础，是形成节能型生产和消费新模式的重要途径。

推动能源供给革命，要建立多元供应体系，在大力推进煤炭清洁高效利用的同时，着力发展非煤能源，形成煤、油、气、核、新能源、可再生能源多轮驱动的能源供应体系。能源技术革命是发展多层次能源供给的重要支撑，只有通过技术创新推动新能源开发与应用，才能有效加强能源供给基础设施建设，为建立多元供应体系打下基础。

推动能源体制革命，要坚定不移推进改革，还原能源商品属性，构建有效竞争的市场结构和市场体系，形成主要由市场决定能源价格的机制。能源技术革命是推进能源价格市场化改革的重要手段，通过能源技术创新降低成本，提高新能源和可再生能源的经济性，带动产业创新和商业模式创新，从而为市场化价格机制的形成和构建有效竞争的市场结构和市场体系创造条件。

全方位加强国际合作，要以开放条件下的能源安全为目标，在各个方面加强国际合作，有效利用国际资源。能源技术革命能够有效提升能源发展水平，缩小与发达国家能源科技发展差距，进一步促进国内外能源项目对接，提高能源产业国际竞争力，从而为加强国内外能源交流协作，建立全方位国际合作关系奠定基础。

二、能源技术革命是建设创新型国家的重要内容

作为未来经济社会发展最重要依赖因素，能源技术发展目前面临着结构不合理、环境承载能力基本达到极限等诸多瓶颈制约。未来30年全球能源消费总量将增加56%，化石能源仍然是2050年能源构成的基础。在我国，煤炭的消费比重超过60%，占全球的总产量接近一半，但由于能源利用粗放，综合能源效率还不足40%，技术创新力不足，燃气轮机、电力电子等核心技术和关键装备与国外差距较大。科技决定能源的未来，科技创造未来的能源。在当前新技术革命和产业变革酝酿期，我们面临的机会和挑战并存，必须坚定不移走中国特色自主创新道路，坚持自主创新、重点跨越、支撑发展、引领未来的方针，加快创新型国家建设步伐。

建设创新型国家，核心就是把增强自主创新能力作为发展科学技术的战略基点以及调整产业结构、转变增长方式的中心环节，包含社会、经济、文化等多方面内容，要着力建设资源节约型、环境友好型社会，要推动国

民经济又快又好发展，要激发全民族创新精神，形成有利于自主创新的体制机制。能源技术创新作为建设创新型国家的重要内容，我国未来一段时期八大重点产业技术创新方向之一，是推动产业迈向中高端，有效应对国际竞争的关键手段，能够为创新型国家建设提供重要技术支撑。因此必须走追赶与跨越并举的道路，全力推动能源技术革命，助力创新型国家建设稳步向前。

（一）技术创新引领时代变革

科学技术是第一生产力，技术创新是引领发展的第一动力。500年来世界经济中心几度迁移，但科技创新这个主轴一直在支撑经济发展，引导着社会走向。欧美国家抓住蒸汽机革命、电气革命和信息技术革命等重大机遇，跃升为世界大国和世界强国，证明了技术创新是引领时代变革的首要因素。当前世界范围内新一轮科技革命和产业变革蓄势待发，各大国都在积极强化创新部署，如美国实施再工业化战略、德国提出工业4.0战略等，信息科技、生物科技、新材料技术、新能源技术得到广泛应用。相比之下，我国能源技术创新底子薄、创新力量相对不足，赶超世界科技大国的难度不小，必须贯彻立足全局、面向全球、聚焦关键、带动整体、持续发展的国家意志和国家战略。只有把技术创新放在发展全局的核心位置，才能紧扣世界发展脉搏，顺应世界发展大势，赶上世界发展脚步，从后发到先发、从跟跑到领跑，引领世界技术创新发展新潮流。

（二）能源在国际政治经济竞争中占据核心地位

能源是人类活动的重要物质基础，社会越发展，人类对能源的依赖程度就越高。著名经济学家西奥多·W·舒尔茨就指出，能源是无可替代的，现代生活完全是架构于能源之上，虽然能源可以像任何其他货物一样买卖，但它并不只是一种货物而已，而是一切货物的先决条件，是和空气、水、土同等重要的要素。自工业革命以来，能源安全问题就开始出现，人类战争史在一定意义上就是能源资源的争夺史。两次世界大战中，能源跃升为影响战争结局、决定国家命运的重要因素，能源安全的重要性得到国际社会普遍认可。

当今时代，能源不仅象征着财富，更象征着权力，它与政治紧密相连，具有强烈的国际政治特征。能源安全不仅与国内供求矛盾及对外依存度相联系，还与一国对世界资源丰富地区的外交、军事影响力和控制力等相联系。能源安全已经不是单纯的能源问题，也不是单纯的经济问题，而是涉及对外战略、国家安全、战略经济利益以及分配格局等多层次的战略性问题。

（三）科学技术是能源发展的决定性因素

伴随科学技术的重大发明和革新，人类开拓出了新的生产领域，不断改变社会产品结构，与此同时人类社会对能源的需求发生了重大的变化：一是劳动生产率大幅度的提高，产品产量剧增，能源消耗量也急剧增加；二是高技术、高性能的新产品不断取代传统的老产品，低能耗的产品不断取代高能耗产品；三是产品质量不断提高，产品耗能数量减少，废品率降低，原材料和能源利用率提高。

随着能源消耗量伴随着产品产量急剧增加，能源形势随之愈发紧张，人们逐渐认识到了节约和有效利用能源，最终要依靠科技发展。也正是由于科学技术的迅猛发展，以页岩气为代表的新能源得到开采利用，从而极大地推动了各国可持续发展战略的实施。通过科技进步与创新，人类在改变传统的发展模式、减少环境污染和合理利用资源等方面取得了积极进展，为建立可持续的循环经济体系和生产模式奠定了基础。

（四）能源技术创新是建设现代能源体系的手段

要实现建设绿色、低碳、安全、高效可持续的现代能源体系的总体目标，必须以能源技术创新作为基础，必须进一步加大技术研发应用力度，为建设现代能源体系提供技术支撑。

技术创新推动绿色能源发展：发展绿色能源，必须大力开发清洁无污染的新能源。技术创新是新能源由实验阶段走向大规模应用的关键一环，是传统能源通向绿色能源的捷径和根本，是发展绿色能源的重要手段。

技术创新推动低碳能源发展：发展低碳能源，必须通过扩大产业规模，缓解经济发展和气候变化对碳排放产生的不同要求这一根本矛盾。技术创新是推动低碳产业快速发展的动力来源，是掌握低碳能源核心竞争力的决定性因素，是发展低碳能源的重要手段。

技术创新推动安全能源发展：发展安全能源，必须着眼于能源储量、能源多样性、能源可持续性、物理安全等多个方面。技术创新是带动产业模式和商业模式创新的重要引擎，是培育新增长点、带动产业转型升级的基础支撑，是发展安全能源的重要手段。

技术创新推动高效可持续能源发展：发展高效可持续能源，必须通过新能源开发，降低污染消耗同时增加能源利用效率，推进能源结构多元化。技术创新是完善能源供给、丰富能源种类、提高能源质量的可靠保障，是构建可持续能源战略体系的有力翅膀，是发展高效可持续能源的重要手段。

总体来看，建设绿色、低碳、安全、高效可持续的现代能源目标体系必须依靠技术进步，自主创新和研发应用水平决定着建设现代能源体系的成败。

（五）我国能源技术发展水平亟待提升

当前新一轮能源技术革命正在孕育兴起，新的能源科技成果不断涌现，正在并将持续改变世界能源格局。主要能源大国均出台了一系列法律法规和政策措施，采取行动加快能源科技创新。美国发布了《全面能源战略》等战略计划，提出形成从基础研究到最终市场解决方案的完整能源科技创新链条。日本陆续出台了《面向2030年能源环境创新战略》等计划，推进节能和可再生能源，发展新储能技术。欧盟制定了《2050能源技术路线图》等战略计划，突出可再生能源在能源供应中的主体地位。各主要国家均把能源技术视为新一轮科技革命和产业革命的突破口，制定各种政策措施抢占发展制高点，增强国家竞争力和保持领先地位。

近年来，我国能源科技创新能力和技术装备自主化水平显著提升，建设了一批具有国际先进水平的重大能源技术示范工程。初步掌握了页岩气、致密油等勘探开发关键装备技术，大型天然气液化、长输管道电驱压缩机组等成套设备实现自主化，煤矿绿色安全开采技术水平进一步提升，智能电网和多种储能技术快速发展，陆上风电、海上风电、光伏发电、光热发电、纤维素乙醇等关键技术均取得重要突破。一系列具备国际先进水平的重大能源示范工程成果标志着我国能源科技水平得到了跨越式发展。但取得成绩的同时要看到与世界能源科技强国还有明显差距，主要体现在核心技术缺乏，关键材料装备依赖进口；产学研结合不够紧密，创新活动与产业需求脱节；创新体制机制不够完善，人才培养、管理和激励制度有待改进；以及缺少长远谋划和战略布局等几个方面。因此，推动能源技术革命已经迫在眉睫，必须大力推进能源技术创新，缩小与国际先进水平差距，早日跻身世界能源科技强国之列。

三、围绕五大方向，着力推动能源技术革命

为深入贯彻落实党的十八届五中全会、中央财经领导小组第六次会议和国家"十三五"规划纲要精神，推动实施能源"四个革命、一个合作"的战略思想，充分发挥能源技术创新在建设清洁低碳、安全高效现代能源体系中的引领和支撑作用，国家发改委、国家能源局颁布了《能源技术革命创新行动计划（2016～2030年)》。

该计划明确了我国能源技术革命的总体目标：到2020年，能源自主创新能力大幅提升，一批关键技术取得重大突破，能源技术装备、关键部件及材料对外依存度显著降低，我国能源产业国际竞争力明显提升，能源技术创新体系初步形成；到2030年，建成与国情相适应的完善的能源技术创新体系，能源自主创新能力全面提升，能源技术水平整体达到国际先进水平，支撑我国能源产业与生态环境协调可持续发展，进入世界能源技术强国行列。

该计划指明了我国推动能源技术革命的五大方向：

第一，围绕"两个一百年"奋斗目标提供能源安全技术支撑。通过能源技术创新加快化石能源勘探开发和高效利用，构建常规和非常规、化石和非化石、能源和化工以及多种能源形式相互转化的多元化能源技术体系。第二，围绕环境质量改善目标提供清洁能源技术支撑。通过能源技术创新，大幅减少能源生产过程污染排放，提供更清洁的能源产品，加强能源伴生资源综合利用，构建清洁、循环的能源技术体系。第三，围绕二氧化碳峰值目标提供低碳能源技术支撑。通过能源技术创新，加快构建绿色、低碳

的能源技术体系。第四，围绕能源效率提升目标提供智慧能源技术支撑。实现各种能源资源的最优配置，构建一体化、智能化的能源技术体系。第五，围绕能源技术发展目标提供关键材料装备支撑。重点发展特种金属功能材料、高性能结构材料、特种无机非金属材料、先进复合材料、高温超导材料、石墨烯等关键材料和其他关键装备。

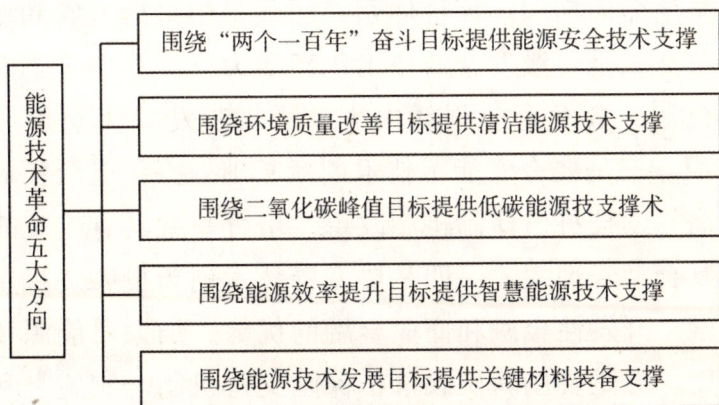

```
┌──────┐     ┌─────────────────────────────────────┐
│      │─────│围绕"两个一百年"奋斗目标提供能源安全技术支撑│
│ 能   │     └─────────────────────────────────────┘
│ 源   │     ┌─────────────────────────────────────┐
│ 技   │─────│围绕环境质量改善目标提供清洁能源技术支撑  │
│ 术   │     └─────────────────────────────────────┘
│ 革   │     ┌─────────────────────────────────────┐
│ 命   │─────│围绕二氧化碳峰值目标提供低碳能源技支撑术  │
│ 五   │     └─────────────────────────────────────┘
│ 大   │     ┌─────────────────────────────────────┐
│ 方   │─────│围绕能源效率提升目标提供智慧能源技术支撑  │
│ 向   │     └─────────────────────────────────────┘
│      │     ┌─────────────────────────────────────┐
│      │─────│围绕能源技术发展目标提供关键材料装备支撑  │
└──────┘     └─────────────────────────────────────┘
```

图 2　能源技术革命五大方向

该计划同时列举了包括"煤炭无害化开采技术创新"、"非常规油气和深层、深海油气开发技术创新"、"煤炭清洁高效利用技术创新"、"二氧化碳捕集、利用与封存技术创新"、"先进核能技术创新、乏燃料后处理与高放废物安全处理处置技术创新"、"高效太阳能利用技术创新"、"大型风电技术创新"、"氢能与燃料电池技术创新"、"高效燃气轮机技术创新"、"生物质海洋、地热能利用技术创新"、"先进储能技术创新"、"现代电网关键技术创新"、"能源互联网技术创新"、"节能与能效提升技术创新"等 15 项重点任务。同时发布的《能源技术革命重点创新行动路线图》则明确了上述 15 项重点任务的具体创新目标、行动措施以及战略方向。

四、加强全方位配套机制，保障能源技术革命高效推进

推动能源技术革命，需要制度、政策、市场相互作用、协同演进，保障能源技术革命高效推进。国家层面要制定国家能源科技创新及能源装备

发展战略，企业层面要以企业为主体、市场为导向、政产学研用相结合，人才层面要加强能源人才队伍建设，鼓励引进高端人才。具体来看，需要加强以下几个方面保障机制：

一是要完善能源技术创新环境。要尽快建立健全能源领域相关法律法规及科技成果转化、知识产权保护、标准化等配套政策法规。完善能源技术项目全生命周期闭环评价体系，加强事中事后监管和服务，突出创新绩效评价。二是要激发企业技术创新活力。建立健全企业主导的能源技术创新机制，激发企业创新内生动力，激发"大众创业、万众创新"良好局面。三是要夯实能源技术创新基础。深化能源领域科研院所分类改革和高等学校科研体制机制改革，培育一批具有宏观战略思维和市场思维的复合型管理人才。四是要完善技术创新投融资机制。积极发挥政策性金融、开发性金融和商业金融的优势，加大对能源技术重点领域的支持力度。五是要创新税收价格保险支持机制。实施有利于能源技术创新的税收政策，完善能源企业研发费用计核方法，切实减轻能源企业税收负担，针对能源技术创新示范工程落实资源、能源、土地等要素和产品价格优惠政策。六是要深化能源科技国际合作交流。制定能源技术创新国际化战略，积极开展全方位、多层次、高水平的能源技术国际合作。结合"一带一路"战略实施，依托重大能源项目，推动我国先进能源技术、装备和标准"走出去"。

（本文完成于 2016 年 8 月）

总体目标

到2020年	能源自主创新能力大幅提升，一批关键技术取得重大突破，能源技术装备、关键部件及材料对外依存度显著降低，我国能源产业国际竞争力明显提升，能源技术创新体系初步形成。
到2030年	建成与国情相适应的完善的能源技术创新体系，能源自主创新能力全面提升，能源技术水平整体达到国际先进水平，支撑我国能源产业与生态环境协调可持续发展，进入世界能源技术强国行列。

《能源技术革命创新行动计划（2016-2030年）》

十五项重点任务

煤炭无害化开采技术创新
关键词：重大事故应急救援 煤炭开发生态环境保护 煤炭开发效率和智能化水平
路线图：
2020年 原煤入洗率达到80%，采动环境损害降低70%以上，煤矿稳定塌陷土地治理率达到85%以上，全国煤矿采煤机械化程度超过90%。
2030年 原煤入洗率达到应洗尽洗，采动环境损伤降低90%以上，煤矿稳定塌陷土地治理率达到90%以上，全国煤矿采煤机械化程度超过95%。

非常规油气和深层、深海油气开发技术创新
关键词：页岩油气地质理论及勘探技术 煤层气勘探开发技术 超深水油气田自主开发 深-超深层油气勘探开发关键技术
路线图：
2020年 页岩油气勘探开发技术体系总体达到国际先进水平，实现高煤阶煤层气高效开采，形成自主开发3000米深水大型油气田工程技术能力，初步形成深层7000米以上深层油气开发技术。
2030年 实现海相页岩气的高效开发和陆相页岩气的有效开发，实现低阶煤层气选区动用，实现深远海油气田工程技术有效开发达到7000米水深，深层超深层油气勘探开发，形成6000~7000米有效开发成熟技术体系。

煤炭清洁高效利用技术创新
关键词：煤炭分级分质转化 全面提升煤电能效水平 煤化工废水全循环利用"零排放"技术
路线图：
2020年 形成成熟低阶煤热解分质转化技术路线，完成废水处理技术工业示范。开发和示范燃煤机组烟气多污染物一体化脱除技术。
2030年 实现百万吨级低阶煤热解转化技术推广应用，形成具有自主知识产权的燃煤污染物净化一体化工艺设备成套技术。

二氧化碳捕集、利用与封存技术创新
关键词：百万吨级二氧化碳捕集利用和封存系统示范工程 二氧化碳可行性封存检测与长距离安全运输
路线图：
2020年 突破低能耗捕集关键材料和工艺，建立封存的监测、核证和计量系统，突破二氧化碳长距离安全运输技术。
2030年 建立系统的二氧化碳地质封存技术规范和安全保障体系，掌握二氧化碳长距离安全运输技术，商业化捕集和封存技术在煤电机组得到应用。

先进核能技术创新
关键词：自主先进燃料元件 第三代压水堆技术 快堆及先进模块小型示范工程建设
路线图：
2020年 突破自主第三代大型压水堆关键技术，示范快堆及自主高温气冷堆700℃工艺热示范工程，建成先进模块化小型堆示范工程。
2030年 第三代压水堆技术全面处于国际领先水平，完成100万千瓦级商用增殖电站关键技术，完成950℃超高温气冷堆及高温热应用商业化工程。

乏燃料后处理与高放废物安全处理处置技术创新
关键词：大型商用水法后处理厂建设 先进燃料循环的干法后处理
路线图：
2020年 掌握大型商用乏燃料后处理厂自主设计、建造及运行技术，推进乏燃料干法后处理技术研究，基础研究取得重要突破。
2030年 基本建成我国首座800吨大型商用乏燃料后处理厂，提出干法后处理技术的优选路线。

高效太阳能利用技术创新
关键词：晶硅电池产业化关键技术 高参数光热发电技术 大型风光热互补电站
路线图：
2020年 建成100兆瓦级HIT太阳能电池示范生产线，智能光伏电站发电率>80%，掌握50兆瓦级塔式光热电站整体设计及关键部件制造技术。
2030年 大幅提高铜铟镓硒、碲化镉电池的效率，掌握高参数太阳能热发电技术，全面推动产业化应用。

大型风电技术创新
关键词：大型高容风电机级关键技术 远海风电场设计和建设关键技术 10兆瓦级以上海上风电机组
路线图：
2020年 形成200~300米高空风力发电成套技术，掌握自主知识产权的10兆瓦级以上大型风电机组及关键部件的设计制造技术，突破近海风电场工程建设标准和运维规范。
2030年 200~300米高空风力发电获得实际应用并推广，突破10兆瓦级及以上大型风电机组关键部件设计制造技术，建立符合海况的远海风电场设计建设标准和运维规范。

氢能与燃料电池技术创新
关键词：给予可再生能源及先进核能的制氢技术 分布式制氢技术 氢气纯化技术 燃料电池分布式发电技术
路线图：
2020年 建立健全氢能及燃料电池规模化应用的设计、工艺、检测平台，基本掌握高效氢气制备、纯化、储运和加氢站等关键技术，实现氢能及燃料电池技术示范运行及规模化推广应用。
2030年 实现大规模低成本的抽取、储存、运输、应用一体化，实现加氢站现场储氢、制氢模式的标准化的广泛应用。完全掌握燃料电池的核心关键技术的实现燃料电池和氢能的大规模推广应用。

高效燃气轮机技术创新
关键词：燃气轮机先进材料与智能制造 高温合金涡轮叶片和设计技术等燃气轮机产业
路线图：
2020年 突破热端部件设计制造技术、具备高性能复合材料大规模制造技术，建成微型、小型和中型燃气轮机整机试验平台、重型燃气轮机整机发电试验电站。
2030年 热端部件材料和制造技术重大创新和完全自主化，高性能复合材料低成本和大规模应用，H级400兆瓦等级重型燃气轮机自主研制。

生物质、海洋、地热能利用技术创新
关键词：先进生物质能与化工技术 波浪能、潮流能和温（盐）差能发电装置 兆瓦级干热岩发电和地热综合梯级利用示范
路线图：
2020年 建成千吨级生物航油示范工程，建成万吨级纤维素乙醇示范，制定南海海洋利用路线图，开发高效率的潮流能翼型叶片，掌握干热岩发电关键技术，建成100万千瓦干热岩发电示范。
2030年 完成万吨级多元化原料的生物航油集成与生产示范，实现海洋装置设计与制造的协同发展并开展自主研发，在南海建立波浪能、温差示范电站，建成兆瓦级干热岩发电示范工程。

先进储能技术创新
关键词：太阳能光热高效利用高温储热技术 分布式能源系统大容量储热（冷）技术 面向电动汽车应用等的储能技术
路线图：
2020年 突破高温储热的材料筛选与装置设计技术、压缩空气储能的核心部件设计技术，突破化学储能的各种材料制备等核心关键技术。
2030年 全面掌握战略方向重点布局的先进储能技术，实现绝大部分储能技术在其适用领域的全面推广，整体技术赶超国际先进水平。

现代电网关键技术创新
关键词：柔性直流输配电技术 电动汽车无线充电技术 新型大容量高压电力电子元器件技术
路线图：
2020年 突破柔性直流输配电、电动汽车无线充电技术，掌握大容量高压电力电子元器件和高压海底电力电缆等关键技术。
2030年 柔性直流输配电技术等先进输变电装备达到国际先进水平，源-网-荷协调智能调控技术获得充分应用。

能源互联网技术创新
关键词：能源智能生产技术创新 智能传输技术创新 能源互联网综合集成创新
路线图：
2020年 初步建立能源互联网技术创新体系，能源互联网架构、能源与信息深度融合及能源互联网相关应用技术取得重大突破并实现示范应用。
2030年 建成完善的能源互联网技术创新体系。

节能与能效提升技术创新
关键词：现代化工业节能技术创新 新型建筑节能技术创新 高效节能运输工具技术创新
路线图：
2020年 工业、建筑、交通等重点行业基本形成具有自主知识产权的先进节能技术和装备体系。
2030年 在能源消费领域全面建立具有自主知识产权的先进节能技术体系，节能技术、产品和装备具有全球竞争力。

图3 能源技术革命创新行动计划（2016~2030年）

核电发展应坚持 AP1000 技术路线

引进 AP1000 三代核电技术，统一技术路线，高起点实现我国核电自主化发展，是党中央、国务院的重大战略决策。从调研情况看，这一决策正在抓紧落实，已经取得初步成效。但在实践中也存在一些问题，主要是有关方面认识不够统一，行动不够一致。建议进一步加强领导，完善政策，坚定不移地贯彻党中央、国务院的决策部署，集中力量进行 AP1000 核电站自主建设，落实后续项目，加快国家重大专项 CAP1400 的研发建设进程程，力争在较短时间内形成建设中国自主品牌、拥有自主知识权核电站的能力。

一、发展 AP1000 三代核电技术的战略意义

我国核电建设从 20 世纪 70 年代"728"工程开始，起步并不算晚，但由于缺乏明确的技术路线和目标，近 40 年来仅建成 6 座核电站，投入运行 13 台机组，总装机容量超过 1 000 万千瓦。这 6 座核电站采用了 5 种不同机型，10 余个国家及国际组织的标准规范。在总结我国核电发展经验教训的基础上，经过充分论证、认真权衡、反复斟酌，中央决定引进美国西屋公司 AP1000 三代核电技术，统一我国核电发展的技术路线，这在我国核电发展史上具有十分重要的意义。

第一，发展三代核电技术顺应了世界核电发展趋势。20 世纪 50 年代开始核能和平利用以来全世界核电发展经历了三代技术。第一代技术证明了核能发电的可行性。第二代技术证明了核电在经济上可行。现在全世界正在运行的大部分商业核电站属于二代核电机组。但苏联切尔诺贝利和美国三里岛核电站两次重大核事故说明，二代核电站的设计低估了发生严重事故的可能性。核电建设在沉寂 20 多年后，美国和欧洲分别制定了核电用户要求文件（URD 和 EUR），明确要求新建核电站必须在预防和缓解严重事故上满足一定条件，国际上把这类核电站看做是第三代核电。与二代核电站相比，AP1000 的堆芯

熔化概率和大量放射性向环境释放的概率比现有的第二代核电机组大约低100倍，充分体现了第三代核电技术安全上的优越性。目前，世界发达国家均表示不再建设新的二代机组。顺应国际核电发展趋势，发展三代核电技术，有利于防止核安全问题阻碍我国经济社会发展。

第二，发展AP1000三代核电技术符合我国核电发展要求。目前比较有代表性的三代核电技术是美国西屋公司的AP1000和法国的EPR我国核电行业的共识是AP1000优于EPR，这种选择符合我国国情。首先，AP1000技术先进并基本成熟。AP1000采用了先进的非能动安全设计理念以及模块化制造和安装技术，主要设备技术均已成熟，屏蔽电机主泵也在核动力航空母舰、核潜艇等系统中有过使用经验。其次，AP1000规模化后具有更好的经济性。与二代核电相比，规模化发展后，AP1000建设周期将缩短1/3，寿命延长20年，反应堆燃料元件换料周期延长1/3，经济优势十分明显。再次，AP1000能够满足我国核电发展的时效性要求，不会影响我国核电发展的战略部署。

第三，发展AP1000三代核电技术有利于我国核电自主化。核电是略性新兴产业，核电技术是国家核心竞争能力的标志。我国发展核立足于满足容量，更要努力成为核电出口大国技术强国。从世界范围看，核电发展迅速，市场空间广阔，主要核电技术强国都在加紧制定核电出口战略，进行全球布局和市场开发。AP1000是美国西屋公司历时20年倾力研制的最新核电机型，向我国转让全部技术资料。

在消化吸收AP1000核电技术的基础上实行再创新，发展具有自主知识产权的核电技术，可以确保我国未来核电安全性和技术先进性，加快我国核电技术跨越式发展，增强国际竞争力。相比之下，以二代改进型和EPR为代表的法国技术，只可以在中国建设，我们无法拥有自主知识产权，也不能自主对外出口。

二、AP1000核电技术国产化面临的问题

目前，AP1000技术转让和依托项目建设正按计划有序推进，5项技术转让合同执行进展顺利。截至2010年年底，技术文件（含软件）交付量已完成80%，课堂培训完成67%，岗位培训完成38%，对外支付完成约45%，满足了依托项目建设及科技重大专项研发的进度要求。首台主泵已

顺利完成了冷态和热态中间试验，在完成工程鉴定和耐久性试验可交付使用。依托项目的4台机组已全部进入主体工程建设阶段：2010年安排的18个里程碑节点，已经全部完成。但调研中发现，目前我国AP1000核电技术自主化发展还面临一些问题，主要有以下几个方面：

第一，各企业集团目标不一，用AP1000统一核电技术路线的任务没有实现。温家宝同志曾明确指示，核电发展要"采用世界先进技术、统一技术路线，不敢再走错一步"，这是对我国核电几十年发展经验教训的很好总结。在实际执行中，由于各种原因，国内主要核电企业集团仍在推行不同的技术路线。三条核电技术路线、多种堆型并进，又回到过去分散努力、分散决策的局面。

第二，二代改进型机组建设规模较大，影响了AP1000的发展空间。现在已开工和近期要开工的二代改进型机组已有28台，一些急于新上二代改进型机组的势头仍然很猛。国内装备制造、人才燃料供应等方面的约束已十分明显，过多建设二代改进型核电站AP1000的发展形成挤压，难以实现中央关于高起点自主化发展的要求。

第三，核电研发资源分散，削弱了AP1000消化吸收再创新量。目前，核蒸汽供应系统的设计力量主要集中在中国核动力研发设计院（"一院"）和上海核工程研究设计院（"七二八院"），"一院"具有较多的研发试验台架。这两个设计院分属不同集团，为各集团的技术路线努力，加之近年外国企业也在加紧争夺中国的核电人才和技术资源，导致我国核研发资源进一步稀释并出现无序争夺的局面，无法集中力量形成统一和共享的技术研发平台对AP1000进行消化吸收和再创新。"大型先进压水堆重大专项"是我国核电技术自主化的重要任务，由于各企业意见分歧，协调力度不够，国务院批准实施方案至今已两年有余，研究项目的合同一个也未签订，严重影响重大专项的实施进度。

第四，责任主体不一致，AP1000标准化设计推广存在困难。标准化、系列化是法国、韩国等成功发展核电的经验。美国西屋公司充分辉AP1000标准化设计、模块化建造的优势一家公司就能为全球AP1000核电站提供设计服务。按我国现行的核电体制，三大核电企业都要进行AP1000技术的标准化设计，这样势必会出现多个版本的AP1000，重演国内在二代改进型机组上设计多样化的历史，背离引进 AP1000 的初衷。这一矛盾如果得不到有效解决，在 4 台依托项目机组建设完成后，通过消化吸收和经验反馈完成的 AP1000 标准化设计，在后续 AP1000 项目中很难推广应用。

三、对加快 AP1000 三代核电技术发展的几点建议

从我国核电发展长远利益出发，各方面应当把思想和行动统一到中央的决策部署上来，加快引进消化吸收 AP1000，加大 CAP1400 的研发建设力度。具体建议如下：

第一，落实中央决策，坚持 AP1000 技术路线。建议在项目安排上，内陆厂址均应建设 AP1000 系列机型。新开沿海厂址和已核准二代机型的沿海厂址，应加强研究论证，续建项目尽可能以 AP1000 机型为主。

第二，集中研发力量，加快 AP1000 核电技术自主化进程。整合上海核工程研究设计院、中国核动力研究设计院技术力量，通过消化吸收，形成 AP1000 技术沿海、内陆核电厂址的全厂标准化设计，在后续中推广使用。建立责权对等、运转高效的重大专项管理体系，加快技术研发和示范工程建设，早日拥有自主知识产权，确保中央关于三代核电自主化发展的决策部署顺利实现。

第三，制定有关政策，支持 AP1000 三代核电技术引进、设备国产化和项目建设。抓紧制定有关政策，合理分摊 AP1000 技术引进费用以及装备制造业相关技改费用，减轻 AP1000 依托项目和首批后续项目负担。在充分考虑三代核电技术发展的阶段性和技术经济特点基础上，对 AP1000 核电机组实行首堆首套补助，给予相关进口设备、部件、施工器具税收减免及国产化鼓励、环保补贴等优惠政策。

（本文完成于 2011 年 3 月，与国务院研究室巡视员范必、司长唐元、中国国际经济交流中心副研究员曾少军、王天龙、刘向东、张焕波等合作研究）

四、能源革命之体制革命

能源生产和消费革命的关键是
发挥市场的决定性作用

随着社会主义市场经济体制的建立，中国能源的市场化进程有了长足进展。但相比较为完整的能源产业体系，中国能源市场体系仍显发育不足，尚待完善。煤炭是我国能源领域最早开始市场化改革的行业，也是改革比较成功的行业之一，但仍然存在与运力、电力市场协调的问题。电力行业实行了"厂网分开"，大用户直购电试点加快推进，但输配电环节改革滞后，由市场决定电价的机制尚未形成。油气领域在成品油价格机制上取得了一些突破，但大型企业依旧覆盖了从勘探、开采到运输、流通，再到冶炼、批发、零售的全部环节，其他各类企业进入的空间很小。新能源虽然有了较好的市场化开端，但节能减排的市场机制还未能建立，其推广应用还存在一定的体制和法律障碍。能源领域中很多品种尚未实现市场定价，政府对微观经济活动的干预较多，市场机制无法充分发挥资源配置的作用，在一定程度上也影响了国际社会对中国市场经济地位的认可。

近年来，煤电矛盾反复发作，"油荒"、"气荒"、"煤荒"、"电荒"轮番上演，能源企业政策性亏损频现，工商企业用电负担沉重，新能源、可再生能源发展受到制约。这些矛盾和问题凸显出能源市场体系的缺失与相关改革的滞后，市场主体不健全、竞争不充分、价格机制未理顺、行政管理色彩浓、法律体系不健全等诸多问题掣肘能源生产和消费的诸多环节。

推动能源生产和消费革命，关键是按照能源的商品属性，遵循价值规律，发挥市场在资源配置中的决定性作用，深化能源市场化改革，构建起统一开放、竞争有序的现代能源市场体系。政企分开，网运分离，放开竞争性业务，培育市场竞争主体；尽快形成市场导向的能源价格机制，真实反映市场供求和资源稀缺程度；转变政府对能源的管理方式，发挥好宏观引导、市场监管、资源保护和利益协调职能。

一、还原能源的商品属性

推动能源市场化改革，首先需要进一步明确一些观念和认识，特别是应还原能源的一般商品属性。很久以来，包括煤炭、电力、油气在内的能源一直被认为是特殊商品，是市场失灵的领域，应该由政府管制、国企垄断经营。其实，回顾历史可以看到，在计划经济时代由于对煤、电、油、气管得过多过死，供需关系长期紧张，能源消费领域出现政府管制什么就短缺什么的怪象。缺电、缺煤、缺油、缺气是国民经济多年一直不能摆脱的瓶颈。事实上，能源虽然是关系国家安全的战略性资源，但也是商品，具有一般商品的基本属性，受价值规律和供求关系调节，可由竞争优化配置资源，由供求决定价格，由契约规范交易。自 20 世纪 70 年代以来，回归能源的商品属性、推进能源领域的市场化改革成为全球性趋势。无论是成熟的市场经济国家，还是体制转轨国家，大都转变理念，对能源领域实行放松管制、打破垄断、引入竞争，大大提高了能源的供给能力和能源利用效率。

中国实践也可以证明，市场化改革对能源发展的重大推动作用。自 20 世纪 90 年代确立社会主义市场经济体制以来，中国对能源企业制度、价格体制、投融资管理体制、对外贸易体制等进行了一系列改革，从下放地方煤矿、拆分国家电力公司、重组中石油和中石化，到通过淘汰落后电厂、兼并小煤矿、提高行业集中度，再到改革和重组能源管理机构，能源生产力得到极大释放，供给能力显著增强。1993 年放开部分行业和地区煤炭价格，提高了市场调节比重，煤炭产量快速增长。2002 年，电力行业实行厂网分开，引入竞争机制。电改 10 年，发电装机从 2002 年 3.57 亿千瓦的装机容量增长到 2011 年的 10.5 亿千瓦，增速达世界平均水平的 20 倍，创下了世界电力发展历史的奇迹，彻底解决了计划经济时期电站工程造价连年攀升、制约发展的老大难问题。在材料、设备价格上涨的条件下，发电工程造价居然降低 40%~50%，企业投入产出效率显著提高。在新能源领域，实施风电场招标制度之后，电价由高达 1 元快速下降到目前的 0.5 元左右，初步具备了经济竞争力，风电项目则由起先作为地方形象工程变为可大规模推广的能源，设备国产化也获得空前发展。

还原能源商品属性需要科学界定竞争性业务和非竞争性业务。垄断并非能源行业的天然特性，笼统地认为能源行业具有自然垄断性不够科学。因为市场的垄断有各种形态，有的具有自然垄断性质，有些垄断则来自人为。不仅如此，产业的自然垄断属性也会随着技术进步和实践深化而发生演变。例如，早期被认为属于自然垄断的发电环节，通过厂网分开等改革建立起竞争性市场，已被公认不在自然垄断之列。而原来意义上具有自然垄断性质的邮政、电信、铁路运输、自来水、煤气等行业，随着竞争机制的引入，垄断格局正在瓦解。一些行业虽具有自然垄断特征，但并不等于这个行业中的所有业务都应当一体化经营，通过竞争提高效率的规律在这些行业同样适用。构建能源市场体系的前提是将这些行业中的竞争性业务与非竞争性业务分开：属于竞争性领域的完全放给市场，引入多元投资主体，扩大对外开放，让供求关系决定价格，竞争优化资源配置，由契约规范交易；属于非竞争性领域的业务实行公平接入、提高普遍服务水平，加强政府对其经营业务、效率、成本和收入的监管。与此同时，改进政府管理，对市场失灵领域，应切实履行宏观管理、市场监管和公共服务职能。

能源市场体系建设不仅要着眼国内，也要统筹用好国际国内两个市场、两种资源。中国应当树立互利合作、多元发展、协同保障的新能源安全观。传统的能源安全观强调，尽可能提高石油自给率，尽可能多地获取海外石油资源。能源安全观要从自我保障向集体安全、协同安全转变。中国领导人首倡在 G20 框架下建立全球能源市场治理机制，在国际上赢得广泛好评，应当充分利用这个平台，推动能源供应国、消费国、过境国之间的对话，共同讨论能源政策、市场建设、定价机制、运输通道安全等重大问题，形成在国际上有约束力的机制和共同行动计划。

二、培育企业竞争主体地位

我国能源企业大多为大型国有企业，其中又以中央企业为主，民营资本进入较少，市场主体不健全，竞争尚不充分，行业分割和垄断现象仍然存在。一些大型国有能源企业实际上还承担了部分政府职能，以企代政的现象比较突出。同时，这些企业也因为享受一定程度的政策性资源，尚不能成为自由竞争的市场主体。在这种主体格局下，国有能源企业不能完全按照市场经济的模式运营，国有大型企业占据主导地位，企业与市场之间的关系尚待理顺。这不但在一定程度上抑制了能源市场正常竞争机制的发挥，也不利于国有能源企业尽快成长为真正强大的具有国际竞争力的现代能源企业，难以与国际能源巨头相抗衡。此外，社会上对国有大型能源企业某种程度的垄断存在很多意见，即使是近年来火电业务和炼油板块的真实亏损也无法得到公众的理解，国有能源企业为此承受着巨大社会舆论压力。

我国能源市场主体结构不够合理，有待于进一步重组。过去十多年，煤炭、发电领域先后打破垄断，实现了竞争。然而在油气行业、输配电领域，仍然呈现出国有企业"一家独大"的局面，包括民营、外资在内的社会资本较难进入，多元化的主体格局尚未形成，市场缺乏公平竞争的环境，企业提高效率的动力不足，影响社会资源的有效配置和能源行业整体竞争力的提升。即使在国有企业内部，也存在竞争不充分的问题。譬如，目前我国只有3家公司拥有国内石油勘探开发权，其中一家公司独家拥有海上石油开发权，2家拥有陆上石油勘探开发权，陆地不能到海上开采，海上不能到陆地开采，致使中化、中信、北方等一些对石油投资感兴趣的大企业只能到境外进行勘探开发。

应该看到，培育多元竞争主体是形成市场的基础，也是能源改革的方向。首先，实现政企分开，剥离政府应当承担的职能，使企业轻装上阵，专注于提高经济效益。其次，根据不同行业特点实施网运分开，对于电网、油气管网等网络型自然垄断业务，可继续保持国有资本控股经营；对于具有竞争属性的生产（包括进口）、销售环节应放开准入，打破行业分割和行政垄断，引入多元竞争主体。再次，营造各类所有制企业都能公平竞争、规范准入的制度环境，减少对国有企业的特殊政策与优惠。

煤炭行业是我国能源领域市场化改革进行最早、也是相对最彻底的行业，其经验和教训可以为其他行业提供重要参考。在十多年前放开煤炭市场、放松管制之前，煤炭紧张是经常状态。十多年过去，煤炭作为我国最重要的一次能源，产量逐年提高，即使在关停非法小煤矿政策执行最严厉的时候，煤炭的供应也基本保持了充足的供应。这些年，煤炭在我国能源消费中占据了 2/3 以上的比重，可以说，正是因为煤炭在能源行业中发挥了中流砥柱的作用，才保证了经济快速发展对能源的需要。

当然煤炭行业也存在很多问题，最让人关注的是安全生产问题。但应该看到，煤炭安全在政府有关部门的强力监管和支持下，正在逐年改善，成效显著。相对而言，政府和市场在煤炭行业都有相对比较准确的定位，政府为煤炭安全的忧心忡忡，其实也验证了在市场经济条件下，政府需要有更高执政水平。可以说，在市场起主导作用的煤炭行业，遇到的问题和油气以及电力行业相比，属于更高层次的问题。石油和电力行业常常在为短缺而战，煤炭行业已经在实现充足供应的基础上，努力朝着更好的方向迈进了。

电力市场竞争主体尚不健全，社会资本并没有完全进入。从电力市场开放范围来看，目前对社会资本开放的领域已经包括电源建设和发电市场，但自然垄断的电网建设仍然保持国有独资的产权形式。在发电市场，国务院在 2005 年、2010 年先后出台了鼓励非公有制经济发展的"旧 36 条"和"新 36 条"，并在 2012 年出台了"新 36 条"的实施细则，实际上非公有制经济进入电力行业的还存在一些隐形障碍。由于电力价格机制尚未理顺，投资回报率无法保证，一些民营资本进入电力行业后无法获得稳定的投资收益，已有的进入资本近年来则纷纷退出。目前，民营及外资发电企业装机容量占全国总装机容量的比重不到5%，国有资本仍然占到95%以上。我国电网在输电、配电、售电环节仍然维持了上下游一体化的组织结构，电网企业依然处于"独买独卖"的垄断地位，发电企业和电力用户没有太多选择权，市场机制在发电、输电、配电和售电等领域无法发挥更大的作用。

投资主体多元化是解决电力供应短缺和促进电力行业改革发展的重要

举措。电力行业具有投资大和回报周期长的特点，因此应该为社会资本进入电力行业提供稳定合理的投资回报率，以确保经济主体投资电力建设的积极性。应该进一步扩大电力行业市场开放范围，放松市场准入条件，即使是自然垄断的输电环节，也应该允许社会资本进入电网领域，推进电网企业投资主体多元化。应该允许民营、外资资本通过多种形式进入电力行业，并促进非公有制经济资本的集聚化和规模化。只有放开市场准入，打破行业分割，才能形成多元市场主体，从而激发电力行业的活力和效率，构建起公平公正的电力市场。

相比电力而言，石油天然气的市场化改革更显滞后。1998 年中石油和中石化拆分之后，是一个巨大进步，形成了一定的竞争，但在很多领域垄断仍然存在。当初的政策设计有加入 WTO 后过渡阶段保护民族工业的考虑，然而这种暂时的保护却逐渐成为长久的政策，双刃剑的弊端日显。频现的油荒已经表明垄断体制并不能有效地保证供应，开放、多元的石油市场更加有利于维护石油安全，原油、成品油进出口和国内市场的放开将会增加油气的供应能力。竞争在短期上可能会降低几个国家公司的利益，但长期上将增强整体行业的运营效率，更大的利益会在新主体和消费者中间实现。当前，国内有人担心能源领域的开放会降低国家公司的竞争力。其实，只有在竞争中形成的竞争力才是真正的实力。一个例子是，巴西对石油行业实施市场化改革后，原来的巴西国家石油公司不仅没有衰落，反而在市场化的竞争中焕发了新的活力，十年间产量翻了一番，巴西也从一个石油一半靠进口的国家成为石油净出口国。

新能源领域已经有了很好的市场化开端。在国家新能源政策推动下，尤其在"新 36 条"提出"鼓励民间资本参与电力建设，鼓励民间资本参与风能、太阳能、地热能、生物质能等新能源产业建设"的政策鼓舞下，民营企业数量和规模迅速扩大，民间资本在太阳能热利用、生物质能开发以及晶体硅材料、太阳能热水器、太阳能电池制造等领域居于主导地位，民间资本在风电设备制造产业中的作用越来越重要。目前，民间投资新能源和可再生能源领域总额已经超过 8 000 亿元，发电项目装机容量超过 4 900 万千瓦，约占全国新能源和可再生能源总装机容量的 18%；从投资分布看，民间投资小水电项目约 2 500 亿元，风电项目约 640 亿元，太阳能光伏发电约 230 亿元，生物质发电约 200 亿元。民间投资风电设备、太阳能电池及组件、晶体硅制造领域 2 300 亿元，太阳能热水器全行业投资约 2 200 亿元。太阳能热水器累计安装集热面积 2.2 亿平方米，其设计、施工、制造、服务等主要为民营企业。由于各类风电企业的竞争，新能源价格不断下降，譬如风电价格已经降到了 0.5 元左右，初步具备了大规模应用的基础。可以说，民间资本会随着能源体制的改革和市场建设的有效推进，将更多地进入到新能源领域投资，这将对我国新能源的发展发挥着不可替代的生力军作用。

三、坚持由市场形成能源价格

能源价格是能源市场体系的核心，市场配置资源的决定性作用主要通过价格信号的引导来实现。改革开放以来，国家对传统计划经济体制下的单一价格进行了多次调整与改革，取得了明显成效。但能源领域价格改革总体上相对滞后，对于能源企业的价格和投资仍然采用计划管理方式，由政府部门行政审批。过多依靠行政手段配置资源的机制使得市场的作用得不到有效发挥，容易导致"政府失灵"，也会造成一定程度的价格扭曲。

一是能源价格市场化程度不高，价格无法如实反映能源稀缺程度和市场供求关系变化。长期以来，各类能源市场没有发育起来，或根本不存在能源市场。能源市场竞争不充分，能源价格水平总体偏低，不能真实反映能源产品市场供求关系和稀缺程度，价格缺乏对投资者、经营者和消费者有效的激励和约束作用。能源使用者缺乏动力通过技术革新寻找更经济的替代能源或者可再生能源，不利于节能技术和节能设施的推广，也没有建立起有效利用和节约能源的约束机制。

二是能源价格构成不合理，缺乏科学的价格形成机制。现代经济学认为，能源价格应包括开发成本、外部成本和代际成本，而且，无论是外部补偿还是代际补偿都无法通过市场机制自发实现。目前，资源破坏和环境治理成本没有反映在能源价格中，外部成本没有内部化，环境损失不能从能源产品的销售中得到补偿，代际成本也没有得到应有体现，致使清洁能源的真实价值不能得到足够体现，其推广利用在现实中遭遇"价格瓶颈"。

三是能源产品市场体系不健全，没有国际市场定价话语权。由于能源市场发育不足，石油等产品的现货、期货市场体系并没有建立起来，作为全球能源生产和消费大国，却没有国际市场定价话语权，对于国际市场价格变动只能被动接受。相对较高的能源进口价格，使中国消费者损失了大量的利益，也影响了国内产业的整体竞争力。

另外，无法利用价格信号合理引导投资，投资项目行政审批制度使得能源建设与需求时有脱节，盲目投资、重复建设、无序发展与投资不足并存。"市场煤"与"计划电"的矛盾始终未能从根本上得到解决，影响正常的电力供应。缺乏用户参与和需求侧响应机制，行业内外普遍不满，历次价格调整都面临较大的社会舆论压力。

不合理的能源价格无法正确引导合理的能源生产和消费方式，不利于我国经济发展方式的转变和产业结构升级，还将影响我国经济的可持续发展。长期偏低的能源价格不能及时和充分地反映市场供求及资源稀缺程度，反而会激励企业将增加投入、增加消耗作为进一步发展的选择，缺乏提高技术含量、加速产业升级的动力；同时导致资源能源密集型产业过度发展，造成能源的低效率使用和需求过快增长。不合理的能源价格结构，加剧了化石能源的消耗，使环境遭受严重破坏，也使新能源和可再生能源不能得到有效的利用和推广，由此影响到我国能源结构的调整和环境保护。滞后的定价方式在一定程度上破坏了市场的自我调节功能，有时还加重了"油荒"、"气荒"、"煤荒"、"电荒"问题，影响到能源的供给安全。

能源价格改革关键是建立起合理透明价格形成机制，是能源价格既能有效反映供求关系、资源稀缺程度和环境的损害程度，又能有效发挥对于消费、投资和资源配置的引导作用。首当其冲的是区分行业的不同属性，明确各环节价格改革的方向和模式。应按照网运分开的原则，对相关产业链实施结构性改革，对油气管网、输电网络等自然垄断环节，核定其输配成本，确定企业的合理回报率，加强价格和成本监管；对于其他竞争性环节，则应打破垄断格局，鼓励多元主体参与竞争，形成市场化的价格机制。具体来说，各能源行业价格改革目标如下：

煤炭方面，核心是从根本上解决"计划电"与"市场煤"的体制矛盾和机制冲撞。真正实行煤电价格并轨，结束实施多年的煤电双轨制。在取消电煤合同价的基础上，着手推进煤炭价格完全市场定价；配套实施煤、电、运全产业链综合改革，建立煤炭价格、上网电价和销售电价实时联动机制，彻底解决煤电矛盾；鼓励煤电企业相互进入，签订长期供货合同，减少煤价波动的风险。

石油方面，启动市场化改革，允许各类投资主体公平进入，构建有效竞争的市场格局。在新的成品油价格形成机制基础上，进一步完善定价机制，包括调价周期、调价幅度、调价方式等。定价权应更多地下放给行业协会或企业，在实现了与国际接轨基础上，价格调整不必由政府发布，可以由行业协会按照政府确定的规则，自行调整发布。

天然气方面，在门站价进行市场净回值定价的基础上，建立上下游联动机制，形成真正反映资源稀缺程度、市场供求关系、环境补偿成本的价格，最终实现天然气出厂价由市场竞争形成，政府只对具有自然垄断性质的输配气价进行管理。

电力方面，应坚持2002年电力市场化改革的正确方向，进一步区分竞争性和非竞争性业务，对电力产业结构进行重组，改变电网企业盈利模式，上网电价、销售电价尽量减少由政府制定，逐步形成发电和售电价格由市场决定、输配电价由政府制定的价格机制，即"放开两头、管住中间"。

表1　　　我国能源主要领域不同环节价格形成机制的目标模式

	上　游	中　游	下　游
煤　炭	勘探开采：市场定价	运输：市场定价	批发零售：市场定价
石　油	勘探开发：市场定价	管道运输：政府调控	批发零售：市场定价
天然气	勘探开发：市场定价	管道运输：政府调控	批发零售：市场定价
电　力	发电：市场定价	输电配电：政府调控	售电：市场定价

四、转变政府对能源的管理方式

政府职能转变是深化行政体制改革的核心，也是构建能源市场的体制保障。多年以来，我国对能源主要采取行政手段，经济手段和法律手段运用不多，行业管理色彩较浓。电煤生产中有生产计划、运输计划，电力行业有发电量计划，煤炭、电力、油气、能源运输行业仍实行计划与市场并存的双轨制。在这种管理方式下，价格机制在能源生产经营中的自动调节作用受到抑制。无论是现代经济理论，还是改革开放之前30年的实践都表明，过多的行政管制无益于解决短缺和提高效率。例如电力领域，上网电价由政府审批决定，发电量由地方政府下达的生产计划决定。如果在产品产量和定价上没有自主权，一个企业将不是一个真正的微观竞争主体。

长期以来，政府对能源行业的管理主要体现在两个方面：一是政策职能，二是监管职能。在以往能源管理体制下，主管部门更加注重通过投资项目审批、制定价格和生产规模控制等方式干预微观经济主体的行为，而对行业监管及其他职能相对而言重视不够，政府职能缺位与重叠并存。主要体现在：

一是能源基础信息薄弱，统计分析体系不健全。政府主管部门对能源基础信息掌握的及时性和准确程度，对制定规划和政策至关重要。当前大量的能源信息统计和分析工作由中国煤炭工业协会、中国电力企业联合会、中国石化协会等行业协会和国家电网、中石油、中石化等大型国有企业承担，而政府部门专门负责统计分析的人员缺乏。相对于拥有数百员工、年度预算经费上亿美元的美国能源信息署，我国能源基础信息工作存在差距。

二是一些重大战略尚未形成统一认识，规划政策存在反复。统一、明确、稳定的国家能源战略和政策对能源发展至关重要，必须认真研究，稳健决策，切实贯彻。但是在能源布局、特高压建设、新能源与可再生能源发展、油气资源开发、能源与环境等重大问题上尚未形成统一认识，有的重要能源规划和政策经常调整，甚至国家已经形成的决策得不到在贯彻执行。

三是缺乏对外合作的协调机制，难以有效应对日趋严峻的国际形势。在当前的能源管理体制下，国家能源局、国家发改委、商务部、外交部等有关部门以及大型能源企业都在通过各自渠道分别开展对外合作，能源全球战略与国际能源合作缺乏统一部署和协调行动，存在多头对外、单打独斗的情况，难以形成合力。况且几大石油企业均为国内外上市公司，其目标也不可能与国家战略目标完全一致。

四是未能形成对能源企业的有效监管，市场监管职能尚待增强。比如，作为自然垄断性企业的电网公司的输配价格和投资至今未按规则接受监管，输配电价成本尚未明晰，合理的输配电价至今无法出台；"三桶油"内部成本始终无法厘清，历次油价调整饱受社会议论；在煤炭交易中间环节存在市场操纵、破坏市场秩序等乱象。

转变政府对能源的管理方式，必须坚持市场化改革方向，清晰界定政府和市场的边界，大幅放松对企业的微观管制，发挥市场在资源配置中的决定性作用，把重心转到市场无法发挥作用的方面。政府对能源的管理应更多体现四大职能：宏观引导、市场监管、资源保护和利益协调。

在宏观引导方面，致力于弥补市场缺失。一是构建以《能源法》为统领的能源法律体系，以法律法规为依据指导能源市场化改革；二是加强能源基础信息体系建设，为准确决策提供可靠依据；三是强化能源战略规划，集中力量深入研究，形成明确的国家能源战略，特别是在能源布局、特高压建设、新能源与可再生能源发展、油气资源开发、能源与环境等重大问题上形成统一认识；四是统筹协调多部门和大型能源企业分别对外合作局面，形成统一的纲领性的能源全球布局与国际合作战略，有效保障国家能源安全。

在市场监管方面，形成对能源企业的有效监管。坚持市场化改革方向对纵向一体化的能源产业进行结构性改革，对竞争性环节放松管制，保障市场秩序的公平公正；对于自然垄断性环节，则做好成本和价格监管，厘清电网企业输配成本，核定油气管网输送成本等。

在资源保护方面，处理好经济发展和资源保护的关系。企业追求经济利益最大化，消费者追求个人效用最大化，往往忽视资源保护和永续利用。目前我国资源无序开发、破坏和浪费问题严重，作为市场失灵领域，在促进资源能源的保护和可持续开发方面，政府责无旁贷。应通过法律、经济和必要的行政手段，进一步完善资源管理体制，健全资源资产产权制度和用途管制制度，明确权责，有效监管，促进资源有序开发；大力推动能源节约，提高能源利用效率，减少能源消耗，实现资源能源约束下的经济持续健康发展。

在利益协调方面，处理好中央和地方，能源输出地和能源输入地，以及政府、企业和民众的关系，发挥好各自积极性。我国能源企业多为央企和国企，涉及中央和地方税收分成，利益不均衡已引发一些地方政府和企业之间的矛盾。我国能源富集区多在西部，而能源消费区集中在东部，能源初级产品和制成品之间的价差，以及能源开采、环境污染等问题也使得东西部之间出现利益分配和利益补偿的问题。此外，为改善大气污染和治理环境，清洁能源的使用成本和环境治理成本需要建立全社会的价值补偿和分担机制。政府应从理顺中央和地方财政和税收体制，以及理顺能源产品价格及补偿机制等方面，协调好不同类型企业之间、不同区域之间、不同主体之间的利益关系，在市场失灵的领域施展作为。

五、健全能源法律法规体系

成熟市场化国家能源体制的运行建立在完备的法律体系基础之上。目前，我国能源法律体系不完善，法制建设滞后问题较为突出：一是结构不完整，能源法缺位。作为能源基本法，能源法在整个法律体系中起着统领全局的作用，现在仅向国务院报送了《能源法》（送审稿），但尚未正式推出。我国还没有石油、天然气法，同时也缺少天然气供应法、热力供应法等能源公共事业法，缺乏对能源产品销售、服务的规范，这些都使得中国在石油、核能等重要能源领域的建设、管理和运营方面不能有效规范和依法监管。二是内容不健全。部分法律内容也已与现阶段市场经济发展和节能减排形势不相适应。如《电力法》中缺少有关电力交易规则、电价形成机制、电力建设的规定，无法支持新能源等分布式能源的发展；《煤炭法》中也有诸多内容已无法适应当前煤炭工业的发展，需要尽快对其进行修改和完善；此外，法律法规制定过于原则，可操作性比较差，必须配套以相应细则、标准才能得以实施，而目前仍有很多法律法规缺乏必要的实施细则和配套法规。三是各种法律缺乏必要的衔接，法律执行效果不佳，对违规行为恶劣、无视规章制度的企业缺乏震慑性处罚手段，存在企业违规成本低，执法机构监管缺位，执法不严等问题。

为统筹推进能源立法工作，要立足我国国情和能源特点，构建以《能源法》为统领的能源法律体系。参照发达国家经验，按照先急后缓、相互支撑的原则，尽快推出能源基本法，制定《石油法》、《天然气法》、《原子能法》等，制定《核电管理条例》、《海洋石油天然气管道保护条例》、《国家石油储备管理条例》等法规规章。根据改革与发展的需要，尽快完成《煤炭法》及《电力法》等的修改，完善能源专门法的体系和内容，鼓励新能源"分散上网，就地消纳"，构建有利于分布式能源发展的法律和政策体系。此外，还要提高法律法规的可操作性，并完善相关的实施细则和配套法规，以保障能源基本法和能源专门法的贯彻实施。

六、构建现代能源市场体系

改革是能源产业科学发展、建立现代能源市场体系、实现从能源大国到能源强国转变的必然选择。面对能源领域因市场化不到位而产生的一系列矛盾和障碍，只有坚持市场化改革方向，坚定不移地推进能源体制改革才是解困之道。我国能源市场建设进展不同步，煤炭生产和销售已经放开，价格实现了市场化，区域煤炭市场初步建立；电力体制改革取得新进展，基本实现了政企分开、厂网分开、主辅分离，电力市场建设尚处于探索阶段；石油天然气行业基本实现了上下游、内外贸一体化，运营效率得到提供，石油天然气期货市场也处于摸索阶段。

构建现代能源市场体系，是提高市场运行效率和产业竞争力的客观要求。我国能源市场体系建设的基本目标应是：坚持能源市场化改革方向，通过深化改革，充分发挥市场配置资源的基础性作用，稳步推进能源体制改革，完善政府宏观调控，强化市场监管，逐步建立起产业协调发展、市场结构合理、宏观调控科学、市场监管有效的，与中国国情相适应的统一、开放、竞争、有序的新型能源市场体系。主要任务是：形成比较完整的能源法体系，使能源发展和能源管理体制的改革有法可依；形成吸引社会资本进入能源投资领域的新机制，形成公平公正的市场竞争秩序；形成以市场为基础的能源定价新机制；形成综合与分类相结合的能源监管体制。

用改革的手段来构建现代能源市场体系，必须打破行业垄断和地区封锁，鼓励能源上、下游产业相互融合，形成全国统一能源大市场和各具特色的区域能源市场。建立和完善公开、公平、公正的能源现货及中远期合约市场，逐步建立现代能源期货市场。进一步加强和完善能源市场基本交易制度建设，积极推进电子交易市场建设。有效调节能源供需，提供价格合理、安全可靠的能源产品，满足国民经济较快增长对能源的需求。进一步完善能源市场监管，防止能源市场上垄断势力的强化，同时确保能源价格和能源市场不会发生过大波动。有序开放我国能源期货市场，逐步形成具有国际影响力的区域能源市场中心。

从中长期看，我国需要完成煤、电、油、气四个国内市场的构建，夯实与此相关的其他市场建设，并加强国际合作，注重与国际能源市场的对接。具体分述如下：

现代煤炭市场体系建设。建立以全国煤炭交易中心为主导，以区域煤炭交易中心为辅助、以地方煤炭市场为补充的合理布局、规范有序、健康发展的现代煤炭交易市场体系。全国煤炭交易中心与各区域性煤炭交易市场之间建立密切联系、协调发展的合作机制，形成分布于煤炭生产地、煤炭消费地、煤炭集散地、煤炭中转港合理布局、密切联系的区域煤炭交易中心体系。建立与国际煤炭市场接轨的现代煤炭交易市场体系，形成具有国际影响力的区域煤炭交易市场中心。积极发挥促进煤炭交易，发现合理价格信号，推动煤炭经济健康增长的现代煤炭市场体系功能（见图1）。

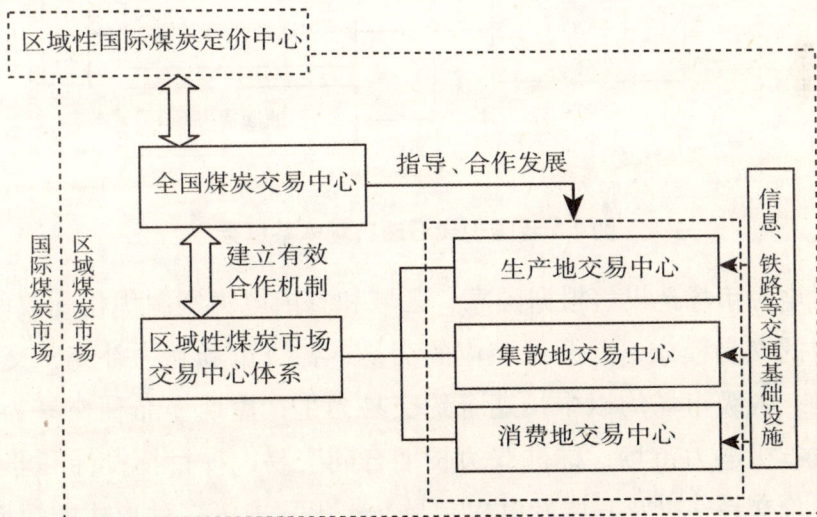

图1　我国现代煤炭市场体系框架

现代石油市场体系建设。开放原油和成品油进口，实现成品油市场定价。在石油现货市场、中远期合约市场不断完善的基础上，建立期货市场，丰富石油期货品种，为国内的石油生产企业、用户和贸易商提供规避风险的工具和场所；进一步发挥期货市场的作用，减少国际石油价格波动对我国经济的冲击，争夺重要石油商品的国际话语权。完善石油市场制度，培育多元市场主体，加快形成统一开放、竞争有序、公开公正的现代石油市场体系。加快国际区域性炼油中心和储运中心的建设，逐步形成辐射东亚地区的石油中转、加工、交易和定价中心，力争形成与纽约商品交易所 WTI 原油期货价格并重的石油基准价格，增强我国对国际石油市场的影响力（见图 2）。

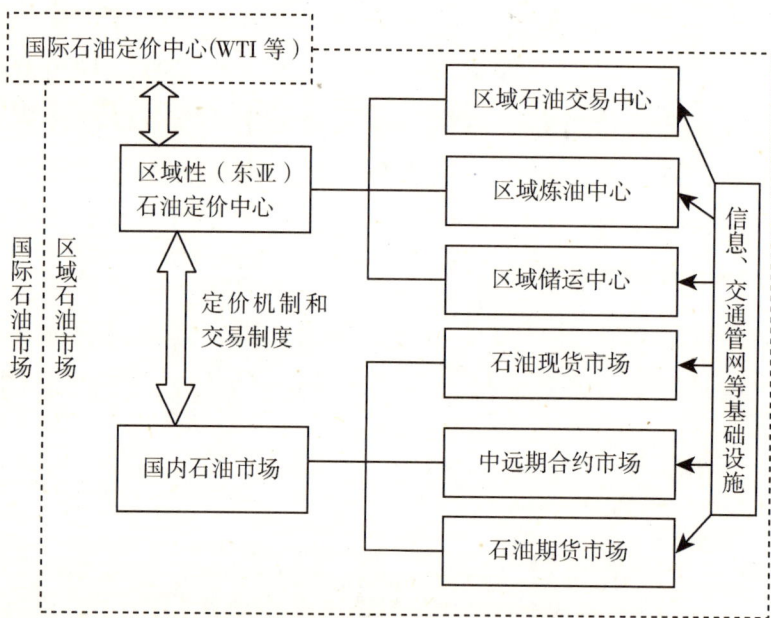

图 2　我国现代石油市场体系框架

现代电力市场建设。根据国家、区域和省内电力资源优化配置的特点，设计各自的交易模式，并开展相应的交易，各级市场互为补充，交易品种分工明确。各级市场均以中长期合约交易为主，短期多品种交易为辅。完善和开放省级电力市场，推进双边长期合同交易、项目招投标和非区域竞价机组竞价交易，以及开展发电权交易、水火置换等多种形式的短期交易，实现省内电力供应的安全、经济、可靠。积极发展区域电力市场，组织开展发电企业与电力企业直接交易，推动市场化的双边合同交易和短期集中竞价交易，实现区域优化调度和能源资源区域优化配置。积极培育全国电力市场，大力推进大用户直购电，推进区域间电力交易，实现跨区域送电、区域间电力互济和区域间备用共享，促进电力资源在全国范围内优化配置，并加强与周边国家联网，促进电力进出口贸易的开展。最终形成国家、区域和省级市场有机融合、统一开放的电力市场体系（见图3）。

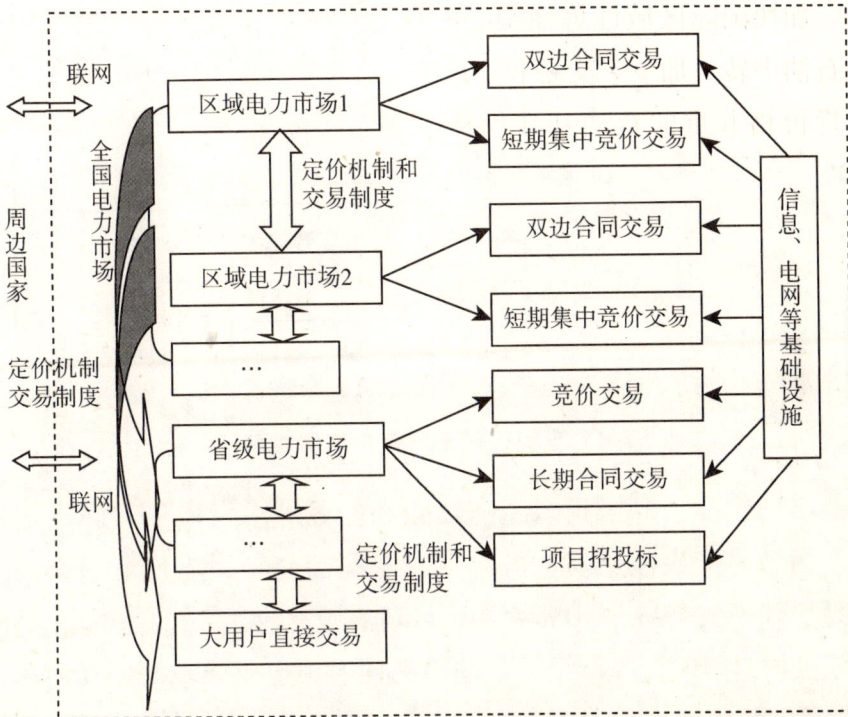

图3 我国现代电力市场体系框架

现代天然气市场体系建设。逐步理顺天然气市场体系关系，实现政企分开，逐步实现天然气市场定价，发挥政府维护市场的公平与服务、监管市场职能。以能源分区优化为基础，建立地区综合能源公司，形成天然气与其他能源竞争共赢的市场体系，在东部、南部的经济发达地区，积极引进国际LNG资源，建立"沿海气态能源战略发展区"。实现天然气上、下游市场的开放，鼓励多种资本进入，实现两个市场的自由竞争。完善天然气储运设施建设，建立独立的管输公司，以实现天然气管输领域的有效监管。积极推进天然气中远期合约市场、现货市场和期货市场，为国内的天然气生产企业、用户和贸易商提供规避风险的工具和场所（见图4）。

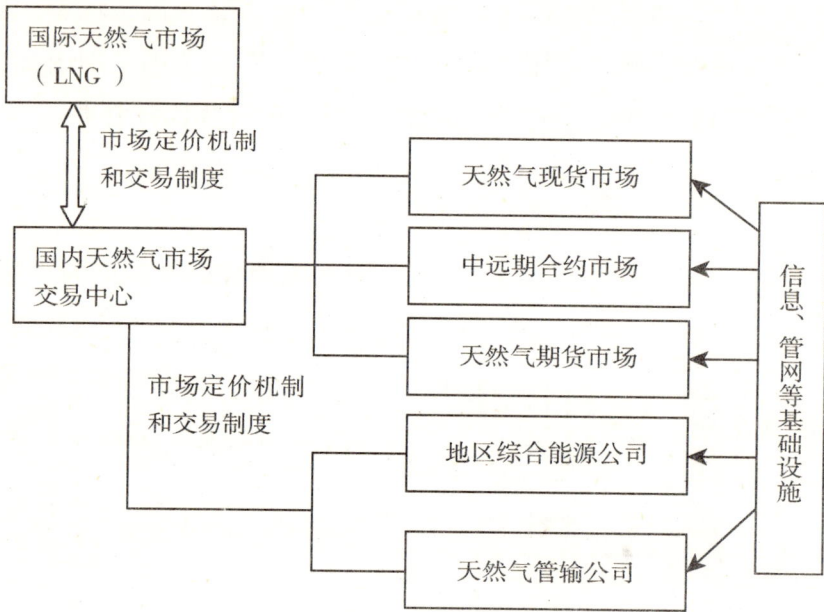

图 4 我国现代天然气市场体系框架

其他市场建设。根据我国经济社会和能源需求发展的实际，逐步探索能源生产污染物排放额交易、可再生能源配额交易、绿色证书交易、白色证书交易、碳排放交易、CDM 交易、环境容量交易。

在积极构建国内能源市场体系建设的同时，也要注重与国际能源市场的对接，加强国际能源合作，积极参与全球能源治理。在全球气候变暖的大背景下，全球能源生产和消费格局正悄然而动，尤其是美国页岩气革命的兴起，使得美国正逐渐由世界第一石油进口国转变为世界第一大石油生产国。为应对国际能源格局新变化，以及由此带来的国际政治、经济格局变动对国内经济的影响，最大限度地保障能源安全，中国需要积极参与全球能源治理。一方面通过加入国际能源机构、参与全球多边合作等方式，以获取稳定的外部能源供应，争取更多的话语权和定价权。另一方面可以加强与欧美等国家的合作，引进发达国家先进的可再生能源、节能技术，加强与发达国家在预测预警、价格协调、金融监督等方面的合作，促进中国低碳经济转型，并通过参与全球能源治理，减少中国与欧美国家的贸易争端。

（本文完成于 2013 年 12 月，原刊载于《南方能源观察》2014 年 1 月）

发挥市场决定作用构建能源市场体系

我国已有较为完整的能源产业体系，但尚未形成完善的能源市场体系，市场发育不足是我国能源领域存在的突出问题。实现能源生产和消费革命，需要以改革为根本手段，构建起统一开放、竞争有序的现代能源市场体系，发挥市场在资源配置中的决定性作用。

一、还原能源商品属性

长时间以来，煤炭、电力、油、气被认为是特殊商品，应该由政府管制。事实上，能源虽然是关系国家安全的战略性资源，但也是商品，具有一般商品的基本属性，受价值规律和供求关系调节，可由竞争优化配置资源，由供求决定价格，由契约规范交易。自20世纪70年代以来，回归能源的商品属性，推进能源领域的市场化改革成为全球性趋势。无论是成熟的市场经济国家，还是体制转轨国家，大都转变理念，对能源行业实施了放松管制、打破垄断、引入竞争的改革，从而显著提高了能源供给能力和能源利用效率。

二、培育能源市场多元竞争主体

我国能源企业大多为大型国有企业，民营资本进入很少，存在市场主体不健全，竞争不充分，行业分割和垄断等问题。一些大型国有能源企业实际上承担了不少政府职能，也包括一些按政府意图履行的社会责任，以企代政现象比较突出。同时，这些企业凭借自身行政资源，仍享受一些政策性特权，还未成为合格的市场主体，企业与市场之间的关系难以理顺。这不但使国有能源企业难以成长为具有国际竞争力的现代能源企业，难以与国际能源巨头相抗衡，也导致创新不足和低效率现象。

培育多元竞争主体是形成市场的基础。首先，实现政企分开，剥离政府应当承担的职能，使企业轻装上阵，专注于提高经济效益。其次，根据不同行业特点实施网运分开，对于电网、油气管网等网络型自然垄断业务，可继续保持国有资本控股经营；对于具有竞争属性的生产（包括进口）、销售环节应放开准入，打破行业分割和行政垄断，引入多元竞争主体。再次，营造各类所有制企业都能公平竞争、规范进出的制度环境，取消对国有企业的特殊政策与优惠。

三、改革能源价格形成机制

长期以来，我国对能源价格采用严格管控方式，抑制了市场自身调节机制的发挥，导致价格的扭曲与倒挂。扭曲的能源价格破坏了能源生产和消费方式，不利于我国经济发展方式的转变和产业结构升级。推动能源市场体系建设需要加快推进能源价格改革。首先要区分行业的不同属性，明确各环节价格改革的方向和模式。其次，按照网运分开的原则，对相关产业链实施结构性改革，对油气管网、输电网络等自然垄断环节，核定其输配成本，加强价格和成本监管；对于其他竞争性环节，则应打破垄断格局，鼓励多元主体参与竞争，形成市场化的价格机制。

煤炭领域，应在取消电煤合同价的基础上，着手推进煤炭价格完全市场定价；配套实施煤、电、运全产业链综合改革，建立煤炭价格、上网电价和销售电价实时联动机制，彻底解决煤电矛盾。石油领域，应允许其他竞争主体公平进入，构建有效竞争的市场格局，在新的成品油价格形成机制基础上，进一步完善定价机制。天然气领域，在门站价进行市场净回值定价的基础上，建立上下游联动机制，形成真正反映资源稀缺程度、市场供求关系、环境补偿成本的价格，最终实现天然气出厂价由市场竞争形成，政府只对具有自然垄断性质的输配气价进行管理格局。电力领域，应坚持2002年电力市场化改革的正确方向，进一步区分竞争性和非竞争性业务，对电力产业结构进行重组，改变电网企业盈利模式，逐步形成发电和售电价格由市场决定、输配电价由政府制定的价格机制，即"放开两头、管住中间"。

四、转变政府对能源的管理方式

多年来，我国对能源领域主要采用计划管理方式，行政管理色彩浓厚。坚持市场化改革方向，划清政府和市场边界，才能发挥市场在资源配置中的决定性作用。政府今后对能源的管理应体现四大职能：宏观引导、市场监管、资源保护和利益协调，在市场失灵的领域施展作为。

（本文原刊载于《中国能源报》2013 年 12 月 2 日）

能源体制需要大改

2014 年 6 月 13 日，在中央财经领导小组第六次会议上，习近平总书记提出要推动我国在能源消费、能源供给、能源技术和能源体制四个领域的革命。

对于能源领域"四个革命"的关系，笔者认为，以"抑制不合理消费需求、提高能源利用效率、调整能源消费结构"为目标的"能源消费革命"是前提基础；以"构建多员持续供应体系，保障能源供应安全"为目标的"能源供给革命"是能源革命的最终根本；以"提高能源科技创新和进步水平，促进能源产业升级"为目标的"能源技术革命"是手段，而以"理顺能源市场运行与管理机制，构建现代能源市场体系"目标的"能源体制革命"自然而然地就成为当前推动能源革命的落脚点。

一、明确能源体制机制内涵

究竟什么是"能源体制机制"？目前，社会上有两种观点。一是将能源市场主体竞争结构和关系，例如能源市场垄断、价格管制等被当做是能源体制机制，一说进行能源体制机制改革就认为是打破垄断，促进竞争。二是将能源管理与监督机构当做能源体制机制，认为能源体制机制改革主要是政府对能源的管理或监督机构的改革。

其实，这些只是能源体制机制的部分内容，而不是全部内容。笔者认为，一个完整的"能源体制机制"是指一定区域内（通常为一个国家）能源行业或能源领域内资源配置的具体方式、市场运行以及监管制度模式等各种关系的综合。它一般由"能源市场基本制度"、"能源市场竞争结构"、"能源市场运行机制"、"能源市场管理与监管体制"四大基本要素构成。

其中，"能源市场制度"是指为保障能源市场稳定、高效运行所做出的一系列制度安排及其制度执行机制，包括作为法律规范的制度、作为市场规则的制度、作为技术和产业标准的制度、作为政府导向的产业政策制度等。"能源市场结构"是指市场供给者之间（包括替代品供给）、需求者之间、供给和需求者之间的关系，也包括市场上现有的供给者、需求者，与正在进入该市场的供给者、需求者之间的关系。它又包括三个基本构成要素：市场主体、市场竞争格局和市场集中度。"能源市场机制"又称能源市场运行机制，主要由供求机制、价格机制、竞争机制和风险机制构成。其运行表现为供求、价格、竞争、风险等机制之间的相互关联和相互作用。"能源市场管理"与监管机制是指为了对能源市场实施综合管理和专业化的监管，保障市场正常运行和均衡发展，规范市场行为、避免市场机制的自身缺陷、促进能源市场的发育而做出的体制性安排。

在四大构成要素中，能源价格机制在能源市场机制中处于核心地位。能源市场机制是整个能源体制机制的核心。而能源市场机制又是由能源市场结构决定的，具备什么样并形成什么样的能源市场结构也就决定了能源市场机制是什么样的。能源市场制度、能源市场管理与监管机制起到一个外围的服务保障作用。而能源体制机制不是凭空存在的，必须建立在一定的能源市场基础设施上，能源市场基础设施是否充分，也会影响能源体制机制改革时机的选择和力度的大小。

二、现行机制垄断现象突出

在厘清能源体制机制的具体内涵和构成后，对照一下就可以发现，尽管改革开放以来，我国能源领域按照先易后难的渐进式改革模式，在放宽投资限制、放松价格管制、实行政企分离和培育市场主体等方面，已经进行了一系列的体制机制改革并取得了积极成效。但与其他领域市场化改革步伐和力度相比，能源体制机制改革显得谨小慎微，甚至裹足不前。尤其是近些年来，尽管政府工作报告中每年都要提到进行能源体制机制改革的一些内容，但有关能源行业里深层次的体制机制改革措施迟迟难以出台和实现。相反，以宏观调控的名义加强行政审批，以市场失灵的名义强化政府干预之势却愈演愈烈，能源领域"国进民退"现象日益突出，使得本以清晰的能源领域市场化改革方向又变得模糊起来。

例如，能源法律体系建设滞后，重要性不突出；能源税制不够完善，环保性不够；能源领域投资的行政性审批非但没有精简，反而有所加强；能源价格难以由市场形成，行政性管制依然存在；能源领域国有企业改革不到位，没有真正实现政企分开；能源领域行政性垄断依旧未被破除，电力行业"一网独大"，油气行业"三油垄断"局面长期存在，导致竞争主体不健全等。

在上述能源体制机制众多弊病中，最让人诟病的是能源行业市场集中度高，市场化程度相对较低，垄断现象突出。这种垄断不是由于市场自由竞争形成的，而是由于政府的行政性垄断导致非公资本难以进入造成的。行政性垄断不仅造成市场化改革不足、现代能源市场体系尚未完全建立的局面，而且诱发政府对能源价格强有力的行政管制。行政垄断和价格政府监管两者共同导致我国能源产业技术进步缓慢，产业技术经济水平不高在造成市场效率降低的同时，也造成社会的不公平。因此，行政性垄断和价格政府监管是我国能源市场未来发展面临的主要问题，也是能源体制机制存在问题的根源所在。如何破除能源行业的行政性垄断和价格政府监管问题，将是我国未来能源体制机制改革的主要突破方向。

三、明确能源改革方向及其能源属性

在了解能源体制机制"是什么、怎么样"后，接下来就是如何改的问题。由于最高决策层针对当前我国在能源领域面临的严峻挑战，将之前的"能源体制机制改革"提升到"能源体制机制革命"这样的高度，需要对当前能源体制机制发生根本变革，那么，我们所提出的改革思路和对策应不仅局限于一枝一叶的修修补补，而应该从长远的、全局的角度统筹考虑。

首先要明确能源体制机制改革的方向，即进行市场化改革。国际能源变革的实践经验表明，推动能源市场化改革是解决能源经济运行中一系列矛盾的根本要求，是提高能源利用高效率、合理控制能源消费总量、转变经济发展方式的必然要求。英国、法国、俄罗斯、印度、巴西等传统上采取能源国有化的国家都已不同程度地推进了能源市场化改革，美国、德国、日本等国家也相继在能源领域进行产业重组并引入竞争，以尽可能地发挥市场价格机制的作用。

因此，我国能源体制机制改革的方向肯定是市场化改革。但鉴于能源自身的特殊性和复杂性及其在经济社会发展中的基础性、重要性，再加上市场自身的失灵，市场化改革并不是说放弃政府干预，所以我国能源体制改革的核心原则是"市场的归市场，政府的归政府"，最大程度地减少政府对市场的干预，为市场机制在能源资源的配置中起到决定性作用创造先决条件。

其次是突破思想认识误区，要还原能源商品性、可竞争性和能源安全分摊性。这其中，需要先确定能源的商品属性。长期以来，我们一直认为煤炭、电力、油气是特殊商品或准公共产品，是市场失灵的领域，应该由政府管制、国有企业垄断经营。事实上，能源虽然是关系国家安全的战略性资源，但也是商品，具有一般商品的基本属性，受价值规律和供求关系调节，可由竞争优化配置资源，由供求决定价格，由契约规范交易。20世纪70年代以来，回归能源的商品属性，推进能源领域的市场化改革成为全球性趋势。无论是成熟的市场经济国家还是体制转轨国家，大都转变理念，对能源领域实行放松管制、打破垄断、引入竞争，大大提高了能源供给能力和利用效率。

另外，要认识到能源的可竞争性。垄断并非能源行业的天然特性，笼统地认为能源行业具有自然垄断性不够科学。因为市场的垄断有各种形态，有的具有自然垄断性质，有些垄断则来自人为。不仅如此，一些行业虽具有自然垄断特征，但并不等于这个行业中的所有业务都应当一体化经营，通过竞争提高效率的规律在这些行业同样适用。推动能源体制机制市场化改革的前提是将这些行业中的竞争性业务与非竞争性业务分开。属于竞争性领域的完全放给市场，引入多元投资主体，扩大对外开放，让供求关系决定价格，竞争优化资源配置，由契约规范交易。属于非竞争性领域的业务实行公平接入、提高普遍服务水平，加强政府对其经营业务、效率、成本和收入的监管。与此同时，改进政府管理，对市场失灵领域应切实履行宏观管理、市场监管和公共服务职能。

与此同时，要认识到能源安全的可分摊性。国家能源安全涉及生产、流通和消费三大领域，涵盖经济社会生活方方面面，需要动员全社会广泛参与、共同担当。因此，必须摒弃之前"姓社姓资"、"姓公姓私"的僵化观念，树立新的能源安全理念，充分认识到能源安全的可分摊性，切实改变歧视排斥能源非公企业、只靠国有能源企业保障供应、稳定市场的老思路，敞开市场大门，不问国有民营，不论企业大小，不管哪个产业链环节，让所有有意愿、有能力的企业都参与进来，各展所长，互利共赢，共同增加国内能源市场有效供应。

四、健全能源市场环境

能源体制机制的革命，离不开健全法律体系和财税体制，以此完善能源市场制度环境。在加强法律法规建设方面，应尽快出台《能源法》；加快制定石油、天然气、原子能等单行法；修改现行《电力法》、《矿产资源法》、《煤炭法》、《节约能源法》等能源单行法中部分不符合实际的内容。同时，加快能源行业财税体制改革，包括取消不合理的补贴，建立公平有效的能源财政补贴；改革现行能源税制，建立广覆盖、多环节的综合税收调控体系，尽快择机开征碳税，全面推进资源税改革，将开征能源环境税作为中长期的目标导向，并将燃油税以及排污费和污水处理费"费改税"后并入能源环境税中，在提升税率的同时健全能源环保税收优惠措施。

要建设煤、电、油、气四个现代市场体系，搭建多层次能源市场化交易平台。建立和完善公开、公平、公正的能源现货及中远期合约市场，逐步建立现代能源期货市场。进一步加强和完善能源市场基本交易制度建设，积极推进电子交易市场建设。同时，有序开放我国能源期货市场，逐步形成具有国际影响力的区域能源市场中心。目前可以考虑在能源生产或消费重点区域例如山西、东北、新疆、上海等地建立煤炭、天然气和石油等交易中心或期货交易市场中心；而电力交易市场可考虑建立一个独立于电网、全国统一的交易中心，各省成为其区域分中心。在这个交易平台上，发电企业与用电方公开、公平、公正地进行交易，电网不再统购统销，而应无歧视公平开放。

在能源价格方面，要坚持由市场形成能源价格，深化能源价格改革。从石油方面看，应在新的成品油价格形成机制基础上进一步完善定价机制，包括调价周期、调价幅度、调价方式等。定价权应更多地下放给行业协会或企业，在实现与国际接轨基础上，价格调整不必由政府发布，可以由行业协会按照政府确定的规则，自行调整发布。在天然气方面，在门站价进行市场净回值定价的基础上，建立上下游联动机制，形成真正反映资源稀缺程度、市场供求关系、环境补偿成本的价格，最终实现天然气出厂价由市场竞争形成，终端销售价格放开，政府只对具有自然垄断性质的输配气价进行管理。

在重塑竞争性市场结构中，要破除垄断、引进竞争、培育主体。按照市场化改革的思路，进一步推进政企分开，剥离国有企业的政策性负担和行政性特权，培育合格的能源市场竞争主体。修改相关法律法规，破除行政性垄断，降低市场准入门槛，消除进入壁垒，鼓励和引导民间资本有序参与能源领域投资。例如，在油气行业可采取"先易后难，逐步推进"策略。首先，结合当前三大国有石油企业进行混合所有制改革的时机，放宽原油进出口、加工和成品油进口，以及终端批发、零售等方面的市场准入。其次，可以进一步破除上游开采环节的行政性垄断，改变勘探、采矿权现行的授予方式，实行招标方式，并允许油气田勘探、采矿权的自由交易，结束油气勘探专营制度。

对于管道运输等中游环节，推行"厂网分离"、"网销分离"、"储运分离"，实行"第三方准入"，渐次推动管网独立。电力与油气需要管网输送，具有一定的垄断性。由于管网公司在上游或下游业务中存在自身利益，为促进市场竞争，电力、油气行业必须进行产业重组，管网公司应在管理和经营上独立于上游或下游的其他企业。国外经验也表明，只有实现长距离管输、城市配送服务与电力、油气商品生产、供应业务的分离，现有管网公司不再从事电力、油气生产、交易业务，按非歧视原则向所有用户提供运输服务，才可能形成电力、油气竞争性市场。

可考虑将管输公司从对应的三大石油公司中分离出来，成立独立于三大公司的管输公司，单独提供石油、天然气运输业务。政府对管输费率进行规制，对管道公司经营石油、天然气商品的购买和销售业务进行限制，允许第三方准入。在天然气下游市场引入竞争机制，打破现有地方燃气公司对市场的垄断，可将其配气输送业务和销售业务分离，成立独立的天然气销售公司，配气公司只经营管输服务。对于天然气销售公司，可采取特许权经营公开招标制和经营许可相结合的管理方式。

在重组能源机构的过程中，要转变政府对能源的管理方式。政府对能源的管理主要体现在两个方面：一是政策职能，二是监管职能。以往能源主管部门更加注重通过投资项目审批、制定价格和生产规模控制等方式干预微观经济主体的行为，而对行业监管及其他职能相对而言重视不够，政府职能缺位与重叠并存。所以，应下决心改变之前政府对能源的管理方式，按照"大能源"的内在要求进行体制改革，以便于对整个能源行业的管理进行整体设计和运作，推动能源行业整体协调发展和健康发展。

在转变政府管理方式的同时，还需要用"三张清单"界定政府与市场边界，推动政府职能转变。在重组能源管理与监督机构的同时，通过"权力清单"把政府能干什么清清楚楚、详详细细列出来，凡是清单中有的政府可以干，清单上没有的政府就不能干，限制政府的乱作为，做到"法无授权不可为"；通过"负面清单"在能源行业中划出一个"黑名单"，明确哪些方面不可为，外资或民营资本只要不触及这些底线即可进入，做到"法无明文禁止即可为"。通过"责任清单"用法律与制度把责任明确细化到政府每一个行为主体，把政府责任贯穿市场运行全过程，打破政府不作为，实现"法定责任必须为"。

（本文原刊载于《中国石油石化》2014 年 12 月，与国家发改委价格监测中心高级经济师刘满平博士合作研究）

"十三五"时期能源体制革命建议

习近平总书记关于能源体制革命的相关要求指出，要"坚定不移推进改革，还原能源商品属性，构建有效竞争的市场结构和市场体系，形成主要由市场决定能源价格的机制，转变政府对能源的监管方式，建立健全能源法治体系"。"十三五"时期是 2030 年实现能源革命承前启后的重要时期。笔者认为，"十三五"期间的能源体制改革必须改变能源行业国企垄断经营、政府主导价格、计划排产的现状，进一步加快市场化改革，通过竞争提效的改革培育多元竞争主体，构建有效竞争的市场结构和市场体系，完善能源价、财、税政策体系，重塑对能源的监管。

一、以竞争提效改革带动多元市场主体的形成

我国能源行业的特点是国有企业比重大，占比超过 60%；产业集中度高，如电力行业资产主要集中在两大电网公司、五大发电集团，油气行业资产主要集中在三大油气企业。在行业发展中，存在着市场主体不健全，竞争不充分，行业分割和行政垄断严重，经营效率偏低等突出问题。培育多元竞争主体是形成市场的基础，也是能源改革的方向。"十三五"期间，应统筹推进国企改革与能源改革，通过产业开放、产权开放催生多元市场主体，形成有效竞争的市场结构和市场体系，推动能源产业竞争提效和转型升级。

首先，还原国有企业的市场主体地位。尽快实现政企分开，剥离企业的行政职能，通过主辅分离、主多分离，使企业轻装上阵，聚焦核心业务，专注于提高经济效益，成为真正的市场主体。其次，加快电力、油气行业产业链结构性改革。剥离电力和油气行业自然垄断业务，尽快实现与竞争性业务的分离。对于售电侧、油气勘探、开发和进口环节等竞争性环节，应着眼于产业开放，形成多种资本自由进出，各种主体公平竞争的市

场格局，通过竞争激发活力、提质增效。对于电网、油气管网等自然垄断环节，应着眼于产权开放鼓励发展混合经济，电力、天然气主干管网可由国有资本控股经营，配电网和支线天然气管网可因地制宜进行国有和社会资本合作。再次，鼓励煤炭行业通过兼并重组实现调整转型。鼓励整合兼并重组，引导资源枯竭企业、落后产能、劣质煤产能有序退出，鼓励大型煤炭企业对中小型煤矿进行兼并重组，壮大一批大型煤炭企业集团，推动产业结构迈向中高端；鼓励通过控股或参股实现煤电一体化发展，减少煤炭价格周期性大幅波动，促进煤炭、电力行业健康发展；鼓励煤炭清洁化利用和可再生能源转型发展；鼓励煤炭深度加工转化调整。最后，引入非国有资本参与能源国有企业改革。鼓励非国有资本投资主体通过出资入股、收购股权、认购可转债、股权置换等多种方式，参与能源国有企业改制重组或国有控股上市公司增资扩股以及企业经营管理。在石油、天然气、电力等领域，向非国有资本推出符合产业政策、有利于转型升级的项目。依照外商投资产业指导目录和相关安全审查规定，适当放开外资能源企业进入，建立风险共担、利益共享的合作机制，引进国外企业先进的管理理念提高我国能源企业运行效率，平抑国际能源价格波动对国内市场的影响。

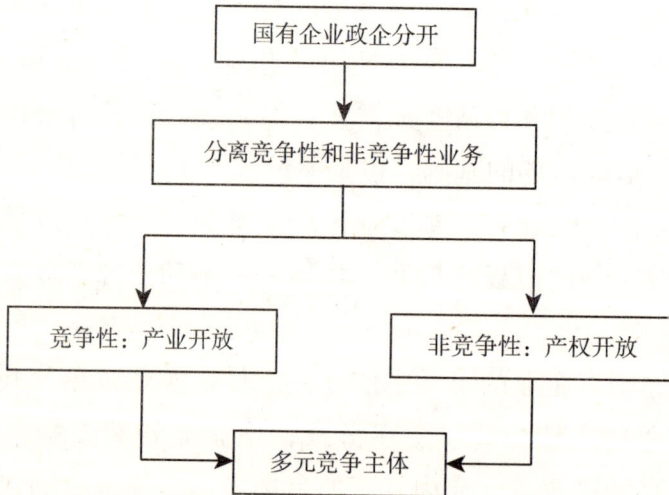

```
            ┌─────────────────┐
            │  国有企业政企分开  │
            └────────┬────────┘
                     │
            ┌────────┴──────────────┐
            │  分离竞争性和非竞争性业务  │
            └────────┬──────────────┘
                     │
        ┌────────────┴────────────┐
        │                         │
┌───────┴────────┐      ┌─────────┴─────────┐
│ 竞争性：产业开放  │      │ 非竞争性：产权开放  │
└───────┬────────┘      └─────────┬─────────┘
        │                         │
        └────────────┬────────────┘
                     │
            ┌────────┴────────┐
            │   多元竞争主体    │
            └─────────────────┘
```

图1 多元竞争主体形成示意图

二、放管结合加快能源价格形成机制改革

我国能源价格主要还是以政府指导价为主，主要市场决定的价格机制还未形成。对于电力和油气，应形成"放开两头"竞争环节，"管住中间"自然垄断环节的价格监管模式。

当前能源价格改革应以"放"为主，"放"、"管"结合。最大限度地缩小政府定价范围，放开竞争环节价格。同时，制定相应规则和监管办法，规范经营者的价格行为，强化垄断环节监管。

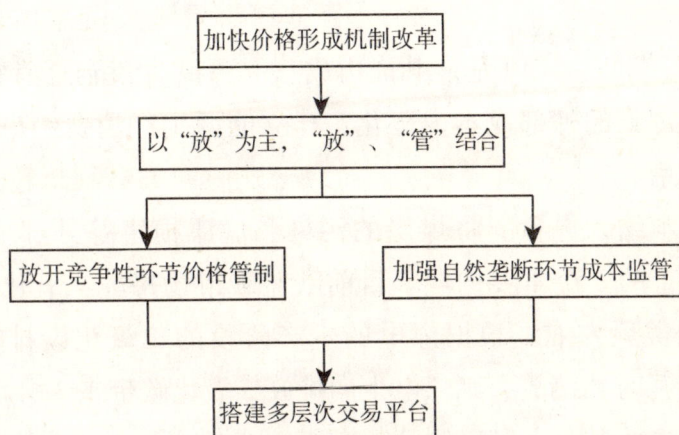

图 2　能源价格改革示意图

尽快放开竞争性环节价格管制。在能源领域，除了区域天然气管道和电网的自然垄断，其余各个领域和环节都应形成竞争性市场，成品油价格、天然气价格、上网电价和销售电价均应适时放开。当前，成品油价格调整机制已较为成熟，可适时将定价权交给企业，价格主管部门履行监管职能。天然气价格改革的最终目标是放开气源价格和终端销售价，政府只对具有自然垄断性质的管道运输价格和配气价格进行监管。目前，天然气价格已建立上浮 20%、下浮不限的基准门站价管理，市场化定价的比重已超过40%。2015 年 10 月发布的《中共中央　国务院关于推进价格机制改革的若干意见》已明确将于 2017 年前完全放开天然气竞争性环节价格，即将出台的油气改革方案应在产业链体制改革方面与之相衔接和配套。

加强自然垄断环节成本监管。对油气管网、输电网络等自然垄断环节，

政府应核定其输配成本，确定企业的合理回报率，加强价格和成本监管。建议保留现行的价格形成机制，以"成本加成"原则进行管制定价。

搭建多层次能源市场化交易平台。完善煤炭交易市场和石油天然气交易市场，加快构建电力交易市场，为形成市场化的煤电油气价格搭建交易平台。进一步加强和完善能源市场基本交易制度，积极推进电子交易市场建设。建立和完善公开、公平、公正的能源现货及中远期合约市场，逐步建立现代能源期货市场。

三、以资源税费和能源消费税改革为重点完善生态财税体系

"十三五"期间，应以完善电价构成、资源税费和能源消费税为重点，将高耗能和高污染的外部成本内部化，建立能源生产消费约束和绿色转型的生态财税体系。

将生态成本纳入电价。将煤炭的污染和健康损害等外部成本内部化，是未来电价改革的一个重要内容。目前欧盟碳市场每吨二氧化碳减排量的平均单价为 6 美元左右，根据煤电的生产阶段的二氧化碳排放水平（约 0.850 千克/千瓦时）测算，则煤电生产排放二氧化碳带来 3 分/千瓦时左右的外部性成本。另据专家保守测算，燃煤造成的大气污染导致的人体健康损失为 50 元/吨煤，则煤电生产排放污染物带来 2 分/千瓦时左右的外部性成本。将生态成本纳入电价有两种途径。第一种是对煤电进行生态成本收费，即在煤电上网电价中增加 5 分/千瓦时左右的外部性成本内部化费用（上缴国家），按照 2014 年全国火电发电量 4.2 万亿千瓦时计算，应上缴国家 2 100 亿元。第二种是对包括水、风、核、太阳能等非化石能源电力进行生态收益补偿，或者在清洁能源上网电价中减少 5 分/千瓦时左右的生态收益内部化补贴（国家支付），按照 2014 年全国非化石能源发电量 1.35 万亿千瓦时计算，国家需补贴 675 亿元。

同时，按照国家节能减排部署，利用碳排放权交易市场的建立和运行，探讨清洁低碳电力抵免二氧化碳排放量的交易机制，以及研究对电力企业设立上网电力单位电量二氧化碳排放标准，促进水电等清洁可再生能源的发展。

规范资源税费。将现有资源开采有关的基金和费用逐步纳入资源税范畴，

提高其规范性和透明度。在此基础上，适当提高资源税税率，完善计征方式，探索建立天然气和煤炭特别收益金制度，将资源溢价收归国有，保障国家资源所有者权益的充分实现。同时，逐步理顺资源所有者与开发主体、中央与地方资源收益分配关系，形成上下统一的能源资源开发和保护机制。

开征环境税（包括碳税）。一是明确环境税的征税范围。首先是对各类污染物排放征税，将水、大气、固体废物污染物等纳入征税范围。其次是对二氧化碳排放征税。二是在环境税的收入归属上，建议将环境税作为中央和地方共享税。三是确立环境税的优惠政策，建议对节能减排成绩显著的企业以及贫困地区，酌情给予环境税的优惠照顾。

逐步完善能源消费税。可在汽柴油消费税的基础上，逐步开征化石能源消费税或碳税，加强对能源消费行为的约束和引导。开征消费税并不意味着一定推动终端能源价格的上涨；相反，消费税税率可根据能源市场情况及时调节，在市场价格波动剧烈时有效平抑对经济社会发展的冲击。

建立对低收入群体的财政补贴制度。为减少资源税和消费税改革给现有利益格局带来重大调整，可以调整相关行业的增值税和居民的所得税，并建立低收入群体基本能源消耗的定向补贴制度。对于低收入群体，当能源支出超出其收入一定幅度时进行直接补贴，在实现税制结构调整的同时不增加企业和居民的负担。

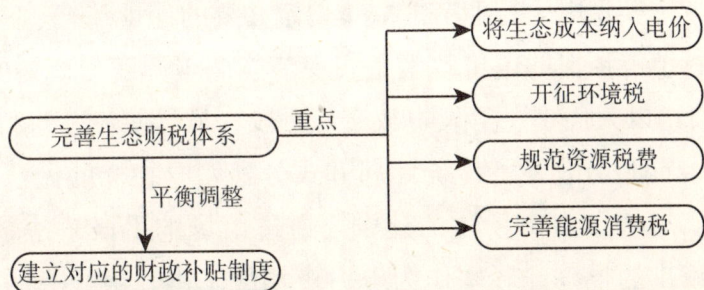

图3　完善能源生态财税体系示意图

四、以节能低碳电力调度和需求侧管理为抓手力促节能减排

推动能源生产和消费革命，促进节能减排需要从供给侧和需求侧共同

发力。电力是一次能源转化为二次能源的主要方式，也是我国节能减排的关键领域。从电力供给侧看，节能低碳调度是提高可再生能源比重的有效途径。我国从 2007 年开展试点，要求按机组能耗和污染物排放水平，优先调度可再生发电资源，但由于缺乏利益补偿机制和相关配套政策，未能实现全国推广。节能低碳调度是发电调度制度的根本性变革，将对我国能源消费结构优化发挥巨大作用，也是助力我国能源生产和消费革命的重要手段，应毫不动摇地完善配套政策，使其在"十三五"期间节能减排中发挥更大的作用。目前，新电改总体方案及其配套文件已经颁布，下一步应结合新电改构建电力市场的核心要义，做好节能低碳调度与电力市场的衔接，用市场手段构建起自觉执行节能发电调度的内生动力。具体建议如下：

一是继续建立健全区域电力市场体系，为节能低碳调度的顺利开展创造宽松的电力供需环境。区域电力市场可使电力资源在一个更大范围内优化配置，合理调整季节性、时段性电力负荷的差异，实现水火互补、省际间的余缺调剂，为节能调度的开展提供必要的前提。

二是加强能源审计，为实现节能、低碳、经济的多目标优化调度奠定必要的计量基础。加大能源审计的力度，修订和完善电力行业节能规范、节能标准，加强相关指标的测算和计量工作，建立节能系数、环保折价系数、综合能耗等一揽子节能减排量化标准，为执行节能、低碳、经济的多目标优化调度、实现电力行业节能减排奠定必要的计量基础。

三是实行节能环保的电价政策，实现节能低碳调度与市场的有机衔接。"水火置换"、"以大代小"等发电权交易手段，虽然使各方的利益得到了适当平衡，但实质上仍沿袭了传统计划方式分配发电指标的做法，只能是一种过渡方式。加快电力市场化的建设，通过市场的手段解决能耗的问题，是电力节能减排的根本途径。作为电力市场最基本、最核心的要素，电价政策在促进节能低碳、推动电力结构调整等方面具有不可替代的作用。从长远看，应进一步深化电价改革，将节能因子和环境排放因子纳入到电价中，形成激励清洁能源发展的电价机制，从而使高耗能、高污染的外部成本内在化，让电价全面地反映供求关系、资源稀缺程度和环境污染状况等信息，更好地发挥电力市场配置资源的决定性作用，激励相关企业自觉节能减排，真正建立起电力行业节能减排的长效机制。

四是加强对调度机构的有效监管。电力监管部门应建立一套涵盖信息发布、披露、监管、查询、纠正和处罚的机制，增强社会公众对节能调度相关信息的知情权，逐步解决监管部门与电力企业，发电企业与电网企业信息不对称问题，同时对节能低碳调度中出现的缺位、违规行为做出及时的纠正和处罚。

五是运用财税等政策工具促进节能减排。进一步优化支持风能、太阳能、生物质能、地热能等可再生能源开发利用的财税政策；对于高排放、高污染行业征收排污税，提高发电企业的环保违法成本。此外，开展排污、取水许可指标交易。按期关停的机组可转让污染物排放指标、取水许可指标，获得一定经济补偿。

六是建立落后产能退出机制。为鼓励和引导关闭、淘汰高耗能和高污染企业，应妥善解决好人员安置、债务、土地开发等善后事宜，按期关停的机组在一定期限内可享受发电量指标，并可通过转让发电量、排污和取水指标、用电价格优惠等政策获得一定经济补偿；企业内部无法消化和解决的，国家应根据关停后的实际节能减排量，通过转移支付等方式给予适当补贴或奖励。

总之，必须构建一个以市场为导向、企业为主体、政策做支撑的三位一体的实施平台，才能确保节能低碳调度落实到位。

从需求侧看，积极开展电力需求侧管理和能效管理是降低能源消费的有效途径。新电改"9号文"将"积极开展电力需求侧管理和能效管理，完善有序用电和节约用电制度"列为电改的重要内容。新电改明确未来电网收益与售电量脱钩，这为做好需求侧管理和能效管理创造了机遇，可通过完善政策，激励电网企业优化电力调度交易规则，加快电力市场建设，挖掘需求侧潜力、提高可再生能源消纳等，使电力行业享受需求响应的价值，并从投资和运营灵活的需求侧资源中获利。借鉴国际经验，可建立峰谷、分时电价，可中断电价等价格政策体系。要根据工业、商业、居民不同用户的负荷特性给出不同的节能方案，进行精准施策。此外，还要注重与互联网的结合，搭建多能互补的信息公开和市场交易平台，赋予用户充分自由选择权，实现供需互动，通过能源互联网推动能源生产、消费、体制变革和能源结构的调整，有力地推动我国能源革命。

建议把需求侧管理纳入能源和经济社会发展的总体规划，统一研究，统一部署。完善有关法律法规，建立需求侧管理长效机制。研究建立有关电价的联动机制，通过经济杠杆调节用电需求。开发新技术，大力采用新设备，为需求侧管理提供技术支撑。

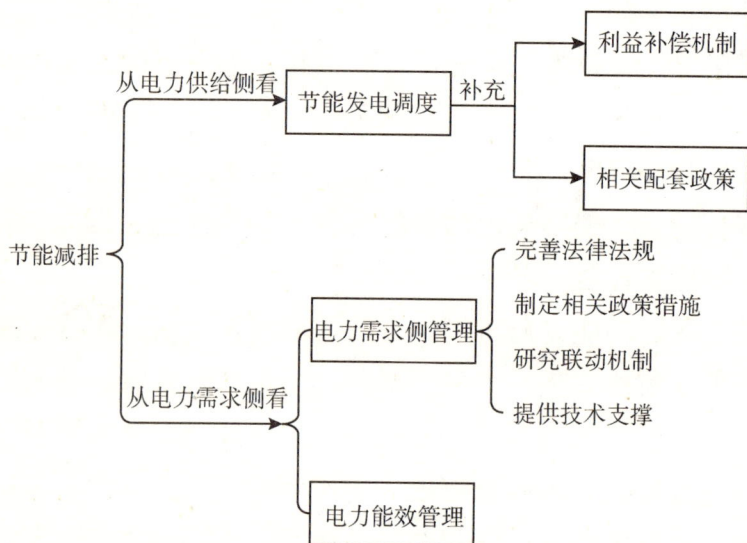

图4　以节能发电调度和需求侧管理促进节能减排

五、重塑对能源的监管

我国能源管理职能目前分散于发展改革、能源、工信、国土、商务、财政等多个部门，政策协调成本高，能源战略谋划不足，监管能力薄弱，这些问题制约着能源可持续发展和能源市场化改革，建立集中统一的能源管理体制势在必行。

划清能源宏观管理和行业监管界面。按照宏观管理与行业规制的特点，以及成熟市场经济国家的一般做法，能源行政职能应包括：能源战略、规划与政策、行业标准的制定，推进能源技术进步，加强行业安全管理，发展新能源与可再生能源，推进能效提高与节能减排，推动能源贸易与能源国际合作，加强能源储备、应急管理以及其他公共服务。行业监管职能应包括：市场准入、价格、成本、投资、环保、服务质量、调度和交易规则的制定和规制，维护公平公正的市场秩序。

加强发展改革部门对能源的规划引导和战略谋划。发展改革部门是党中央国务院统筹经济社会发展的战略谋划和宏观调控部门，也肩负着对能源发展改革工作的宏观管理。在国际能源形势深刻变化和利益博弈日益激烈的背景下，发展改革部门应以全球眼光、战略思维和历史高度，从微观项目管理中解脱出来，坚持谋大事、议大事、抓大事，进一步发挥综合经济部门优势，主要职能向事务延伸，对事关战略性、全局性、综合性的一些重大能源问题，提前做好战略谋划和政策储备，强化战略和规划对国家能源发展的指导约束作用。

提升能源主管部门的行业监管能力。要未雨绸缪，借鉴成熟市场经济国家的经验和做法，就能源行政管理和能源监管关系、职责定位、监管模式等问题进行研究，配合当前能源重点领域的改革进展，重塑能源监管职能，适时调整和加强电力、油气、煤炭等专业监管力量，突出对改革中的重点领域和关键环节进行监管。

市场化条件下必须转变对能源的管理方式和手段，从重审批向重规划、政策、标准、规则的监管转变；从重事前监管向事前、事中、事后的动态、闭环监管转变；从重处罚向奖惩并重的方式转变；从重现场监管向善用现代科技和信息技术的非现场监管转变。加强对自然垄断环节的成本、价格、收益、调度、服务质量的监管，提高大型能源企业运行的透明度。重视对能源互联网的监管，尽快组织能源、信息等行业力量，依托现有电力、油气、煤炭、互联网等相关标准体系，整合形成我国能源互联网体系框架，并实施有效监管。

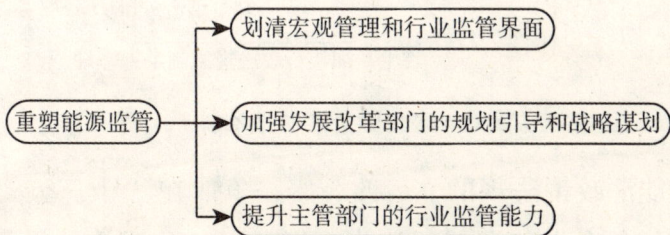

图5　重塑能源监管示意图

我国能源行业尚未形成有效竞争的市场结构和市场体系，"政监合一"的大能源管理模式依然必要。但随着改革的深入推进，"政监分离"应作为我国未来能源管理体制的最终目标。

六、建立健全能源法治体系

能源立法是国家在能源问题上的基本态度和国民意志的体现，也是能源管理所应遵循的管理规则。通过推进能源改革和法治建设，筑牢保障能源发展的基础性工程，才能有效破除能源领域不合理的体制机制障碍，激发市场主体蕴藏的无限创造活力，推动能源发展行稳致远。

以能源立法促进能源改革和能源转型发展。我国的能源立法滞后于能源行业发展和能源改革，党的十八届四中全将立法工作提到前所未有的高度，未来能源法治体系建设应该做到立法决策和改革决策有机结合，使重大改革于法有据，力求以立法引领、统筹、指导能源改革。要提高能源立法的前瞻性、战略性，使立法工作主动服务改革和经济社会发展。立法理念要从过去保供给、保增长向绿色、低碳、经济性转变，内容上突出优化结构、提高能效、促进改革、简政放权、科技创新、保障民生等主题，切实提高立法的适用性、操作性。

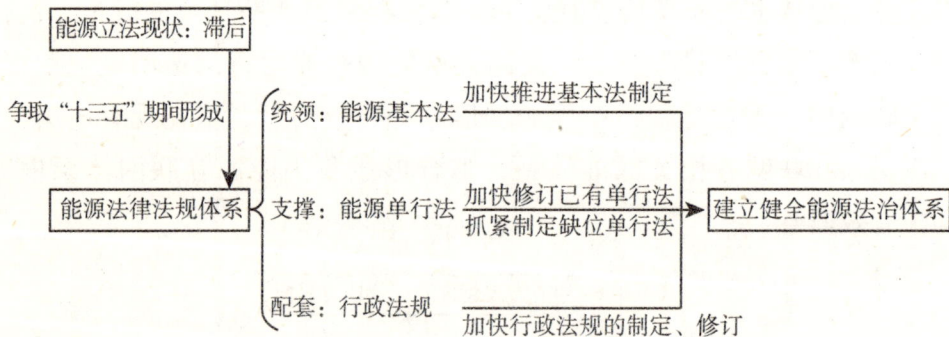

图6　建立健全能源法治体系

加快推进能源政策法规的立、改、废，争取在"十三五"期间形成以能源基本法为统领，以能源单行法为支撑，以行政法规、规章规范性文件为配套的能源法律法规体系。按照先急后缓、相互支撑的原则，应加快推进能源基本法——《能源法》的制定，为提速立法进程，可参照《证券法》做法，交由全国人大牵头制定。加快修订已有单行法，比如《电力法》、

《煤炭法》、《石油天然气管道保护法》。抓紧制定能源行业缺位的单行法，比如《石油天然气法》、《原子能法》。同步加快能源监管、核电管理、石油储备管理、海洋石油天然气管道保护等行政法规的制定，以及电力供应、电网调度和电力设施保护等行政法规的修订。

建议从高层协同推动能源法制和改革工作。立法、修法的过程往往旷日持久，如不抓紧推进，恐拖累改革和能源转型发展。目前，全面深化改革的高层协调机制已经建立，建议将立法提升到改革的同等高度，推动全国人大、国务院成立跨部门联合立法工作组，加强顶层设计和部门协调。建议发挥国家能源委员会在能源战略决策和统筹协调方面的作用，建议将"十三五"能源立法纳入其重要议事日程，提交高层决策，加快工作进度。

（本文完成于 2016 年 1 月）

新常态下能源体制变革路线图

2012 年 11 月，党的十八大报告首次提出"能源生产和消费革命"的命题，这是中央文件第一次将能源改革提升到"革命"的战略高度，彰显出最高决策层对能源安全的高度重视和推进能源改革的坚定决心。

2013 年 11 月，党的十八届三中全会《关于全面深化改革若干重大问题的决定》指出，要"完善主要由市场决定价格的机制。凡是能由市场形成价格的都交给市场，政府不进行不当干预。推进水、石油、天然气、电力、交通、电信等领域价格改革，放开竞争性环节价格。政府定价范围主要限定在重要公用事业、公益性服务、网络型自然垄断环节，提高透明度，接受社会监督"。这是中央对完善现代能源市场体系，推进能源价格改革做出的明确而清晰的表述。

2014 年 6 月 13 日，习近平总书记主持召开中央财经领导小组第六次会议，研究能源安全问题，明确提出我国能源安全发展的"四个革命、一个合作"战略思想，即推动能源消费革命，抑制不合理能源消费；推动能源供给革命，建立多元供应体系；推动能源技术革命，带动产业升级；推动能源体制革命，打通能源发展快车道；全方位加强国际合作，实现开放条件下能源安全。这不仅与党的十八届三中全会"发挥市场的决定性作用"主旨精神一脉相承，也指明了未来我国能源体制改革的方向和目标。随着新战略的提出，我国能源市场化改革的步伐明显加快，包括审批权下放、混合所有制等领域的改革大幅推进。

2014 年 11 月 15 日，国务院常务会议研究价格改革问题，再次提到推进能源价格体制机制改革，指出"推进价格改革更大程度让市场定价"。这预示着未来一段时间内，能源体制革命将越来越成为能源改革的核心工作。

一、新常态迫切需要能源体制革命

（一）经济新常态下能源发展趋势呈现新特征

自 2012 年以来，受西方金融危机和世界经济衰退的影响，中国经济告别过去 30 余年的两位数高增长，增速开始放缓。从国际经验看，一国或地区经济在经历持续高速发展的"黄金期"后，通常都会进入由高向中低增长的艰难"换挡期"。面对国内外经济发展的新形势新任务，2014 年 11 月，习近平总书记在 APEC 工商领导人峰会上指出中国经济进入新常态，呈现出几个主要特点。2014 年 12 月，中央经济工作会议再次从消费需求、投资需求、出口和国际收支、生产能力和产业组织方式、生产要素相对优势、市场竞争特点、资源环境约束、经济风险积累和化解、资源配置模式和宏观调控方式等方面阐述了新常态的九大特征。

新常态的确立，对我国经济社会产生广泛而深远的影响。能源作为国民经济和社会发展的基础性行业，要适应新常态下经济发展要求，必须加快推动能源体制革命，加大能源体制改革的力度、广度和深度。在我国能源消费量持续攀升，环境承载能力已经达到或接近上限的新形势下，我国未来能源发展应坚持"节约、清洁、安全"的战略方针，加快构建清洁、高效、安全、可持续的现代能源体系。从世界能源发展史和当前国内外能源发展趋势看，新常态下我国能源发展趋势将呈现四大特征：能源结构由高碳向低碳转变，能源效率由低效向高效发展，能源市场结构由垄断走向竞争，能源的资源配置方式由计划为主转向以市场为主。

（二）当前诸多体制问题掣肘新常态下的能源发展

21 世纪以来，我国能源发展成就显著，但仍有一些体制问题严重影响能源安全、节能减排和生态环境，掣肘能源清洁、高效、安全、可持续发展，主要有以下几个方面。

1. 能源市场主体发育不足。我国能源企业大多为大型国有企业，其中又以中央企业为主，民营资本进入较少，市场主体不健全，竞争不充分，行业分割和垄断现象依然存在。

电网组织依然高度集中，输配售一体化经营，区域电网公司的主体功能逐步弱化，市场竞争弱，经营效率不高；油气行业产业集中度高，基本实施勘探、炼油、输送、进口、销售一体化运营，多元化的主体格局尚未形成，市场缺乏公平竞争的环境，即使在国有企业内部，也存在竞争不充分的问题。

2. 能源价格形成机制不顺畅。我国能源价格主要由政府制定，价格构成不合理，缺乏科学的价格形成机制，不能真实反映能源产品市场供求关系、稀缺程度及对环境的影响程度，价格缺乏对投资者、经营者和消费者有效的激励和约束作用。

从总体看，我国能源产品市场体系还不健全，由于能源市场发育不足，石油等产品的现货、期货市场体系还没有建立起来，作为全球能源生产和消费大国，却没有相应的国际市场定价权，对于国际市场价格变动只能被动接受。缺乏用户参与和需求侧响应机制，行业内外普遍不满，历次价格调整都面临较大的社会舆论压力。

3. 能源市场机制建设进展缓慢。改革开放以来，我国经济体制由有计划的市场经济逐步过渡到社会主义市场经济体制，并进行了投资、财税、价格等一系列经济制度的改革。能源行业虽然也进行了相应的改革，但一些领域和行业改革进展缓慢，政府和企业界限不清，政府对能源经济活动干预较大，不同所有制不能平等竞争，缺乏统一的市场准入标准。

政府在煤炭、石油资源的探矿权、采矿权的取得上仍然起着主导作用，同时，能源的生产量具有计划指令性，政府仍然制定发电量计划、油气排产计划。在改革开放30多年后的今天，作为企业，既不能决定价格，又不能决定产量，是个非常值得深思的问题。

此外，能源市场机制不健全，能源税制不够完善，促进新能源可再生能源发展的综合性财税政策不协调，支持能源产业发展的财政补贴、财政贴息、税收优惠等手段单一。在经济全球化的大背景下，国内市场和国际市场的融合度不够，缺乏具有一定国际影响力的区域性国际能源市场。

4. 能源法律体系建设滞后。成熟市场化国家能源体系的运行建立在完备的法律体系基础之上。我国能源法律体系不完善，法制建设滞后问题较为突出。一是结构不完整，能源法缺位。能源基本法尚未正式推出；无石油、天然气法，缺少天然气供应法、热力供应法等能源公共事业法，无法对石油、核能等重要能源领域的建设、管理和运营进行有效监管。二是内容不健全。部分法律内容也已与现阶段市场经济发展和节能减排需要不相适应。三是各种法律缺乏必要的衔接，法律执行效果不佳。

5. 政府监管不到位现象突出。我国对能源主要采取行政手段，经济手段和法律手段运用不多，行业管理色彩较浓，能源政策、规划滞后。主管部门更加注重通过投资项目审批、制定价格和生产规模控制等方式干预微观经济主体的行为，政府监管缺位问题突出。一是能源基础信息薄弱，统计分析体系不健全。相对于拥有数百员工、年度预算经费上亿美元的美国能源信息署，我国能源基础信息工作存在差距。二是一些重大战略尚未形成统一认识，规划政策存在反复。三是缺乏对外合作的协调机制，难以有效应对日趋严峻的国际形势。四是未能形成对能源企业的有效监管，市场监管职能尚待增强。

二、能源体制革命总体思路

将"能源体制改革"提升到"能源体制革命"的高度，意味着需要对当前能源体制机制进行根本性变革。因此，能源体制革命的总体思路不仅局限于一枝一叶的修修补补，而应该从长远的、全局的角度统筹考虑。

（一）能源体制革命的地位及内涵

能源体制革命与能源消费、供给、技术革命和国际合作有着内在的逻辑关系。以"抑制不合理消费需求、提高能源利用效率、调整能源消费结构"为目标的"能源消费革命"是能源革命的根本所在；以"构建多元持续供应体系，保障能源供应安全"为目标的"能源供给革命"和"能源国际合作"是能源革命的实现途径；以"提高能源科技创新和进步水平，促进能源产业升级"为目标的"能源技术革命"是能源革命的手段，而以"理顺能源市场运行与管理机制，构建现代能源市场体系"为目标的"能源体制革命"是能源革命的制度基础和保障。能源体制革命不仅是能源革命的核心，也是判断能源革命成败与否的标准。

除了新能源外，我国能源行业主要是国有资本占主导。从事煤、电、油、气的企业多为国有企业或中央企业，市场集中度高，竞争不充分，政府和市场的行为边界不清，包括新能源在内的能源价格主要由政府制定，政府对能源的监管的越位和缺位现象并存。

为此，能源体制革命要还原能源商品属性，构建有效竞争的市场结构和市场体系，形成主要由市场决定能源价格的机制，转变政府对能源的监管方式，建立健全能源法治体系。我国能源体制革命的核心原则应是明晰政府和市场的边界，最大限度地减少政府对市场的干预，为市场机制在能源资源配置中起决定性作用创造良好的制度土壤。

（二）能源体制革命的逻辑框架

1. 突破认识误区：还原能源商品性。自 20 世纪 70 年代以来，回归能源的商品属性、推进能源领域的市场化改革成为全球性趋势。无论是成熟的市场经济国家，还是体制转轨国家，大都转变理念，对能源领域实行放松管制、打破垄断、引入竞争，大大提高了能源的供给能力和能源利用效率。

2. 能源体制革命方向：市场化改革。与其他行业领域相比，我国能源领域市场化改革相对滞后，能源体制机制改革相对缓慢。能源市场制度不够完善，难以保障现代能源市场发展需要；市场结构不合理，主体单一，垄断突出，市场机制运行不畅；价格形成机制难以完全由市场形成，导致价格扭曲；管理与监管机制不够科学，职能越位、缺位、错位现象突出。

众多弊病当中，最让人诟病的是能源行业市场集中度高，市场化程度较低，垄断现象突出，政府监管不到位。坚定不移推进市场化改革，破除能源行业的行政性垄断和规范政府对能源的监管方式是我国未来能源体制革命的主要任务。

3. 能源体制革命目标：构建现代能源市场体系。我国已有较为完整的能源产业体系，但尚未形成完善的能源市场体系，市场发育不足是我国能源领域存在的突出问题。实现能源体制革命，需要坚定不移地推动能源市场化改革，构建起统一开放、竞争有序的现代能源市场体系，发挥市场在资源配置中的决定性作用。

4. 能源体制革命：区分竞争性业务与非竞争性业务进行分类改革。垄断并非能源行业的天然特性，笼统地认为能源行业具有自然垄断性质并不科学，市场的垄断有各种形态，有的具有自然垄断性质，有些则是人为的行政性垄断。一些行业虽具有自然垄断特征，但并不等于这个行业中的所有业务都应当一体化经营，通过竞争提高效率的规律在这些行业同样适用。构建能源市场体系的前提是将这些行业中的竞争性业务与非竞争性业务分开，属于竞争性领域的完全放给市场，推进公共资源配置的市场化；属于非竞争性领域的实行公平接入、提高普遍服务水平，政府加强对其经营业务、效率、成本和收入的监管。

5. 能源体制革命逻辑框架：从能源体制的内涵着手，多维度构建现代能源市场体系。

根据前述能源体制的基本内涵，需要从"能源市场基本制度"、"能源市场竞争结构"、"能源市场运行机制"、"能源市场管理与监管体制"等四大基本要素入手，多措并举启动能源体制革命。

三、如何推动能源体制革命

为了更好适应新常态下的能源发展趋势，落实我国当前和今后一段时期的能源发展战略，满足国民经济和人民生产生活对能源的需求，我们需要理顺政府和市场的关系，统筹规划，协同推进多项改革，从根本上推动能源体制革命，具体建议如下。

（一）培育多元主体，重塑竞争性市场结构

按照市场化改革的方向，打破垄断，促进竞争，鼓励和引导民间资本有序参与能源领域投资运营，形成多买多卖的市场结构。彻底推进政企分开，剥离政府应当承担的职能，使国有能源企业轻装上阵，专注于提高经济效益。

根据不同行业特点实施网运分开，对于主干电网、油气管网等自然垄断业务，继续保持国有资本控股经营，但可发展混合经济实现多元投资；

对于生产（进口）、销售等竞争性环节应放开准入，打破行业分割和行政垄断，引入多元竞争主体。营造各类所有制企业都能公平竞争、规范进出的制度环境，取消对国有企业的特殊政策与优惠。

（二）坚持由市场形成能源价格，深化能源价格改革

区分竞争性和非竞争性业务，结合相关产业链市场化改革，对油气管网、输电网络等自然垄断环节，核定其输配成本，确定企业的合理回报率，加强价格和成本监管；对于其他竞争性环节，则应打破垄断格局，鼓励多元主体参与竞争，形成市场化的价格机制。

分行业进行有针对性的价格改革。煤炭方面，煤炭价格目前已实现市场定价，煤炭资源税改革也已推行，下一步主要问题是继续完善煤电联动机制、完善交易平台建设，以及建立覆盖煤炭全成本的价格机制。一是加快推进煤炭资源税从价计征改革；二是完善煤电价格联动机制，鼓励煤炭企业和电力企业自主衔接签订合同，自主协商确定电煤价格；三是深化煤炭价格市场化机制。建立健全全国煤炭市场体系，有效发挥煤炭交易中心和煤炭期货市场作用；四是改革煤炭成本核算政策。将煤炭资源有偿使用费、安全生产费用、生态环境保护与治理恢复费用、煤炭转产资金、职业健康费用，按照一定渠道列支到煤炭成本中去，实现外部成本内部化，在取消不合理收费、基金的基础上逐步实现覆盖全部成本的煤炭价格。

石油方面，我国于 2013 年 3 月底出台了新的成品油价格形成机制，国内汽柴油价格根据国际市场原油价格变化每 10 个工作日调整一次。下一步，可在 2013 年新的成品油价格形成机制基础上进一步完善定价机制，包括调价周期、调价频率、调价幅度、调价方式等。时机成熟时可将定价权下放给行业协会或企业，在实现与国际接轨的基础上，价格调整不必由政府发布，可以由行业协会按照政府确定的规则，自行调整发布。

天然气方面，应以产业链体制改革带动天然气价格改革。2014 年下半年以来，天然气价格改革步伐加快，建立了上海石油天然气交易中心，非居民用气实现增量和存量气价的并轨，放开直供气价，使得国内已经放开价格的天然气占到全部消费量的 40%，市场化程度显著提高。但是，目前仍有大部分天然气未实现市场化定价，除直供用户外，城市门站价和终端

消费价仍分别由中央政府和地方政府制定，并且工业商业对居民气价的交叉补贴依然严重，天然气上下游的价格传导机制仍然不畅。

天然气价格改革的最终目标是完全放开气源价格和终端销售价，政府只对具有自然垄断性质的管道运输价格和配气价格进行监管。鉴于当前的产业链现状，天然气价格改革的最终目标难以通过价格改革的"单兵突进"来实现。从当前看，应加快上游气源多元化改革，真正落实管网、储气库、LNG接收站等基础设施的公平开放，尽快实现管输成本的独立核算。从长期看，应对天然气实施全产业链改革，竞争性环节引入竞争，对自然垄断性环节加强监管，形成"管住中间、放开两头"的监管模式，从根本上理顺天然气价格机制。

电力方面，应按照新电改方案的要求，全面理顺电价机制。一是单独核定输配电价。组织好深圳、蒙西输配电价改革试点，建立电网企业输配电成本激励和约束机制。适时扩大试点范围，为全面实施输配电价监管积累经验。二是要分步实施公益性以外的发售电价格由市场形成。三是妥善处理电价交叉补贴。结合电价改革进程，配套改革不同种类电价之间的交叉补贴，将交叉补贴机制变"暗补"为"明补"。四是加快淘汰落后产能。完善水电、风电、抽水蓄能等价格形成机制，出台电动汽车用电价格政策，促进清洁能源发展。同时，实行分类电价、分时电价、阶梯电价等电价制度。

（三）健全法律体系和财税体制，完善能源市场制度环境

加强法律法规建设，例如尽快出台《能源法》；加快制定石油、天然气、原子能等单行法；修改现行《电力法》、《矿产资源法》、《煤炭法》、《节约能源法》等能源单行法中部分不符合实际的内容。

同时，加快能源行业财税体制改革，包括取消不合理的补贴，建立公平有效的能源财政补贴；改革现行能源税制，建立广覆盖、多环节的综合税收调控体系，尽快择机开征碳税，全面推进资源税改革，将开征能源环境税作为中长期的目标导向，并将燃油税以及排污费和污水处理费"费改税"后并入能源环境税中，在提升税率的同时，健全能源环保税收优惠措施。

（四）建设煤、电、油、气四个现代市场体系，搭建多层次能源市场化交易平台

建立和完善公开、公平、公正的能源现货及中远期合约市场，逐步建立现代能源期货市场。进一步加强和完善能源市场基本交易制度建设，积极推进电子交易市场建设。同时，有序开放我国能源期货市场，逐步形成具有国际影响力的区域能源市场中心。

（五）转变政府对能源的监督和管理方式

坚持市场化改革方向，清晰界定政府和市场的边界，发挥市场在资源配置中的决定性作用。政府今后对能源的监督和管理应体现四大职能：宏观引导、市场监管、资源保护和利益协调。

在宏观引导方面，致力于弥补市场缺失。一是构建以《能源法》为统领的能源法律体系，以法律法规为依据指导能源市场化改革；二是加强能源基础信息体系建设，为准确决策提供可靠依据；三是强化能源战略规划，集中力量深入研究，形成明确的国家能源战略，特别是在能源布局、特高压建设、新能源与可再生能源发展、油气资源开发、能源与环境等重大问题上形成统一认识；四是统筹协调多部门和大型能源企业分别对外合作局面，形成统一的纲领性的能源全球布局与国际合作战略，有效保障国家能源安全。

在市场监管方面，形成对能源企业的有效监管。坚持市场化改革方向对纵向一体化的能源产业进行结构性改革，对竞争性环节放松管制，保障市场秩序的公平公正；对于自然垄断性环节，则做好成本和价格监管，厘清电网企业输配成本，核定油气管网输送成本等。

在资源保护方面，处理好经济发展和资源保护的关系。目前我国资源无序开发、破坏和浪费问题严重，作为市场失灵领域，促进资源能源的保护和可持续开发政府责无旁贷。应通过法律、经济和必要的行政手段，进一步完善资源管理体制，健全资源资产产权制度和用途管制制度，明确权责，有效监管，促进资源有序开发；大力推动能源节约，提高能源利用效率，减少能源消耗，实现资源能源约束下的经济持续健康发展。

在利益协调方面，处理好和地方，东部和西部，以及政府、企业和民

众的关系。我国能源企业多为央企和国企，涉及中央和地方税收分成，利益不均衡已引发一些地方政府和企业之间的矛盾。我国能源富集区多在西部，而能源消费区集中在东部，能源初级产品和制成品之间的价差，以及能源开采、环境污染等问题也使得东西部之间出现利益分配和利益补偿的问题。

此外，为改善大气污染和治理环境，清洁能源的使用成本和环境治理成本需要建立全社会的价值补偿和分担机制。政府应从理顺中央和地方财政和税收体制，以及理顺能源产品价格及补偿机制等方面，协调好不同类型企业之间、不同区域之间、不同主体之间的利益关系，在市场失灵的领域施展作为。

（六）用"三张清单"界定政府与市场边界，推动政府职能转变

界定政府和市场边界，需要建立和运用好"三张清单"——"权力清单"、"负面清单"、"责任清单"。通过"权力清单"把政府能干什么清清楚楚、详详细细列出来，凡是清单中有的政府可以干，清单上没有的政府就不能干，限制政府的乱作为，做到"法无授权不可为"；通过"负面清单"在能源行业中划出一个"黑名单"，明确哪些方面不可为，外资或民营资本只要不触及这些底线即可进入，做到"法无明文禁止即可为"。

通过"责任清单"用法律与制度把责任明确细化到政府每一个行为主体，把政府责任贯穿市场运行全过程，打破政府不作为，实现"法定责任必须为"。同时，能源主管部门应做到简政放权与加强监管同步，坚持规划（计划）、政策（规定）、规则、监管"四位一体"，创新能源管理机制，确保放权放得下、接得住、落得实、管得好。

（本文原刊载于《上海证券报》2015年6月3日，与国家发改委价格监测中心高级经济师刘满平博士合作研究）

我国能源体制机制改革跨入历史新起点

在"能源体制机制革命"的新高度上，我国能源改革思路和对策就不能再局限于一枝一叶的修修补补了，而应从长远的、全局的角度统筹考虑。这需要确立市场化改革方向；突破思想认识误区，还原能源商品性、可竞争性和能源安全分摊性；健全法律体系和财税体制，完善能源市场制度环境；建设煤、电、油、气四个现代市场体系，搭建多层次能源市场化交易平台；坚持由市场形成能源价格；重组能源机构；用"三张清单"界定政府与市场边界。

由于最高决策层针对当前我国能源领域面临的严峻挑战，将之前的"能源体制机制改革"提升到"能源体制机制革命"这样的高度，要求根本变革当前的能源体制机制，现在的能源改革思路和对策就不能再局限于一枝一叶的修修补补了，而应从长远的、全局的角度统筹考虑。大而言之，这需要确立能源体制机制的市场化改革方向；突破思想认识误区，还原能源商品性、可竞争性和能源安全分摊性；健全法律体系和财税体制，完善能源市场制度环境；建设煤、电、油、气四个现代市场体系，搭建多层次能源市场化交易平台；坚持由市场形成能源价格，深化能源价格改革；重组能源机构，转变政府对能源的管理方式；用"三张清单"界定政府与市场边界，推动政府职能转变。

在我国能源体制机制众多弊病中，最受人诟病的是行业市场集中度高，市场化程度相对较低，垄断现象突出。这种垄断是由政府的行政性垄断导致非公资本难以进入所造成的。行政性垄断不仅造成市场化改革不足、现代能源市场体系尚未完全建立的局面，还诱发政府对能源价格强有力的行政管制。行政垄断和价格政府监管两者共同导致我国能源产业技术进步缓慢，产业技术水平不高，也造成了社会不公，因此，破除行业行政性垄断和价格政府监管将是我国未来能源体制机制改革的主要突破方向。

长期以来，我们一直认为煤炭、电力、油气是特殊商品或准公共产品，是市场失灵的领域，应由政府管制、国企垄断经营。事实上，能源也是商品，具有一般商品的基本属性，受价值规律和供求关系调节，可由竞争优化配置资源，由供求决定价格，由契约规范交易。自20世纪70年代以来，回归能源的商品属性，推进能源领域的市场化改革成为全球性趋势。

垄断并非能源行业的天然特性。市场的垄断有各种形态，有的具有自然垄断性质，有些垄断则来自人为。不仅如此，一些行业虽具有自然垄断特征，但并不等于行业中的所有业务都应一体化经营，通过竞争提高效率的规律在这些行业同样适用。推动能源体制机制市场化改革的前提，就是将这些行业中的竞争性业务与非竞争性业务分开。属竞争性领域的完全放给市场，让供求关系决定价格，竞争优化资源配置，由契约规范交易。属非竞争性领域的业务实行公平接入、提高普遍服务水平，加强政府对其经营业务、效率、成本和收入的监管。与此同时，改进政府管理，对市场失灵领域，切实履行宏观管理、市场监管和公共服务职能。按照市场化改革的思路，当然还需进一步推进政企分开，剥离国有企业的政策性负担和行政性特权，培育合格的能源市场竞争主体，以重塑竞争性市场结构。

国家能源安全涉及生产、流通和消费三大领域，涵盖经济社会生活方方面面，需要动员全社会广泛参与、共同担当。因此，必须摒弃僵化观念，树立新的能源安全理念，充分认识到能源安全的可分摊性，敞开市场大门，不问国有民营，不论企业大小，不管哪个产业链环节，让所有有意愿、有能力的企业都参与进来，各展所长，互利共赢，共同增加能源市场有效供应。为加快加强法律法规建设，需要尽快出台《能源法》；加快制定石油、天然气、原子能等单行法；修改现行《电力法》、《矿产资源法》、《煤炭法》、《节约能源法》等能源单行法中部分不符合实际的内容。同时，加快能源行业财税体制改革，取消不合理补贴，建立公平有效的能源财政补贴；建立广覆盖、多环节的综合税收调控体系，尽快择机开征碳税，将开征能源环境税作为中长期的目标导向，并将燃油税以及排污费和污水处理费"费改税"后并入能源环境税中，在提升税率的同时，健全能源环保税收优惠措施。

搭建多层次能源市场化交易平台，要求建立和完善公开、公平、公正的能源现货及中远期合约市场，逐步建立现代能源期货市场。同时，有序开放能源期货市场，逐步形成具有国际影响力的区域能源市场中心。为此，可以考虑在能源生产或消费重点区域例如山西、东北、新疆、上海等地建立煤炭、天然气和石油等交易中心或期货交易市场中心；电力交易市场可考虑建立一个全国统一的交易中心，在这个交易平台上，发电企业与用电方公开、公平、公正地交易，电网不再统购统销，而应无歧视公平开放。

至于能源价格改革，煤炭方面，核心是在取消电煤合同价的基础上，着手推进煤炭价格完全市场定价；配套实施煤、电、运全产业链综合改革，建立煤炭价格、上网电价和销售电价实时联动机制，彻底解决煤电矛盾。石油方面，在新的成品油价格形成机制基础上进一步完善定价机制，包括调价周期、调价幅度、调价方式等。定价权更多下放给行业协会或企业，在实现与国际接轨基础上，价格调整不必由政府发布，可由行业协会按照政府确定的规则，自行调整发布。天然气方面，在门站价由市场净回值定价的基础上，建立上下游联动机制，形成真正反映资源稀缺程度、市场供求关系、环境补偿成本的价格，政府只管理具有自然垄断性质的输配气价。电力方面，进一步区分竞争性和非竞争性业务，逐步形成发电和售电价格由市场决定、输配电价由政府制定的价格机制。

以往能源主管部门更注重通过投资项目审批、制定价格和生产规模控制等方式干预微观经济主体的行为，而对行业监管及其他职能重视不够，政府职能缺位与重叠并存。为此，应按"大能源"的内在要求对整个能源行业的管理进行整体设计和运作，在改革中推动能源行业整体协调发展和健康发展。

在重组能源管理与监督机构的同时，通过"权力清单"把政府能干什么清清楚楚、详详细细列出来，凡是清单中有的政府可以干，清单上没有的政府就不能干，限制政府的乱作为。通过"负面清单"在能源行业中划出一张"黑名单"，"法无明文禁止即可为"，外资或民营资本只要不触及这些底线即可进入。通过"责任清单"用法律与制度把责任明确细化到政府每一个行为主体，把政府责任贯穿市场运行全过程，实现"法定责任必须为"。

（本文原刊载于《上海证券报》2014年10月30日，与国家发改委价格监测中心高级经济师刘满平博士合作研究）

构建市场体系是天然气发展关键

习近平主席日前在主持召开中央财经领导小组第六次会议时，提出了能源革命的关键词。在积极推进能源体制改革中，抓紧制定石油天然气体制改革的方案也被提上日程。目前我国天然气行业发展掣肘在哪？天然气产业发展的关键是什么？如何构建天然气市场体系？带着诸多问题，记者专访了《中国能源生产与消费革命》课题组成员之一、中国国际经济交流中心信息部内参处副处长、副研究员景春梅。

产业链市场化是方向

记者：我国天然气产业发展面临哪些问题？

景春梅：通过提高天然气比重改变能源结构已经形成政策共识。而我国面临着国内天然气产量不足，进口气源价高等问题。如何在供给有限、价格较高的情况下大量利用天然气，从而改变能源结构，这是很大的一道难题。

我们考察发现，欧盟把这个问题解决得比较好。欧盟90%的天然气靠进口，他们解决的办法有：制定统一的能源改革法案，加快欧盟国家基础设施的互联互通，同时构建统一的市场体系和监管体系；制定和完善市场规则、价格机制、力促管网的公平开放；加快气源以及市场主体的多元化。多措并举之下，欧盟气源充足，监管到位，市场运行有序，天然气价格自然就降低了。

天然气门站价格由两部分构成，一是天然气本身的价格，另一个是管输费。天然气本身是商品，具有商品属性，具有市场价值并且可竞争，这部分价格可以随行就市。但管输费具有自然垄断特质，这部分的价格变动应接受政府监管。当前，我国还是上中游一体化的产业体制，在价格上还是捆绑定价，造成了价格不透明。一旦涨价，公众不知道涨的是天然气本身的价格还是管输费，这需要深化天然气市场化改革。

记者：我国应如何深化天然气市场化改革？

景春梅：天然气市场化改革的核心是构建市场化的价格形成机制。但从我国历次能源价格改革的效果来看，如果不对天然气产业链进行改革，就只能演变为屡改屡涨的调价运动，这与改革初衷是相悖的。对产业链进行市场化改革，打破垄断、促进竞争，应作为我国天然气产业改革的方向，也应成为理顺天然气价格机制的前提。

构建能源市场体系的前提是将这些行业中的竞争性业务与非竞争性业务分开。属于竞争性领域的完全放开给市场；属于非竞争领域的实行公平接入、提高普遍服务水平。像气源进口、勘探开发等竞争性的环节可以多元化；中间管网可以自然垄断、独家经营，但是政府必须对它的回报率、成本、管输费进行监管。

天然气上中下游产业链改革协调推进，其中会涉及复杂的利益调整，这个改革不会一蹴而就。欧盟推了三次改革，才把一体化产业链进行分拆，业务分开、财务分开后，欧盟目前正向法人独立方向推进。但各国改革为我们提供了许多经验，加上目前天然气需求旺盛，公众对改革的诉求强烈，只要我们顺势而为，锐意改革，天然气的长供久安和"价廉（服）务美"指日可待。

气价高企制约分布式发展

记者：在目前气价高企的情况下，天然气分布式能源发展情况如何？

景春梅：天然气分布式可以实现冷、热、电三联供，其能效很高。燃气发电的能效可以达到60%，而天然气分布式发电的能效能达到80%以上，有的甚至能达到90%。对于城市来说，天然气分布式是很好的能源供给方式，从工业园区到楼宇、医院、学校，天然气分布式都有很好的利用前景。在发生大规模停电事件的情况下，它还可以孤网运行，为恢复生产、抗灾救灾提供能源。

近两年气价改革，尤其是去年增量气和存量气并轨之后，天然气分布式陷入困境。个人认为，天然气分布式是一种高效的供能方式，有集中式供能不能比拟的独特优势。国家已有规划，在"十二五"期间发展1 000个左右的天然气分布式项目，2020年全国规模以上城市推广使用分布式能源系统装机规模达到5 000万千瓦。有关部门应该通过建立健全相关政策支持体系，使其恢复生命力，为治霾减排发挥应有作用。

记者：目前，我国天然气价格偏高的原因有哪些？

景春梅：我国天然气价格偏高的原因是多方面的，上游勘探和进口没有放开，中间的管网做不到真正的公平开放，这些都导致气价难以下降。管网设施建设不足是另一个重要原因。我国的天然气管网才5万多公里，而美国有50万公里，是我们的10倍。这5万多公里的管网，仅中石油一家就占到了70%，中石油自己的气都输不完，根本没有动力代输。所以，下一步我们需要大规模搞管网建设，实现各级管网的互联互通。

记者：如何解决气价偏高问题？

景春梅：我们曾经做过一个天然气分布式发电三联供课题，在如何做好电价和气价的衔接、分摊成本方面，我们提出了"四个一点"的解决方案，即国家补贴一点，地方政府支持一点，企业承担一点，公众承担一点。通过四个主体的努力，共同降低分布式能源发电成本是可以实现的。

（本文系记者专访，原刊载于《中国能源报》2014年6月30日）

关于建设中国（重庆）石油
天然气交易中心的建议

一、国际主要石油天然气交易市场的发展经验

从国际主要油气市场发展历程看，在资源地、管网枢纽地和消费地都有可能形成交易中心，但只有极少数能形成基准价格。美欧油气市场都经历了从多中心到少数中心的演变过程。

美国石油天然气交易中心的形成。1993～1998 年，美国陆续建成 36 个天然气交易中心，在市场竞争中部分交易中心因交易量小、竞争力差等原因退出市场，目前共有 24 家天然气交易中心。其中，亨利中心（Henry Hub）建立最早且规模最大，是美国天然气管网枢纽，也是纽交所（NYMEX）天然气期货合约指定交割地，其价格是北美天然气交易的基准价，在全球天然气贸易中具有举足轻重的影响力。美国石油交易中心主要包括以休斯顿为中心的墨西哥湾地区、纽约地区和南加州地区，其中墨西哥湾地区是最主要的石油交易中心。

欧盟石油天然气交易中心的形成。欧盟推行了三次能源改革，政府引导形成多个交易中心。1996 年英国国家平衡点（NBP）建立之时，欧洲各国也都建立起多个天然气交易中心。2009 年天然气市场显著发展，竞争明显增强，交易中心开始出现合并或淘汰。德国交易中心由 2009 年的 14 个减少为目前的 2 个。法国则由 2005 年的 6 个减少为目前的 2 个，2018 年有可能减少至 1 个。当前，欧洲天然气市场只以英国 NBP 价格作为基准价。欧洲石油交易市场主要集中于西北欧、伦敦和地中海，其中西北欧市场是最大的石油现货交易市场。

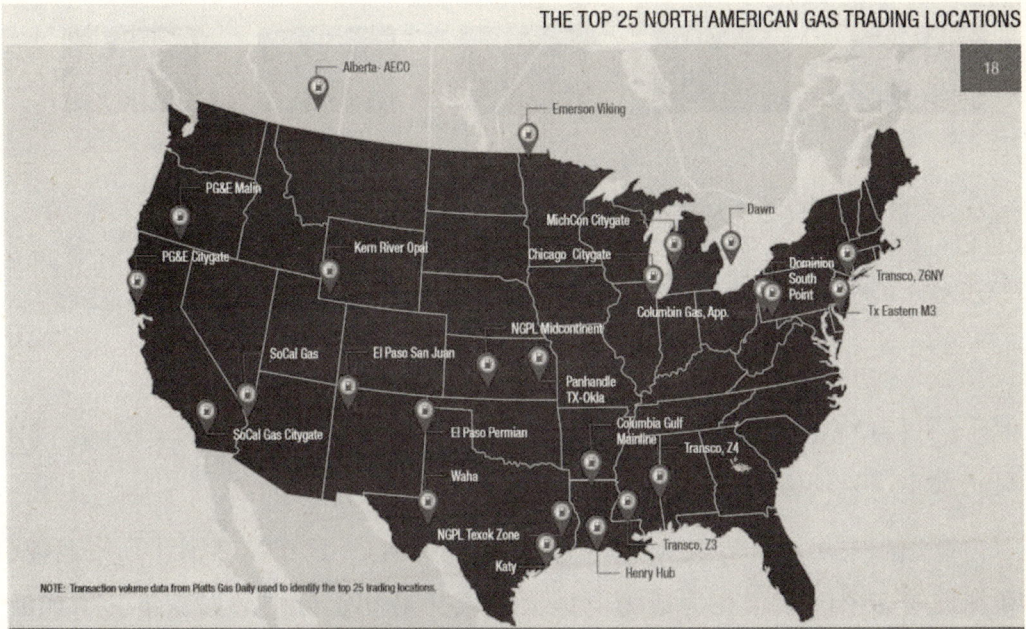

图1 北美最大的 25 家天然气交易中心

资料来源：American Petroleum Institute， "UNDERSTANDING NATURAL GAS MARKETS"，
pp. 17，2014.

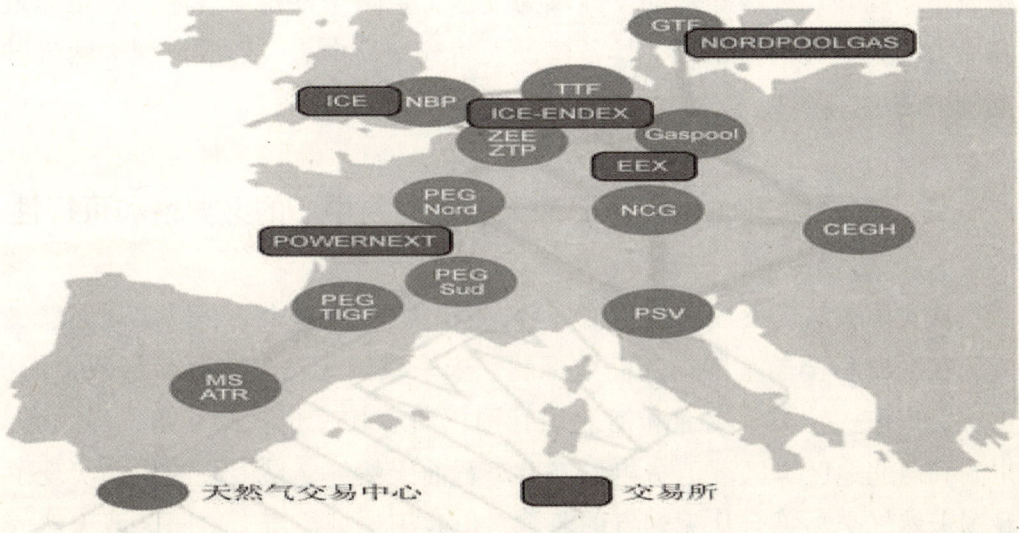

图2 欧洲天然气交易中心和交易所情况图示

资料来源：段言志、史宇峰、何润民、李孜孜：《欧洲天然气交易市场的发展和特点及借鉴》，
国际能源网。

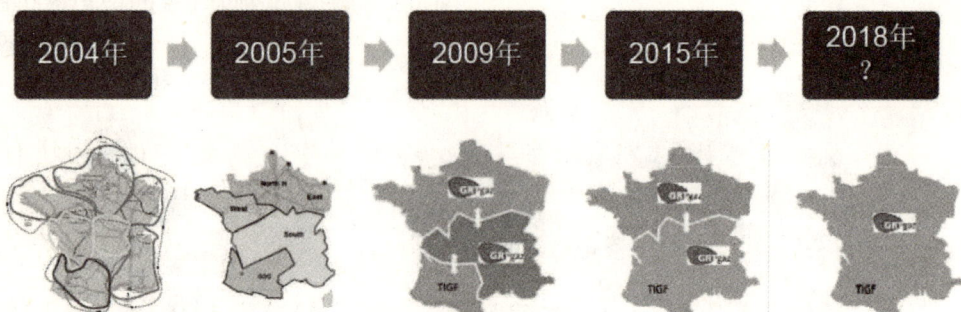

图3 法国区域交易中心合并情况

资料来源：ENGIE 中国董事长顾儒盟《第三方准入与天然气交易中心》，LNG 接收站第三方准入国际会议，2015 年 12 月 4 日。

亚洲尚未形成世界级天然气交易和定价中心。日本、韩国、马来西亚、新加坡等多个国家正在为成为亚洲天然气交易和定价中心而竞争。新加坡已推出液化天然气（LNG）期货和掉期合约，日本则寄望借助其在全球 LNG 市场上的巨大购买力使其成为亚洲乃至全球 LNG 交易和定价中心。相比之下，中国除大规模自产气，还大量进口管道气和 LNG，天然气市场结构完整。此外，管网等基础设施较为发达、金融条件雄厚，还拥有全球最具潜力的天然气消费市场，具备建设天然气交易中心、形成亚洲天然气基准价格的最好条件。

二、建设中国（重庆）石油天然气交易中心的必要性和可行性

从我国天然气发展和消费格局看，需要数个交易中心，以实现天然气资源在区域和全国范围内的高效配置。未来我国天然气将逐步形成上海、重庆、广东、宁夏、湖北和河北等管网枢纽和长三角、珠三角、环渤海、川渝和西北地区等区域消费市场。上海石油天然气交易中心的建立实现了我国天然气交易平台从无到有的跨越，但我国地域广袤，不同区域天然气来源多样、成本差异大，仅一家交易中心难以反映这种差异性的价格。因此，继续支持有条件的地区建设天然气交易中心，对推动我国天然气市场发育是非常必要的。从天然气供需格局和管网分布看，我国西部地区天然气资源丰富、管网密集、消费潜力大，如果再建交易中心，应首选西部地

区，与上海石油天然气交易中心形成东西互补之势。重庆是中西部地区唯一的直辖市，资源优势、区位优势和战略地位优势明显，是继续建设交易中心的最优选择。

从构建能源市场体系看，需要通过建设交易中心倒逼改革，构建有效竞争的市场结构和市场体系。经过多年发展，我国建立了较为完整的石油天然气工业体系，但尚未建立完善的市场体系。市场主体单一，竞争不充分，价格机制不顺畅，社会资本参与程度偏低。交易中心可将市场主体统一纳入平台直接交易，实现供需衔接，集中竞价，有助于倒逼体制改革和价格改革，形成多买多卖的市场结构和市场化价格机制。我国未来需要加大交易中心建设力度，充分发挥交易中心推动改革、带动消费的积极作用，不断提升天然气消费体量。

从建立市场化价格机制看，需要通过建设交易中心，还原能源商品属性，形成主要由市场决定价格的机制。我国油价与国际油价挂钩，天然气价格又与油价挂钩，被动接受国际油气价格波动，难以抵御国际市场风险。交易中心正是通过交易平台发挥市场调节作用，实现资源优化配置，形成反映自身供求关系和资源稀缺程度的价格，建立引导油气生产和消费的长效机制。同时，我国作为全球天然气生产和消费大国，一旦形成了反映本国天然气供需基本面的市场价格，就极有可能成为影响亚洲天然气市场的基准价，即"中国价格"，这将大大提高我国对国际能源市场的影响力和话语权。

从保障能源安全看，需要重庆交易中心发挥战略支点作用，助推"一带一路"能源合作，提升我国能源安全水平。重庆处于丝绸之路经济带、孟中印缅经济走廊与长江经济带"Y"字形大通道的联结点上，重庆交易中心可为"一带一路"沿线区域能源市场提供市场化交易平台和更为灵活、便捷的交易方式，规避价格波动风险，促进我国与沿线国家市场深度融合，提升我国在全球能源格局中的位势。同时，交易中心建设还有助于促进沿线国家能源基础设施互联互通，拓展我国能源进口通道，保障我国能源安全。

从深化中国—新加坡合作看，需要以重庆交易中心为抓手，拓展合作领域，丰富合作内容。中新（重庆）战略性互联互通示范项目以金融服务、航空运输、交通物流、信息通信四领域为合作重点，若在交易中心建设中纳入中新合作元素，便可将中新合作拓展到能源领域，并深化双方金融领域合作。重庆可借鉴新加坡在交易所制度安排、产品设计和金融发展方面的先进经验提高自身国际化水平，新加坡则可将重庆交易中心作为其东南亚前台扩展交易规模和品种，取长补短，互利共赢，使中新合作再上新台阶。

从重庆自身条件看，建设交易中心优势突出、实施可行，时机成熟、条件具备。一是天然气资源丰富、市场广阔，储运设施发达。重庆常规气、页岩气并举，页岩气产量占全国总产量近70%。天然气化工大用户集聚，消纳能力强，天然气消费比重达14%，远高于5.6%的全国平均水平。川渝管网实现全市覆盖，中卫—贵阳联络线、川气东送、忠武线等全国骨干管网途经重庆，拥有全国最大储气设施相国寺储气库，工作气量占全国41%，具有中亚、中缅进口气与自产气的交易存储优势。

二是经济和金融基础坚实，建设条件成熟。近些年来，重庆市经济增速位居全国前列，形成了综合化工、能源和消费品制造等千亿级产业集群，现代服务业实现快速发展，金融业已成为支柱产业。经初步沟通，中石油、中石化等国有骨干企业及多家相关企业和社会机构已表示积极参与交易中心建设，并得到国家发展改革委、国家能源局等部委支持和认可。重庆市委市政府拥有建成交易中心的决心信心和能力实力，这些都将有力推进交易中心的建设发展。

三是与其他可行交易中心相比综合优势突出，并可与上海实现错位发展。目前，国内有多个地区拟筹建交易中心。比较而言，重庆是西部地区唯一直辖市，也是全国唯一集天然气生产地、消费地、管网枢纽地、金融高地的"四地合一"地区，综合性优势突出，建设条件更为成熟。从空间格局和产品设计上，可与上海石油天然气交易中心形成"一东一西，相互支撑，错位发展"之势。

三、建设中国（重庆）天然气交易中心的总体思路、主要功能及预期目标

总体思路：按照"气为先导、价格引领、辐射亚太"的原则，形成现

货交易、远期合约交易和现货选择权交易等三大市场相互支撑、互为补充的市场格局。在产品选择上，依托重庆及川渝地区气源多元和管网优势，以管道天然气（PNG）和天然气化工产品为主，以成品油现货交易为辅助，构建石油天然气现货交易市场。同时，开发成品油储备容量交易产品、LNG现货等品种。

主要功能：一是供需对接，服务实体经济。交易中心将围绕企业需求，提供全方位的交易交割、物流运输、产业链融资、风险规避和信息服务，降低交易成本，提高供销效率，促进天然气生产与消费。二是搭建平台，完善市场体系。交易中心将搭建现货交易平台，推动形成多买多卖、集中竞价、东西互动、功能互补的油气市场体系。三是价格发现，形成"中国价格"。交易中心将构建现货交易形成价格、远期合约交易引导预期、现货选择权平滑价格波动的市场化价格机制，推动形成亚太基准价。

预期目标：力争将其建设成为中国版的"亨利中心"，形成具有国际影响力的天然气基准价格，提升我国在国际能源市场的影响力和话语权，开启我国油气市场化改革新篇章。到2020年，形成反映全国天然气、成品油供需形势的价格体系，打造覆盖全国的石油天然气定价中心、结算中心和资讯中心。到2025年，力争建成石油天然气期货交易市场，形成现货、期货互动的格局，打造辐射亚太的石油天然气定价中心。

四、相关建议

一是尽快批复重庆市开展中国（重庆）石油天然气交易中心项目前期工作，探索部市共建、共管新模式。建议以"部市共建"方式加快推进交易中心建设，建立由国家发改委、国家能源局和重庆市政府共同参与的中国（重庆）石油天然气交易中心监管联席会议制度（或监管委员会），负责重大交易规则、公平交易制度制定及履行监管职能。积极探索政府与社会资本合作模式（PPP），创新交易中心建设运营模式。

二是尽快批准重庆开展油气改革综合试点。将交易中心建设作为油气体制改革重要内容，试点推动油气全产业链市场化改革，实现管网独立和公平准入，推进油气管网、储备库等投建主体多元化，放开竞争性环节价格管制，加快建成区域性多买多卖竞价市场。

三是给予交易中心财税优惠和融资支持。在交易中心资本金、交易税费、低息贷款等方面给予扶持，在交易中心涉外引入国际能源、金融公司、贸易商时，适当在市场准入、注册登记、外汇管理和人员进出境等方面给予政策支持。

四是尽快完成工商注册。待国家正式批复后，尽快以"中国（重庆）石油天然气交易中心股份有限公司"名义完成企业工商注册。

五是建议上海石油天然气交易中心参股重庆交易中心。由于上海交易中心和重庆交易中心目标一致，都以助力天然气市场化改革，探索形成市场认可的基准价格为己任，双方可相互参股，互为支撑，共同发展。

（本文完成于2016年8月，获国务院领导重要批示。与中国国际经济交流中心博士王成仁、刘向东、陈妍、谈俊，中石油政策研究室张安博士合作研究）

五、能源革命之国际合作

中蒙俄经济走廊复兴"草原丝路"

长期以来，我国对外开放东强西弱、南快北慢，向北开放的大门一直处于半开阖状态。"一带一路"战略要求发挥内蒙古连通蒙俄的区位优势，加快向北、向西开放步伐，当前亟须重点布局蒙西，以策克口岸为突破口，构建策克—西伯库伦跨境经济合作区，助推中蒙俄国际经济合作走廊建设。

一、中蒙策克—西伯库伦合作新轴心

（一）策克—西伯库伦合作区是"一带一路"不可或缺的组成部分

"草原丝绸之路"作为古代丝绸之路的主干道之一，东起内蒙古额济纳旗、西接中亚东欧，是"一带一路"的重要组成部分。策克口岸位于额济纳旗北部，是阿拉善盟对外开放的唯一国际通道，陕、甘、宁、青、蒙等西北五省区共用的陆路口岸，也是古代"草原丝绸之路"的必经之地。构建策克—西伯库伦合作区将整体推进西北五省区及内陆地区向北、向西开放，贯通蒙俄，连通欧亚，是有效落实"一带一路"战略的重大举措（见图1、图2）。

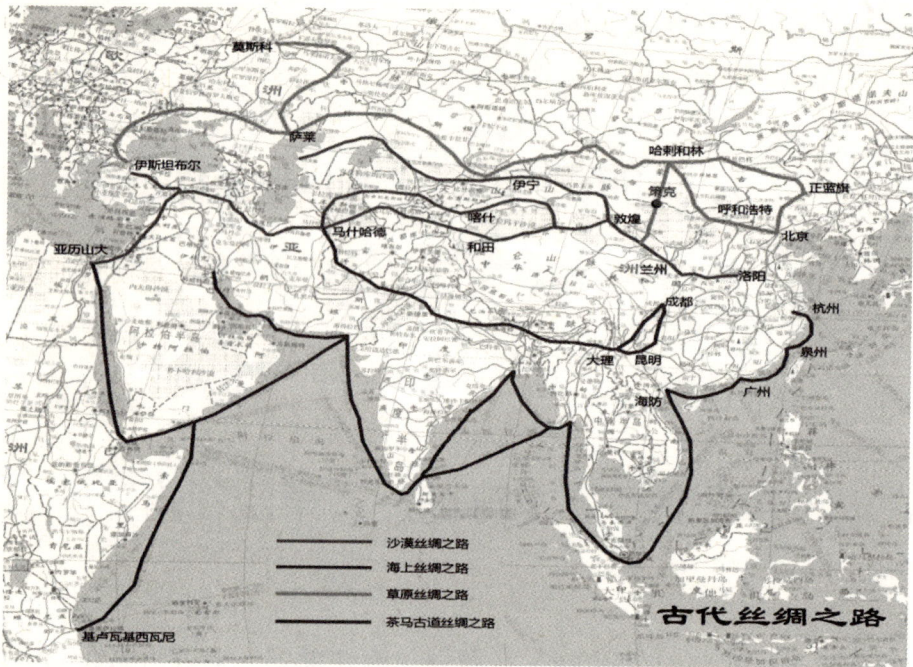

图1　我国古代丝绸之路

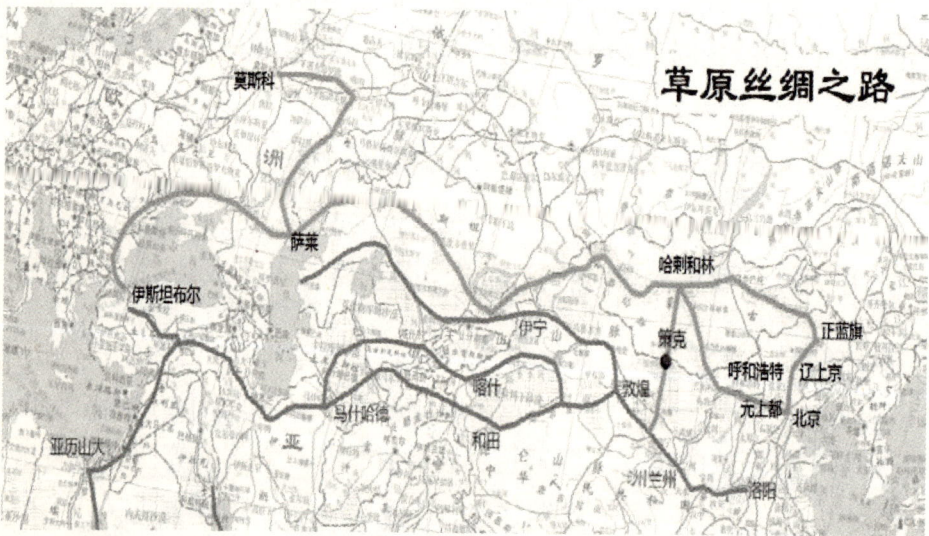

图2　我国草原丝绸之路

（二）策克—西伯库伦合作区是打造中蒙俄国际经济合作走廊的重要支撑

建设中蒙俄国际经济合作走廊与俄罗斯欧亚经济联盟和蒙古国"草原之路"不谋而合。当前，内蒙古边境拥有满洲里、二连浩特等 19 个对蒙、对俄口岸，承担着建设中蒙俄国际经济合作走廊的重任，但蒙东、蒙中地区相对发达，蒙西开放明显落后。若要加速推进合作走廊建设，形成全方位开放格局，须先夯实蒙西，以策克为突破口，建设策克—西伯库伦合作区，与蒙中、蒙东形成配合之势，共同支撑合作走廊建设。

（三）策克—西伯库伦合作区是构建第四亚欧大陆桥的最便捷通道

目前，成熟的亚欧大陆桥有三条，一是以俄罗斯东部的海参崴为起点，经我国黑龙江和吉林通向欧洲各国。二是从连云港，途经西安，从阿拉山口口岸通向欧洲各国。三是从重庆出发，途经西安、兰州、阿拉山口通向欧洲各国。这三条亚欧大陆桥均没有直接连通中蒙俄。当前，亟须建设贯通蒙俄、连接欧洲的第四亚欧大陆桥。若自我国甘肃省张掖市起，从策克出境，经蒙古国乌里雅苏台市和特斯口岸，连通俄罗斯新西伯利亚市，再汇入西伯利亚大铁路，最终到达荷兰鹿特丹建设第四条亚欧大陆桥，与从二连浩特出境到乌兰巴托一线相比，直线距离至少缩短1 000公里。这条大陆桥将极大带动沿线国家深入合作，成为我国西部对外开放的最便捷通道，同时打通中原地区和京津冀地区向北开放的大通路，一举多得（见图3）。

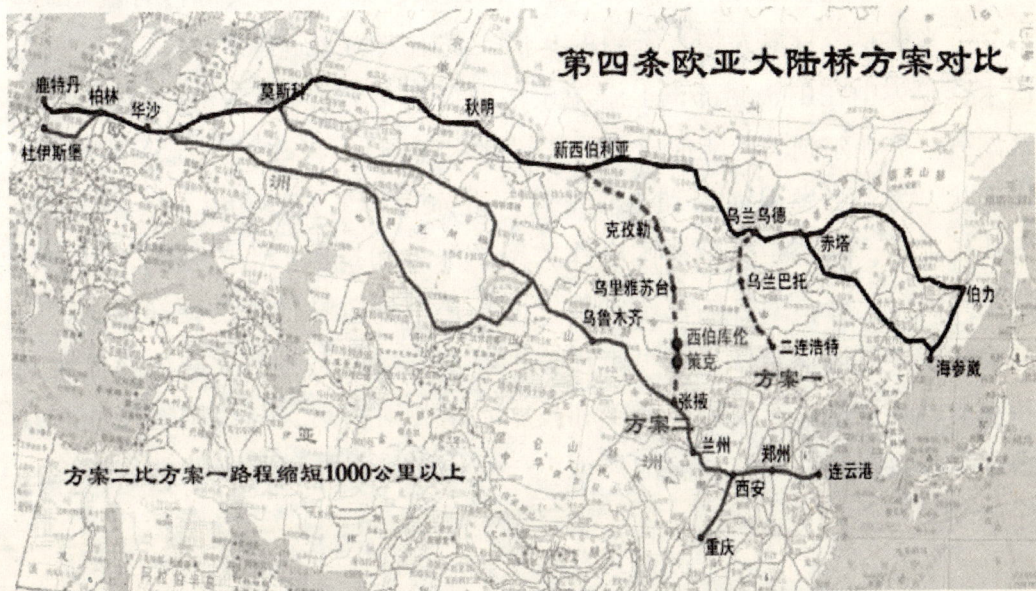

图3　经策克打造第四条欧亚大陆桥对比图

（四）策克—西伯库伦合作区是保障我国能源安全的重要布局

我国已初步形成中哈原油管道和中亚天然气管道、中俄能源大通道、中缅油气管道、海上进口液化天然气通道等四条国际能源通道。中蒙俄三国拥有市场和资源的巨大互补优势，而且三国比邻而居、输送便利。策克口岸地处中蒙边界，辐射蒙古国能源最为富集的五省，继续向北可连通俄西伯利亚能源宝库，而且西气东输四线、五线已规划途经额济纳旗。目前正在建设中的俄罗斯东线管道天然气产地位于蒙古国西北方向，从我国能源布局和能源运输成本角度考虑，可自策克向北架设蒙、俄天然气管线，打造连通蒙俄的第五能源国际大通道，直接将俄罗斯的天然气引入我国，汇入西气东输管线，与现在的东线相比，路程缩短数倍，成本大幅降低。同时，可利用蒙古国的煤炭资源发展煤制气产业，既可提高中俄天然气管线利用效率，又可丰富我国油气供给来源，为能源供给再加一个"安全阀"。

（五）策克—西伯库伦合作区将为中蒙俄水资源开发、交通运输和产业合作提供便利平台

与常识相左，蒙古国实为水资源丰富国家，其人均水资源占有量达到8万立方米，是全世界人均水资源的9倍，我国人均水资源的34.8倍。蒙古国水资源集中在中、北部，上游源于俄罗斯西伯利亚地区、世界最大的淡水湖——贝加尔湖。若能促成俄、蒙"北水南调"，将改善我国北部干旱缺水现状，为经济发展注入动力。虽然"北水南调"成本巨大，尚存争议，但从长远看，随着中蒙俄三国合作关系的深入和技术水平的提高，仍有望达成共识。此外，蒙古国位于中俄之间，是中俄贸易往来的便捷通道，若与蒙开展交通运输合作，既可带动蒙古经济发展，又将大大减少物流距离和成本。而且，蒙古国经济基础和技术水平相对落后，与我国在产业与技术合作方面拥有巨大空间。构建策克—西伯库伦合作区将上述合作提供良好平台。

二、跨境经济合作潜力巨大

（一）策克口岸具备多项政策扶持基础

构建策克—西伯库伦合作区符合"一带一路"发展战略要求。以策克—西伯库伦合作区为基点，建设"草原丝绸之路经济带"与蒙古国打造"草原之路"的倡议不谋而合。同时，策克口岸是西部大开发战略的支持对象，属于沿边开放战略的扶持范畴，也是"兴边富民"政策和少数民族地区优惠政策的扶持对象，还拥有地方特色扶持政策，政策基础良好。

（二）策克口岸拥有内引外联的区位优势

策克口岸地处西北、中蒙边界，连通中蒙俄，辐射范围广、带动作用强。口岸对外辐射蒙古国南戈壁、巴音洪格尔、戈壁阿尔泰、前杭盖、后杭盖等五个畜产品、矿产资源较为富集的省区。对内辐射陕、甘、宁、青四省区和新疆部分地区，是西北地区能源资源要素交互的重要关隘。经策克—西伯库伦建设第四条亚欧大陆桥，将连通四条东西走向能源资源和物流线路，形成巨大陆地交通网络，能有效将蒙古国资源丰富地区、俄罗斯中、西西伯利亚地区以及东欧主要国家连成一线，形成顺畅的物流通道，为利用蒙俄油气资源提供便利条件。

（三）策克口岸辐射地区能源资源蕴藏丰富

策克口岸地区能源资源储备丰厚，已发现矿产 50 余种，矿床（点）270 余处。口岸对内辐射的西北地区拥有我国 30% 的煤炭资源储量，32% 的石油陆上资源和 52% 的天然气陆上资源。对外辐射的蒙俄地区资源储量巨大。与策克毗邻的蒙古国巴音洪格尔省和南戈壁省煤炭资源丰富，且煤质好、价格低。巴音洪格尔省有新金斯特露天主焦煤矿，已探明储量为 1.6 亿吨。南戈壁省已探明煤储量 530 亿吨。距策克口岸仅数十公里的纳林苏海特煤田已探明煤炭储量 16.7 亿吨。同时，俄罗斯西伯利亚地区拥有巨大的资源储备和经济发展潜力，所蕴藏的资源接近原苏联全部资源的 2/3，其石油储量占苏联一半，仅秋明油田便达 400 亿吨。

（四）策克口岸交通基础设施条件良好

策克口岸北开南联、东西贯通，公路、铁路、航空三位一体的立体化交通运输网络初步形成。从东西方向看，在国家"一带一路"战略推动下，途径策克的东西大动脉京新铁路已投入运营，京新高速公路也将在 2016 年全线贯通，可使策克连通天津港、秦皇岛港等东部沿海地区。从南北方向看，向南的嘉策、酒额铁路，策克至酒泉、张掖地区的公路网业已形成，使策克与陕、甘、宁、青、川等内地紧密相连；向北的策克—那林苏海特高等级运煤专线公路已经贯通；策克到那林苏海特矿区的标轨铁路得到蒙古国政府批准，正在筹建中；策克到乌兰巴托 950 公里公路，已建成 500 公里。航空方面，鼎新机场通往北京，通勤航空通往兰州、西安、呼和浩特、天津等地。

图4　策克口岸综合交通辐射范围示意图

（五）策克与西伯库伦具有良好的对外贸易基础

策克口岸是中蒙边境贸易的国家一类常年开放口岸，已累计过货近6 000多万吨，贸易额近28亿美元，出入境人员250多万人次，是全国第四大、自治区第三大陆路口岸。策克—西伯库伦拥有紧密的贸易往来和良好基础，2009年实现双边性常年通关以后，年过货量稳定在800万吨左右。近期，蒙古国国家大呼拉尔（议会）通过决议案，确定新建铁路将修建标轨，标志着中蒙间长期存在的煤运宽窄轨问题将逐渐得以解决，极大降低煤炭运输成本。

（六）策克口岸拥有巨大经济发展潜力

策克口岸地区煤炭运力强，洗煤产业初具规模。进口原煤的企业达25家，年洗选精煤达1 000万吨以上。口岸地区每年过境的煤炭达到800多万吨。在煤炭主导地位逐步减弱、国内煤炭价格相对较高的背景下，可依托策克口岸地区质优价廉的煤炭资源发展相关产业。此外，可利用俄油气资源发展油气运输、储备、加工等上下游产业。

（七）蒙元文化天然相通为策克—西伯库伦合作区建设奠定基础

策克与蒙古国文化相通，口岸地区许多牧民与蒙古国邻近地区居民有亲情关系。同时，口岸地区拥有丰富的遗产资源，所在的额济纳旗拥有西夏时期的黑城遗址、塔王府、居延海、居延城、居延汉简等遗产资源，还拥有胡杨林、神树、巴丹吉林沙漠等丰富的旅游资源，为双方开展旅游文化交流提供有利条件。

三、"草原丝路"经济带战略构想

（一）策克—西伯库伦合作区的战略定位

要将合作区作为"一带一路"向北开放的重要节点，建设"草原丝绸之路经济带"，构建第四条亚欧大陆桥。以合作区为基点，夯实中蒙俄国际经济合作走廊，打造中蒙俄能源交互大通道，并推动中蒙俄"北水南调"、交通运输与产业合作。充分发挥策克口岸作为西北五省共用陆路口岸的作用，扩大对蒙、俄贸易规模，带动阿拉善盟经济快速增长，使内蒙古对外合作再上新台阶。

（二）构建策克—西伯库伦合作区的总体思路

以构建草原丝绸之路经济带和第四条亚欧大陆桥为依托，以能源资源基础设施和交通设施建设为先导，以完善区域产业结构、形成完备产业链为重点，以实现能源资源交互、扩大贸易合作为目标，构建经济效益、社会效益、生态效益有机统一、可持续发展的策克—西伯库伦合作区。重点打造"一区、两线、三中心、四产业"："一区"指建设策克—西伯库伦跨境经济合作区；"两线"指打造"策克—西伯库伦—乌兰巴托"线和"策克—西伯库伦—莫斯科"线。构建能源交互中心、仓储物流中心、跨境贸易中心等三大中心。夯实煤炭分级分质利用、新能源发电、农畜产品加工和跨境旅游等四大产业。

（三）构建策克—西伯库伦合作区的政策建议

一是将合作区建设纳入国家"一带一路"发展战略及国家"十三五"规划。将合作区纳入国家重点开发开放试验区，予以重点支持。二是将合作区作为建设中蒙俄国际经济合作走廊、形成我国全面向北开放格局的重要载体。三是依托合作区平台，夯实中、蒙、俄能源合作，推动俄罗斯中西伯利亚和蒙古国南部油气资源由策克口岸入境。四是启动中蒙俄"北水南调"工程前期研究，同时将交通运输和产业合作纳入中蒙俄战略合作重要议题。五是强化合作区对外贸易功能，加强大通关制度建设，简化通关程序，加强基础设施建设，推行绿色通道制度。六是夯实产业基础，形成布局合理、优势突出的产业发展格局。建立健全煤炭分级分质清洁高效利用产业体系，大力发展农畜产品加工、新能源发电和跨境旅游等产业。七是加大配套政策支持。包括政策、资金、金融支持力度、加快推进基础设施、公共服务设施和互联网建设等。八是建立多层次的中蒙俄合作机制，推动合作区建设。建立三国政府层面的中蒙俄国际合作论坛，探讨深度合作路径，形成共识。建立常态化的双方、三方领导人会晤机制，鼓励各个层级的磋商和对话，广泛开展合作。建立健全合作区建设工作推动机制。成立联合工作小组，谋定远景目标、实施路径和总体方案，有序推进合作区建设工作。

（本文完成于 2015 年 10 月，获国务院领导重要批示。原刊载于《瞭望》2015 年 11 月，与中国国际经济交流中心信息部部长王军，副研究员王成仁、张影强，首都经贸大学副教授鄢晓霞合作研究）

关于加快推进"IEA—中国能源合作中心"建设

习近平总书记关于能源革命的"四个革命、一个合作"战略思想要求全方位加强国际合作，构建在全面开放条件下的能源安全格局。这需要中国积极参与全球能源治理，在新的国际能源变局中有效利用国际资源，而在现有能源国际组织框架下寻求切入点，是简单有效的实现路径。国家能源局与国际能源署（IEA）合作正在筹建中的"IEA—中国能源合作中心"，可作为中国深化国际能源合作、参与全球能源治理的又一条通道。目前，中心正在建设中，机构落地和发挥作用尚需各方支持。

一、"IEA—中国能源合作中心"是 IEA 成立以来第一次在海外设立的合作中心

IEA 成立于 1974 年，是当时主要能源消费国应对能源供应中断而成立的政府间组织。IEA 旨在建立一个稳定的国际石油市场信息系统，改进全球的能源供需结构和协调成员国的环境和能源政策。四十多年来，随着国际市场演变、应对气候变化和能源转型的形势发展，IEA 在能源统计预测、政策评估建议、先进技术推广、推动能源清洁低碳转型等方面发挥了越来越大的作用。IEA 秘书处已经成为全球能源统计的权威。秘书处每月发行一期石油市场报告，一年发行两期《全球能源展望》，这两种报告在世界上都颇具影响力，《全球能源展望》更是成为全球的能源风向标和投资指南。

IEA 总部设在巴黎，目前有近 300 雇员。人员规模比石油输出国组织（OPEC）、能源宪章（ECT）、能源论坛（IEF）等其他二十多个有影响的国际能源组织总和几乎还要多，在国际能源事务中发挥着大本营和引领者的作用。受限于成立之初经济合作组织（OECD）条款的限制，IEA 正式成员均为 OECD 成员国，目前有成员国 29 个。

IEA 非常重视与中国的合作，双方已有 20 年合作历史。目前中国已是

世界上最大的能源消费国，也是最大的清洁能源生产国，能源消费比重占全球的约23%，如未来IEA继续发挥在国际能源事务中的引领作用，离不开中国的参与和支持。随着中国在全球能源投资与贸易的快速增长，以及在国际事务中发挥着越来越大的作用，我国也越来越重视与IEA的合作，在统计、科技、政策研究等方面已经建立了经常性机制。经国务院批准，2015年中国与泰国、印度尼西亚一起成为IEA的联盟国。2016年，中国正式向IEA派驻了高级代表，标志着双方合作正在进入新的阶段。

　　2015年11月IEA能源部长会议期间，IEA正式提议在中国联合成立能源合作中心，进一步推动双方在能源统计、政策研究、能源安全、技术推广、公众教育等方面的合作。2016年3月底，国家能源局与IEA在北京宣布启动建立"IEA—中国能源合作中心"（以下简称"中心"）的程序，该中心将成为IEA成立42年来第一次在海外设立的合作中心。IEA承诺初期运营费用及投入全部由其承担，据了解，初步经费已经得到落实。

二、"IEA—中国能源合作中心"我国为实现开放条件下的能源安全和参与全球能源治理开辟新空间

　　"IEA—中国能源合作中心"的成立，可推动开展包括能源数据统计、能效政策制定、先进能源技术在内的能源合作，有助于我国更好地参与全球能源治理，助力"一带一路"建设，实现开放条件下的能源安全。

　　1. 为我国能源战略及政策制定提供支撑。国际能源形势正在发生深刻变化，准确判断国际形势和趋势，对我国能源战略、能源改革及政策制定意义重大，中心成立后，将成为整合国内外能源智库的平台，为国家能源战略、政策制定近距离提供更加有针对性的建议。

　　2. 为获取更多先进能源技术提供支持。IEA承担了清洁能源部长会议秘书处职责，有专门能源科技团队密切跟踪全球能源科技进展。中心设立后可整合现有合作，为我国企业提供更多有针对性的能源科技发展前沿服务，将巴黎气候大会关于发达国家向发展中国家转移清洁能源技术的内容落到实处。

　　3. 发挥我国能源对外影响力。IEA曾发布"中国企业的海外油气投资"

等出版物，从正面积极评价中国的海外油气投资活动，对改善我国油气投资的海外环境发挥了积极影响。随着我国对外能源投资的不断扩大，尤其是"一带一路"海外能源投资的快速发展，我们也需要通过中心这样的窗口，主动对外发声，解疑释惑，发挥国际影响力。

4. 有利于我国建立开放条件下的能源安全。IEA成员国组织具有完善的石油及能源应急储备体系及多年经验，在国际能源领域影响巨大，中心的建立有利于我国参与其能源应急体系，保障我国能源安全。同时，对我国在海外日益增加的能源贸易和投资也将起到未雨绸缪的软实力保护。

5. 为参与全球能源治理开辟新空间。近年来，中国通过担任成员国、联盟国、对话国、观察员国等，与IEA、IEF、OPEC、ECT、国际原子能机构（IAEA）等开展了多种形式合作，开始在G20、金砖国家（BRICS）、APEC和上海合作组织（SCO）等框架下就能源问题发挥关键作用，但总体而言，我国在国际能源治理中的影响力与我国能源生产和消费大国的地位还远不相称。随着全球能源供需格局发生重大变化，既有的国际能源治理机制日渐式微，新的能源治理机制正在形成。我国应抓住这一变局带来的机遇，积极参与和构建新的集体安全体系，助力"一带一路"建设，切实维护我国海外能源投资安全。

中心的成立，可为中国参与全球能源治理开辟新的空间。未来，我国可通过中心在如下几个方面参与全球能源治理：第一，维护全球能源投资、贸易的公平规则；第二，协调制定能源政策，如应对气候变化、空气污染治理等，国际上希望中国逐步完善市场化、公开透明的政策体系，而这恰恰是中国正在做的；第三，促进数据透明度，加强统计方面的合作；第四，推动能源领域的新技术推广；第五，提升应急协调能力和水平，维护国家能源安全。

三、"IEA—中国能源合作中心"面临落地难题

由于相关法律不够完善，国内目前缺乏针对类似中心这样的国际政府间组织驻华专业性机构的规定。世界银行驻华办事处、世界卫生组织驻华办事处等机构一般来讲都是以向国务院"一事一议"的方式，请示明确这

类机构的法律地位、管理运行方式、工作范围等。因此在中心筹办过程中，仍然需要以同样的方式向上请示，发挥开放性的创新思维，协调相关部委共同给予支持。

四、有关建议

为推动"IEA—中国能源合作中心"落地，尽快发挥应有功能和作用，建议如下：

1. 明确该中心是由国家能源局和 IEA 共同管理的国际政府间组织驻华专业机构的法律地位，由外交部进行注册登记。在政策设计上发挥其作为专业机构的职能及作用，给予更加开放支持的环境，鼓励创新灵活的管理机制，吸引国内外人才和机构参与该中心建设。

2. 加大中方投入真正实现为我所用。鉴于资金已基本落实，应加快中心建设，初期可考虑在人员、场所方面提供支持，掌握主动权。从长期看，要建立灵活的经费筹措机制，以问题导向的项目制开展工作，真正实现以我为主，为我所用。

（本文完成于 2016 年 6 月）

将中国（重庆）石油天然气交易中心
作为中新合作重要内容

　　"中新（重庆）战略性互联互通示范项目"是中国和新加坡继苏州工业园、天津生态城之后，设立的第三个政府间项目合作。该项目以重庆为运营中心，将金融服务、航空、交通物流和信息通信技术作为重点合作领域，是辐射中国西南地区和国内其他地区、"一带一路"沿线国家和地区的一个高起点、高水平、创新型的示范性重点项目。作为全国唯一集资源地、消费地、金融高地的"三地合一"地区，重庆正在积极着手建设中国（重庆）石油天然气交易中心，而新加坡在能源交易平台建设和制度设计方面有着先进经验，二者可优势互补，将交易中心建设作为中新示范项目的重要内容，深化和拓展中新合作领域和范围。

一、新加坡石油天然气市场发展概况和趋势

　　近年来，新加坡石油天然气消费量有所增加，石油消费以工业和交通为主，天然气消费以工商业和居民为主，能源出口以成品油为主。新加坡拥有较为完善的石油天然气市场基础设施和亚洲领先的交易平台。未来，天然气将成为新加坡能源发展的重点领域。

（一）近年来新加坡石油天然气市场发展概况

　　1. 市场基本情况。近年来，新加坡石油天然气消费量整体上有不同程度增加。2009～2015 年，新加坡天然气消费量年均增速为 7.53%，虽然 2014 年和 2015 年消费量相比 2013 年有所下降，但整体上仍呈上升态势；2009～2014 年，新加坡石油消费量年均增速 7.71%。2010 年新加坡天然气和石油消费量相比 2009 年上升明显，石油消费量增长 30.39%，天然气消费量增长 20.32%（见图 1）。

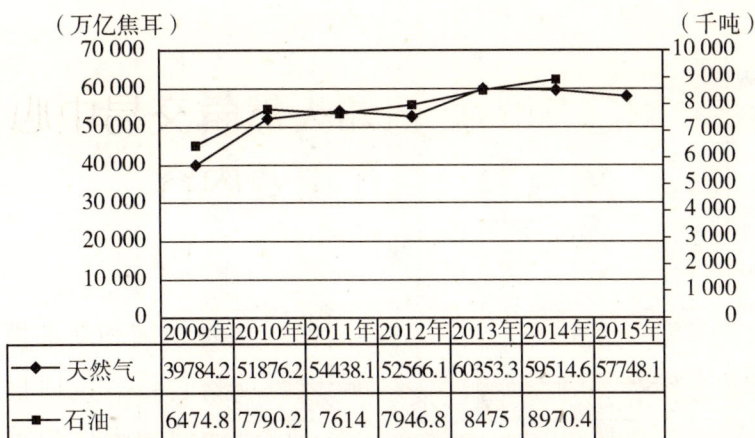

	2009年	2010年	2011年	2012年	2013年	2014年	2015年
天然气	39784.2	51876.2	54438.1	52566.1	60353.3	59514.6	57748.1
石油	6474.8	7790.2	7614	7946.8	8475	8970.4	

图1　2009年以来新加坡石油天然气消费情况

资料来源：新加坡能源市场管理局（EMA）。天然气消费量数据更新于2016年5月18日；石油消费量数据更新于2016年4月26日，2015年数据尚未公布。

新加坡能源产品出口以成品油为主。2009～2015年，新加坡成品油出口占能源产品出口比例持续维持高位（见图2）。

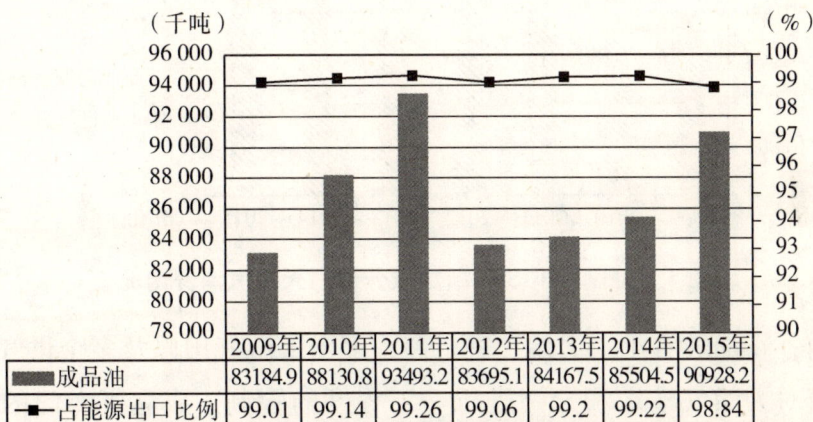

	2009年	2010年	2011年	2012年	2013年	2014年	2015年
成品油	83184.9	88130.8	93493.2	83695.1	84167.5	85504.5	90928.2
占能源出口比例	99.01	99.14	99.26	99.06	99.2	99.22	98.84

图2　2009～2015年新加坡成品油出口情况

资料来源：新加坡能源市场管理局（EMA），数据更新于2016年4月26日。

图3和图4显示了近年来新加坡石油和天然气分部门消费情况，其中，工业和交通是新加坡石油消费主体，工业商业和居民是天然气消费主体。

2015年，新加坡天然气进口量达到3 100万立方米/天，其中80%为管道气，20%为液化天然气（LNG），85%的进口天然气用于发电，发电份额占电力总量的95%。

（千吨）

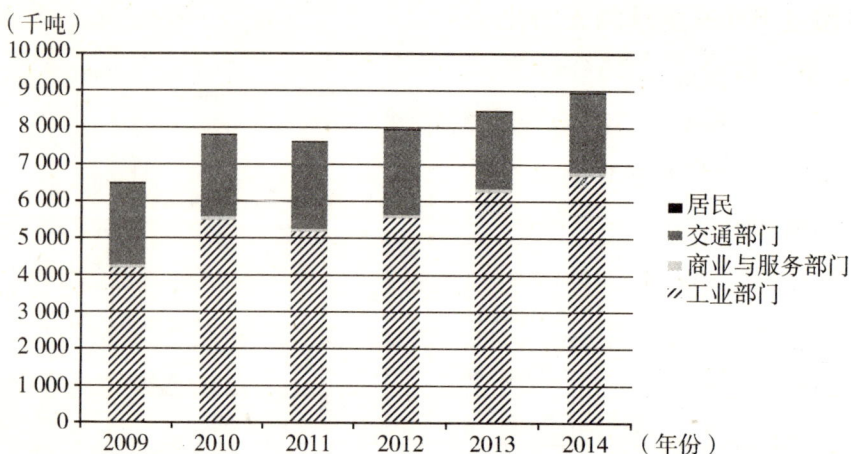

图3　2009～2014年新加坡分部门石油消费情况

（万亿焦耳）

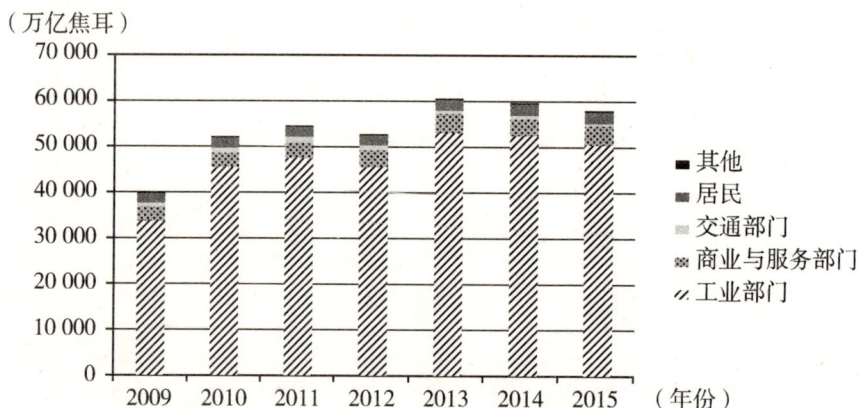

图4　2009～2015年新加坡分部门天然气消费情况

目前，新加坡有4家天然气进口商，多个上游气田以及多个供气商。新加坡政府对天然气输送和分销进行一定程度的管制，成立了专门的管网公司 PowerGas 进行运营。同时，为提高天然气市场的竞争性，新加坡政府出台"天然气网络准则"（Gas Network Code）对天然气管输活动进行监管，为提供开放和非歧视性的陆上天然气管网接入机会提供保障。

2. 市场基础设施情况。新加坡是世界第3大石油贸易枢纽，世界10大化工枢纽之一，拥有比较完善的炼油、石化产品加工等基础设施。作为新加坡炼化产业集中地的裕廊岛已发展成为一个一体化的世界级化工枢纽，是全球最大的炼油中心之一，也是亚洲最大的烯烃生产中心之一。

裕廊岛从最初的991公顷扩大至目前的3200公顷，岛上建有专门的化工区，超过100家全球领先的化工公司累计投资超过400亿新元（合300亿美元），员工数量超过26 000名，汇集了埃克森美孚、壳牌等世界领先的石油化工企业。此外，还配有全套的市政公用设施以及供能、供水、注罐、仓储、维修等完善的配套服务。

新加坡拥有两套天然气管网系统，一套用于居民和商业用户，另一套用于工业生产和发电。新加坡陆上天然气主要通过马来西亚和印度尼西亚的4条天然气管线提供，其中，新加坡北部2条管线来自马来西亚，南部2条管线来自印度尼西亚的南苏门答腊和西纳土纳。为优化天然气来源渠道，分散能源供应风险，新加坡于2013年5月开始接收来自全球范围的LNG。目前新加坡LNG接收站拥有3个储气罐、2个泊位，年处理量达到600万吨/年。

3. 交易平台情况。新加坡最主要的石油天然气交易平台是新加坡交易所。目前，新加坡交易所已推出包括迪拜原油、精炼油、燃油等在内的石油交易产品30余种，推出了基于亚洲液化天然气价格（SLInG指数）的新交所液化天然气掉期和期货合同2种。

（二）发展趋势：天然气是未来发展重点

未来，在继续保持对石油化工产业进行有效投资、维持新加坡在该领域国际领先地位的同时，天然气（特别是LNG）将是新加坡重点发展领域，天然气在新加坡能源构成中的比例将显著提高。

进一步加强天然气基础设施建设。按照预定计划，2017年年底，新加坡LNG处理量将提高至900万吨/年。第4座储气库及配套的再气化设施将于2018年年底前完成，届时LNG年处理量将进一步提升至1 100万吨。

管网升级改造。新加坡两个互不连通的天然气管网制约了天然气供应。目前，已有两条LNG管线通过苏门答腊管线接入天然气管网，未来还将新增两条管线分别通过西纳土纳和苏门答腊管线接入天然气管网系统。

提高天然气价格发现能力。新加坡交易所（SGX）启动了新加坡SLInG离岸价指数与合同，通过增加天然气衍生品品种提高新加坡在天然气领域的价格发现能力，为将新加坡打造成亚洲天然气定价中心奠定基础。

积极发展LNG加气业务。新加坡海事与港务管理局（MPA）于2016年1月向Pavilion Gas、Keppel Offshore & Marine授予了LNG加气执照，同时加快了相关基础设施建设，以期 2017 年早期能在新加坡港开始向在此停靠的船舶提供 LNG 加气业务。

二、新加坡石油天然气交易市场建设的主要做法

新加坡拥有较大规模的炼油中心，是全球三大石油交易中心之一。但其国内原油、成品油和天然气消费量有限，因此尚未建立完备的原油、天然气现货交易市场。新加坡依托新加坡交易所在金融衍生品方面的优势，积极推进油气期货市场建设，同时吸引大量国外投资与金融机构进驻，开展油气现货价格及指数发布等业务，取得积极成效。

（一）依托区位优势，基于炼油产业打造成品油交易中心

新加坡较早明确了自己的定位，即利用能源通道的特殊位置发展炼油工业和石油化学工业，成为全球第三大成品油交易中心。填海形成的裕廊岛逐步成为设施齐全、功能完备的现代化炼油中心，炼油工业占新加坡全国工业总产值的 2/5 以上。新加坡每年炼制成品油 5 000 万吨以上，1/3 用于本国消费，2/3 用于出口。同时，新加坡新建和扩充周边油库，具备超过亿桶原油及成品油的储存和集散能力，吸引全球 50 多家大型石油公司在此设置经营总部和数百家中小型石油贸易公司全天候交易。这些使新加坡掌握了亚洲油品市场价格行情，使其成为世界重要的炼油中心和亚洲成品油交易中心。

（二）抢占先机，推出 SLInG 虚拟价格指数

2015 年 10 月，新加坡交易所推出 SLInG 天然气价格指数，由其子公司 EMC 来管理。SLInG 指数将过境新加坡或直接在周边国家成交的 LNG 交易的价格，按一定运费升贴水倒推估算出若其在新加坡成交的离岸价格。在此基础上，对未来三个月 LNG 交易价格进行简单平均形成 SLInG 价格指数。新加坡交易所通过报盘、询盘等方式，收集交易所会员贸易商销往周边国家的 LNG 交易和价格信息。同时，在 SLInG 价格指数的基础上，开发衍生产品，包括指数期货产品和掉期产品等，为市场参与者提供对冲风险的

平台。

新加坡交易所推出 SLInG 指数主要基于以下考虑：一是全球三大区域市场中，亚太地区仍缺少天然气基准价格，建立 SLInG 价格指数有利于抢占先机，方便建立能反映亚洲地区天然气供需情况的天然气基准价格，以改变天然气价格钉住日本原油（JCC）而带来"亚洲溢价"现象，增强亚洲话语权。二是新加坡拥有相对优质的金融资源，特别是在衍生品交易方面优势突出，推出 SLInG 指数是其发挥优势长项的结果。新加坡宽松的投资、税收、贸易和政策环境吸引大批知名国际企业来新投资和上市，国际交易所也多在新从事金融期货业务，这为 SLInG 指数的推出奠定了基础。三是新加坡地处马六甲海峡，具有深水港口优势，是往来贸易船只必经之地，为其获取 LNG 往来贸易信息提供便利。凭借其区位和深水港口优势，新加坡可以便捷地获得往来 LNG 贸易的相关信息，且 LNG 是可全球自由贸易的产品，未来发展空间很大，这也是新交所选择 LNG 开发指数产品的考虑之一。

SLInG 指数对推动形成亚太基准价格、完善亚太地区天然气价格体系具有积极作用。但是，目前 SLInG 指数仅有 13 家贸易商为其提供报价信息，多数贸易商仍采取观望态度。调研组认为，SLInG 指数是一种虚拟价格指数，并没有实际的现货交易市场作为支撑，难以作为亚洲 LNG 基准价格，其可用性和影响力还有待观察。

（三）发挥跨国公司作用，发布 LNG 现货价格

新加坡优秀的营商环境吸引诸多国际大型企业进驻，其中，普氏能源资讯公司利用新加坡的区位、金融和信息集散优势，发布 LNG 现货价格。普氏公司是全球领先的能源和金属信息提供商，其母公司麦格希集团（标准普尔的母公司）是庞大的金融信息巨头，主要提供新闻快讯、估价与指数、报告和地理位置服务，其估价与指数服务几乎覆盖整个能源和金属供应链，普氏价格经常被作为石油天然气产品交易和期货及衍生产品交易的基准价格。

新加坡普氏公司作为能源产业重要的估价和信息服务商，其推出的 LNG 现货价格指数被广泛用作期货交易所的基准价格，也是场外交易的重要参考，对新加坡建立石油天然气交易市场具有促进作用。普氏公司 LNG 现货价格形成的方法如下：一是确定评估对象，包括能满足较多市场参与

者需求的 LNG 产品的标准、规格；二是明确收集价格数据的途径，包括电话询盘、贸易商报盘和后台数据导入等三种渠道；三是采取收市价（Market on Close，MOC）的方式确定当天的价格。

普氏公司通过 E 窗口（E - window）实时收集交易双方的报盘或询盘信息，包括价格、规格、数量、交货或装船时间等。随买方不断提高报价、卖方不断降低报价，最终形成成交价格。普氏以收市最后一笔成交的价格作为该日的结算价格，该价格也被期货市场等作为基准价格。普氏规定每 5 秒价格变动幅度不能超过 5 美分、10 美分或 50 美分，以避免价格出现突高或突低。E - window 具有现货交易平台集中竞价的功能，但并不提供结算和交割等服务，也不收取交易手续费，而以集散信息，提供信息产品，收取信息服务费用为主要收入来源。

（四）公平准入、透明监管，恰当发挥政府作用

新加坡营商环境优秀主要体现在其开放、透明的制度和监管上。在油气期货市场建设中，新加坡政府建立了公开、透明的制度框架，并在监管环节提供尽可能大的自由度，促进了新加坡油气期货市场的快速发展。一是设定恰当条件实现市场公平准入，保证政策透明度，让市场参与者能理性、准确预期其投资与收益。二是建立透明的价格形成机制和奖惩制度，并保持长期不变，使参与者明晰其违规成本。三是利用区位优势、资源集散优势，扩大交易市场影响力，提高交易市场国际认可度和流动性。四是出台优惠政策吸引各类市场参与者入驻，包括设立专项资金、提供税收减免、提供前期市场开拓和基础设施连通便利等。

在监管方面，新加坡重点对金融产品的风险实施严格管理。以 SLInG 指数为例，新加坡金融管理局（MAS）并不对该指数产品的经济价值和前景做出评判，只关注其风险管理是否到位。同时，新加坡对外资进入国内金融市场持开放态度，在符合相关条件的前提下，洲际交易所、欧洲期货交易所等均被允许在新从事金融业务。

（五）新加坡油气交易市场建设的局限与制约

新加坡虽是亚太地区最大的成品油交易中心，但其交易多为场外交易，

交易价格多以普氏公司的价格为基准，新加坡国内并没有形成原油和天然气现货交易市场。原油期货方面，新交所虽拥有迪拜原油相关衍生品、精炼油和燃料油等三大类30种期货和掉期产品。但原油期货场内交易与国际交易所相比仍不活跃，主要原因是活跃的场外交易制约了原油期货发展。新加坡优良的港口条件、发达的储罐配套以及地缘优势使得场外交易活跃而有序，其健全的法制为场外交易提供了保障，导致大部分油品交易员倾向于在场外进行交易撮合。新交所要想吸引贸易员转向有很大难度。在期货市场建设方面，由新加坡本地天然气贸易规模较小，且进口相对封闭，无法支撑其建立现货价格指数，虽然新加坡率先推出了SLInG指数，但其基准价格通过虚拟推算产生，缺乏现货支撑将是其最大短板。

三、中国（重庆）石油天然气交易中心可成为中新（重庆）战略性互联互通示范项目的重要内容

中新（重庆）战略性互联互通示范项目以"现代互联互通和现代服务经济"为主题，契合"一带一路"、西部大开发和长江经济带发展战略，将成为未来中国西南地区经济发展的重要支撑。其重点合作领域为金融服务、航空运输、交通物流、信息通信四个方面（如表1）。

表1 中新（重庆）战略性互联互通示范项目情况

合作主题	现代互联互通和现代服务经济
发展定位	促进中国特别是重庆产业升级和经济转型，加速中国中西部发展，配合"一带一路"战略实施
重点领域	金融服务、航空运输、交通物流、信息通信等领域
涉及地域	跨地域、全方位的开发与建设，以重庆为运营中心，辐射中国西南地区和国内其他地区、"一带一路"沿线国家和地区

重庆交易中心的建设可作为中新（重庆）战略性互联互通示范项目框架下金融服务领域的重要内容，可为推动中新两国在能源和金融领域的合作共赢发挥重要作用。

首先，重庆交易中心可以作为中新（重庆）战略性互联互通示范项目

的重要抓手，推动两国在能源和金融领域开展更进一步的合作。在交易中心建设方面，渝、新双方可互补长短，共赢发展。一方面，新加坡市场规模和资源条件制约了天然气现货交易量，难以在本国形成有国际影响力的天然气基准价格，重庆天然气交易中心则可作为新加坡交易中心的东南亚前台，或者双方可合作开发亚太天然气价格指数。另一方面，新加坡是国际金融中心和国际原油交易中心，双方合作有助于促进重庆金融业务发展和金融环境规范完善。借鉴新加坡在交易中心制度建设和机制设计上的先进经验，使重庆交易中心在更高起点上开展工作。如果中新两国加强合作，完全有可能形成市场认可的亚洲天然气基准价格。

其次，有利于双方以此为支点开展辐射我国西部地区和"一带一路"沿线国家和地区的合作。与重庆的合作可以使新加坡在中国不断扩大对外开放，并在人民币国际化进程中继续巩固其区域性国际金融中心地位，同时有助于扩大本国金融业在中国的市场份额，借助中国"一带一路"战略，将经济触角延伸到中亚乃至中东地区。而对中国来说，与新加坡在建设重庆交易中心方面的合作，可提升金融行业服务重庆能源发展的层次和水平，更好地助力交易中心建设和运营。

作为油气改革综合试点的城市，重庆市应有目的培育、建设和推动交易中心建设，有勇气、有毅力打造具有区域影响力的油气交割点和现货、期货交易平台。在努力推动基础设施互联互通的基础上，重庆市亟须加强与市场主体的沟通联系，构建稳定透明的扶持性政策框架，营造良好的政策软环境，提供公平高效的监管服务，同时探索交易中心建设运营的新模式。

建议将交易中心建成中新合作框架下的示范项目。建议重庆市政府尽快启动交易中心立项，将其纳入中新互联互通战略性示范项目，并争取将其由前期储备项目转为早期收获项目。同时，重庆市应充分发挥中新示范项目的政策优势，争取最优惠的支持性政策条件，探索创新跨境投融资服务、供应链金融服务等对外开放政策，尽快把交易中心建成一个高起点、高水平、创新型的示范性重点项目。

(此文系作者主持的相关课题研究成果，课题组于 2016 年 6 月赴新加坡考察，课题组其他成员有王军、刘向东、王成仁、谈俊)

下篇　能源供给侧改革

一、能源供给侧改革之调结构

结构优化是能源供给侧改革的核心

"十三五"规划指出,我国将深入推进能源革命,优化能源供给结构,建设清洁低碳、安全高效的现代能源体系。加快发展核电、风电、水能、太阳能、生物质能、地热能等非化石能源,将 2020 年一次能源消费总量控制在 50 亿吨标准煤内,非化石能源消费占比提高到 15%,到 2030 年非化石能源、天然气占一次能源消费总量的比重分别达到 20% 和 15% 左右。我国能源生产和消费长期以煤为主,实现"十三五"规划和能源革命目标,关键是推动能源供给侧改革,优化能源结构,不断推进能源清洁化、网络化、智能化、永续化发展。

一、结构优化是能源供给侧改革的重要内容

(一)优化能源结构是世界能源发展的大势所趋

当今世界,能源格局深刻调整,供求关系持续缓和,以低碳智能和开放共享为特征的新一轮能源革命已经开始,并且呈现明显的能源结构低碳化、能源生产利用智能化、能源供需格局多极化特征。首先,目前,OECD 国家天然气消费量占一次能源消费的 30% 以上,到 2030 年天然气可能成为这些国家的第一能源。全球可再生能源发展迅速,2012~2014 年,新增可

再生能源装机占全球新增电力装机的48%，20多个国家正在建设或者计划建设新的核电站，生物燃料发展迅猛。其次，互联网、大数据等现代技术与能源深度融合，分布式能源、智能电网、新能源汽车步入产业化发展阶段，"人人消费能源、人人生产能源"的能源格局正在形成。再次，美国非常规油气革命打破了过去的能源供应集中在中东等地区的局面，同时能源需求中心加速东移，发展中国家能源消费占比不断提升，非化石能源正在成为全球能源供应的重要增长极。

表1　　　　　　2010～2035年按类型分的世界能源消费情况　　单位：百万吨油当量

年　份	2010	2014	2015	2020	2025	2030	2035
全部能源消费	12 110.8	12 928.4	13 080.5	14 430.5	15 541.8	16 479.1	17 307.3
液体燃料	4 041.8	4 211.1	4 293.4	4 602.1	4 838.6	5 010.2	5 115.1
天然气	2 879.7	3 065.5	3 160.2	3 520.9	3 874.1	4 135.7	4 428.1
煤炭	3 611.2	3 881.8	3 794.8	4 011.3	4 101.3	4 187.5	4 271.8
核能	626.2	574.0	589.8	725.7	788.4	850.9	859.2
清洁能源	783.9	879.0	887.8	985.8	1 101.7	1 189.3	1 273.8
可再生能源	168.0	316.9	354.6	584.7	837.7	1 105.4	1 359.4

资料来源：《BP世界能源统计年鉴》，2016年7月。

表2　　　　　　2010～2035年按国别分的世界能源消费情况　　单位：百万吨油当量

年　份	2010	2014	2015	2020	2025	2030	2035
全部能源消费	12 110.8	12 928.4	13 080.5	14 430.5	15 541.8	16 479.1	17 307.3
OECD国家	5 607.3	5 498.8	5 537.6	5 733.6	5 750.1	5 738.2	5 696.1
非OECD国家	6 503.5	7 429.6	7 543.0	8 696.9	9 791.7	10 740.9	11 611.3
欧盟	1 757.2	1 611.4	1 643.8	1 648.6	1 626.2	1 583.0	1 526.5
美国	2 284.9	2 298.7	2 288.8	2 376.4	2 373.4	2 372.6	2 353.6
中国	2 471.2	2 972.1	2 993.1	3 463.1	3 862.1	4 159.3	4 387.2
印度	510.0	637.8	664.6	841.0	1 060.9	1 280.9	1 505.3

资料来源：《BP世界能源统计年鉴》，2016年7月。

（二）优化能源结构是中国经济发展的必然要求

近年来，我国经济发展进入增速回落、结构调整、模式转变的新常态。

原有发展模式难以持续，过去依靠的生产要素价格优势日益削弱，资源环境约束不断强化，对能源需求总量有所下滑，对能源的清洁化需求日益迫切。首先，经济增速回落对能源需求放缓为能源结构调整留出了空间。2012～2015年，经济增速不断下滑，能源消费总量虽然从40.2亿吨标准煤增加到43亿吨标准煤，但是增速从3.9%稳步降到0.9%，煤炭消费已经连续两年下降。部分能源企业被迫转向清洁能源等领域。其次，空气环境质量恶化要求能源加快清洁化进程。近几年雾霾天气明显增多，对人们身体健康和企业投资环境造成不利影响。在能源清洁、减少排放等多措并举、加大投入的情况下，空气质量有所改善，2015年达标城市、优良天数占比分别比2013年提高10.8个和10.7个百分点，重污染以上天数减少53.7%，PM2.5平均浓度下降23.6%，但与发达国家和居民需求相比，仍有不小差距。再次，我国能源资源人均占有量和质量偏低，人均石油、天然气仅为世界平均水平的5.4%和7%，只有通过供给侧的结构调整才能够更有效地利用现有资源。

（三）能源结构优化基本良好

目前，国内能源供给侧结构性改革的制度、技术、设施等条件基本成熟。首先，能源结构优化的制度不断完善。新一轮电力体制改革已经制定总体方案，细节正在落实；石油天然气体制改革也在酝酿之中，国际能源合作不断加强，特别是"一带一路"沿线国家不断与我国签署能源合作协议。其次，能源供给侧结构性改革的技术条件逐步成熟。美国的页岩油、页岩气等技术相对成熟，我国这方面也在加速研发探索；欧洲太阳能技术相对发达，我国太阳能技术也不断突破。我国地域辽阔，风能、水能、太阳能、潮汐能等条件良好，具备大力发展清洁能源的基础条件。再次，能源基础设施日趋完善，为环节能源的跨地区调运和交易提供便利条件。油气管网的大量建设为西气东输和原油进口提供了有利条件；电网的高速发展为电力跨区输送提供媒介；自贸区、电力交易中心、石油天然气交易中心等设施和交易平台为能源交易和价格发现提供了现代化工具。

二、能源结构优化的限制因素

（一）体制机制因素

能源供给侧产业集中度较高，主要供给主体是电网企业和三大油气企业，他们直接为企业和居民提供电力、成品油、天然气等能源产品。能源供给约束明显，其中原因主要是，能源商品属性不完整，市场竞争不充分：一是直接计划。能源是传统计划经济时期计划管理最严格的领域，至今仍有很强的计划色彩。比如，各地制定发电量计划，对各个机组平均分配发电时间；电力的上网电价、销售电价仍由国家定价。由于电量和电价是由计划决定而不是供求关系决定，加剧了煤电矛盾。前几年电煤价格快速上涨，电价调整滞后，造成发电企业大量亏损；近两年电煤价格大幅下降，电力又明显供大于求，但电价没有相应下降。又比如，近年来全球油气价格大幅下跌，但国内成品油和天然气调价滞后，消费者仍然要承受高油价、高气价。使用计划手段模拟市场的定产量、调价格，无法灵活地适应供求关系和国际市场变化。虽然近年来全球一次能源价格大幅下跌，供给侧却没能为广大工商企业提供优质、经济、清洁、充足的能源供给。二是双重体制。能源领域中很多行业正处在计划经济向市场经济过渡阶段，计划与市场并存的双重体制特征明显。三大油气企业、电网企业的前身是国务院组成部门，虽然转制为企业，原有运行机制并未得到根本改变。煤炭、电力、油气企业中国有经济比重很高，虽然国家没有向他们下达指令性计划，但有关主管部门通过考核、审批、人事任命、兼并重组等方式对企业管人管事管资产。这类企业很多又是上下游一体化经营，在行业中产业集中度较高，可以利用市场支配地位不向第三方开放、不让社会资本进入，一定程度上抑制了竞争，扭曲了供求关系。三是监管不足。能源是网络型垄断行业较多的领域，包括电网、油气管网、城市电网和气网。这些网络的经营者既是能源的购买者也是销售者，处于自然垄断地位。世界各国网络型垄断行业的改革思路一般是"放开两头，管住中间"，党的十八届三中全会提出"网运分开，放开经营性业务"。监管主要体现在对网络输配业务单独定价，监督网络向第三方无歧视开放、网络建设向各类投资主体开放。目前，我国能源主管部门缺少对能源网络型垄断行业经营成本、合理利润、市场准入的监管。能源消费者缺少选择权，也不具备议价能力，只能被动地接受定价。[①]

目前，我国能源行业在市场准入、交易活动和定价水平等方面管制严格，被称为"计划经济的最后一块堡垒"。如石油勘探开采权由"三桶油（中石油、中石化、中海油）"和延长石油四家企业垄断，进口贸易实行政府总量调控、统一安排，并且大部分进口权由国有企业掌控；油气管网主要由中石油和中石化两家企业垄断，少数民企有部分支线管网的建设运营权；油气零售市场虽已形成多种所有制企业竞争格局，但绝大部分市场仍由国有企业控制，离公平开放竞争仍有不少距离；电力行业过去长期实行计划电量、标杆电价和电网"统购统销"的模式，2015 年 3 月 15 日下发的《关于进一步深化电力体制改革的若干意见（中发〔2015〕9 号）文》确立了"放开两头、管住中间"的改革思路，正逐步推进竞争环节的市场开放。根据经济学一般原理，垄断会抬高市场均衡价格，造成社会整体福利的损失。按照供给学派的治理经验，放松政府管制、在非自然垄断环节引入竞争，将带来经济生态环境的大幅改善，极大提升运行效率和市场活力。

（二）技术因素

当今世界正处于新一轮能源革命的起步期，可再生能源、智能电网、非常规油气等技术开始规模化应用，分布式能源、第四代核电等技术进入市场导入期，大容量储能、新能源材料、氢燃料电池等技术有望取得重大突破。[②] 首先是我国能源系统运行效率低下，系统调峰能力不足，电力系统主要依靠火电机组调峰，吸纳可再生能源上网能力差、效率低、污染排放大；天然气储气调峰滞后，储气库工作凄凉不足年用量的 3%，远低于欧盟和美国 15% 左右的平均水平。电力、热力、燃气等功能系统集成互补、梯

---

① 范必：《供给约束突围之路——再析供给侧结构性改革》，载于《宏观经济管理》2016 年第 6 期。

② 努尔·白克力：《走中国特色能源发展道路》，载于《求是》2016 年第 11 期。

级利用程度不高。其次是可再生能源发展面临制约。"三北"地区弃风弃光，西南地区弃水问题加剧，部分地区弃风率超过30%。"十三五"时期水电、风电和光伏发电装机扩大，可再生能源消纳问题会更加突出，与低煤价相比没有价格优势。再次是发展清洁能源任务艰巨。我国煤炭消费比重仍然偏高，天然气消费占比较世界低10个百分点。煤炭消费中散烧的占23%，是雾霾的主要原因之一。天然气受到价格和体制等因素影响，市场出现低水平富余现象。工业领域的电力替代面临设备改造投入和用能成本增加问题，交通运输领域替代急需基础设施建设和关键技术突破。最后是资源环境约束突出。我国14个煤炭基地中有11个十分缺水，其中蒙陕甘宁原煤产量超过60%，水资源不足全国的5%。同时，大气污染日益严重，温室气体减排任务加剧。这些因素导致，能源供给约束问题严重，能源利用粗放、代际更替滞后、能源价格缺乏竞争力、煤电矛盾长期得不到解决等。消费者只能承受低效率、高价格的能源供给。

（三）资源禀赋因素

我国能源禀赋的突出特点是"富煤缺油少气"。2014年，我国煤炭已探明储量为1 145亿吨，仅低于美国（2 373亿吨）和俄罗斯（1 570亿吨）；在石油探明储量上中国仅相当于俄罗斯的18%和美国的38%。但是从能源生产上看，2014年中国煤炭开采量是俄罗斯的11倍、美国的4倍，石油开采量则是俄罗斯的39%、美国的41%。我国油气资源人均占有量很低，仅为世界平均水平的5.3%和7.7%，能源消费结构中油气和非化石能源的比重比发达国家低30多个百分点，资源和环境压力越来越大，油气对外依存度不断升高，地缘政治变局影响我国能源安全。[①] 而且，中国煤炭和石油的质量与国际能源水平相比有一定差距，国内天然气储量和产量不足，主要靠进口，因而消费占比偏低，价格偏高。经过多年发展，目前天然气占我国一次能源消费比重明显偏低，天然气对外依存度已超过30%。我国天然气价格比美国等天然气资源富集国家要高出很多。中国目前的天然气价格达到3元/立方米，是美国的4~5倍。水能、风能、光能、核能等虽然在禀

---

① 努尔·白克力：《走中国特色能源发展道路》，载于《求是》2016年第11期。

赋和技术层面我国都处在相对有利的位置，但是这些能源毕竟尚未成为主体能源，在能源供给中的地位和作用有限。

三、推进能源结构优化的建议

能源供给侧结构性改革的关键是，提高能源绿色、低碳、智能发展水平，走出一条清洁、高效、安全、可持续的能源发展之路，为经济社会持续健康发展提供支撑。

（一）推进体制改革，释放能源制度红利

放松管制、推进市场化改革。一是改革油气探采许可证制度，放开各类资本进入权，通过招投标等方式选择勘探主体。二是明确矿产产权制度，从"申请在先"改为"竞争性出让"，允许企业在满足法定条件下转让矿业权或股份，活跃矿权市场。三是改革油气进口权及配额、销售去向管理和国家配置计划等管理手段，放开进口、炼化和批发等竞争环节自主权，由企业自主决定"从哪买、往哪卖"等经营决策，创造富有活力的供应市场。四是对具有自然垄断特性的油气管网、电网等环节，可在一定范围内由独立法人主体垄断运营，政府加强监管，并按"准许成本加合理收益"原则严格核定价格。五是对终端零售市场，逐步放松政府定价或指导价，由供需双方根据市场条件自主决定价格，通过价格信号引导微观经济体运行。[①]六是深入落实电力体制改革和配套政策，研究完善石油天然气改革方案，转变职能、简政放权、强化监管三管齐下，不断优化能源发展的体制环境。

过去，我国能源行业管理主要以项目审批为主，监管主要在项目立项、审查等前置环节，事后监督检查较少。近年来随着政府简政放权改革的逐步推进，能源行业众多领域的审批权下放或是取消，在放松行业审批、扩大企业自主权的新形势下，加强政府监管显得尤为重要。一是监管仍要把控好事前的规划、审查环节，不能"一放了之"、"任其发展"，更要加强整

---

① 程路、冯君淑：《能源供给侧改革的重点和举措》，载于《中国国情国力》2016年第6期。

体层面的规划引导等工作。如近两年，火电核准权由国家能源主管部门下放至省级能源主管部门后，在地方政府投资保增长的驱动下，各地掀起了火电建设热潮，2015 年火电新增 7 400 万千瓦，是过去几年平均水平的 1.5 倍以上。2015 年年底核准在建项目超过 2 亿千瓦，已批路条项目也近 2 亿千瓦，如果全部建成全国火电装机将达到 13 亿千瓦，电力供应将面临严重过剩局面。由于市场具有短期性和盲目性的特点，缺乏宏观引导的自由市场往往带来大起大落、产能过剩等一系列问题，因此，需要政府通过规划制定、信息发布和总量调控等多种手段，明确市场近期状况和长期预期，引导市场主体理性决策、科学发展。二是政府部门要逐步建立清晰、规范和严格的市场监管制度，逐步归口能源行业监管职能，事前、事中和事后监管相结合，切实做好"裁判员"。对于竞争性环节，如上游开发、终端零售等，监管重点在于市场主体是否有操纵、欺诈等行为，维护市场公平开放环境；对于自然垄断环节，如油气管网、电网等，重点在于成本监审及合理定价，确保市场主体不利用支配地位获取垄断暴利。三是政府部门还应做好兜底群众用能保护。供气、供热和供电等基本公共产品，应通过政府定价、补贴等形式，保障无议价能力群众的基本生活需要。开展多种形式的能源扶贫工作，如开展光伏扶贫，实施农网改造升级工程，推进定点扶贫和对口支援等。逐步解决交叉补贴等问题，探索由暗补改为明补、稳定补贴来源以及逐步缩小补贴对象范围等，以政府基金等形式替代交叉补贴。

突破"互联网+"智慧能源的机制和技术限制。过去能源领域条块分割严重，现在最重要的理念就是实现多能互补，煤电油气相互协调配合，生产消费互动。一要推进技术创新，特别是在核心技术研发方面，不能"闭门造车"，要结合基础理论研究、技术装备研发和工程应用示范，尽快突破能源互联网技术。二要创新体制机制。能源互联网监管体制和市场机制还不是很健全，要建立比较完善公平的"平等、互联、分享、开放"的市场机制。要加强监管，使监管机制在整个能源互联网产业发展过程中贯穿始终。要加强能源互联网发展方面的人力、物力、财力等产业保障。要加强能源互联网发展的组织，确保跨产业界和社会界的能源互联网健康发展。争取 2019 年年底之前基本完成第一阶段的各种能源互联网模式和业态的工程示范，2019～2025 年加快推广应用。[1]

（二）降低企业成本，激发能源企业活力

目前，我国能源行业平均税负偏重，一升成品油中税费占到终端售价的 50% 左右，一吨煤炭税费负担占销售收入 35% 左右。高税负提高了全社会用能成本，降低了我国工业品竞争力和比较优势。我国能源行业承担的税费过重有税制原因，也有行政附加费用过多、地方保护等多种因素，在当前产能过剩、行业生存困难的大环境下，更需要通过减税降低企业成本、减轻企业负担。一方面要清理各种行政附加费用，如煤炭价格调节基金、运输保价费等，变费为税；另一方面要落实国家各项减税政策，对并购重组、关停退出的企业，可考虑适当的税收减免优惠政策，鼓励行业整合。另一举措是减少中间流通环节，构建供需双方直接见面的市场，降低交易及发现成本、提高交易效率。煤炭供不应求时，车板费、点装费和代理费等费用占到了流通成本的近一半、终端售价的 1/4 左右，其中包含大量寻租环节和隐性费用。减少中间环节的途径包括：改变一次能源大范围迁移调运的传统方式，如变输煤为输电；通过"互联网＋"等信息技术改造传统交易平台和模式，促成供需双方直接见面的市场，如"找煤网"、"找钢网"等在线中介平台；规范监管、加强信息披露，促使市场主体在更加透明化的规则下运作，减少寻租空间。[2]

加快能源行业去产能和补短板。加快制定能源供给侧结构性改革的实施意见，着力化解与防范产能过剩，三年内原则上停止审批新建煤矿项目，停建、缓建、取消一批煤电项目，加快炼油能力升级改造，淘汰落后产能。着力补齐发展短板，加快电力调峰、天然气储气设施建设，优化能源系统，提高运行效率，降低运行成本。着力提高能源清洁化水平，加快油品升级改造、煤电超低排放改造，大力推进电网、油气管网和电动汽车充电设施

---

① 李冶：《技术创新和机制保障是"能源互联网"在推进中有"两个关键"》，中国政府网，2016 年 6 月 24 日。

② 程路、冯君淑：《能源供给侧改革的重点和举措》，载于《中国国情国力》2016 年第 6 期。

建设，推动以电代煤、以气代煤，提高清洁能源消费比重，促进生态文明建设。①

（三）推进能源技术革命，提升产出和用能效率

当前我国能源领域部分技术已达到国际先进水平，如燃煤发电技术、核电技术和特高压技术等，下一步需要着力突破自主创新难关、向国际引领和国际领先方向迈进。具体需要完善政策与支持体系：

一是以企业为主体开展创新研究。在从"跟随创新"向"引领创新"转变的阶段，需要进一步释放企业等微观主体的活力和创造力，"自上而下"和"自下而上"相结合开展创新研究。科技主管部门可制定战略规划、设置专项基金等，引导企业自主确立研究方向，通过申请基金、产研结合、创新奖励和纳税抵扣等多种方式获得政策支持。

二是激发国有企业从业人员的创新积极性。过去，国有企业由于薪酬总额、成果权属等因素限制，员工的创造力没有得到充分发挥。可结合混合所有制改革等举措，探索科技成果入股、创新特别奖励等多种方式，进一步激发基层的首创精神。同时，要简化束缚创新的各种流程、事务性手续，让科研人员真正能全心投入到科研中。

三是加大基础科学研发投入力度。当前，能源领域亟待突破的"高精尖"技术，瓶颈主要是材料、精密制造等，与基础科学发展水平密切相关，需要长时间积累探索，需要国家政策倾斜和良好的科研环境。建议依托基础科学研究，创造一流的科研环境，解决专业人员后顾之忧，鼓励探索、允许试错，争取在2030年左右实现我国能源科技整体实力达到国际先进水平。

四是增强创新发展能力。加快能源科技创新，力争大规模储能、新一代核电、新能源材料、燃料电池等关键技术率先取得突破。加快发展方式创新，实施"互联网＋"智慧能源行动计划，加快发展智能电网、分布式能源，培育能源生产消费新业态、新模式。适度加快大中型水电站建设，稳妥推进核电项目建设，保护好极为稀缺的核电厂址资源。稳

---

① 努尔·白克力：《走中国特色能源发展道路》，载于《求是》2016年第11期。

步发展风电、太阳能发电，推动光热发电示范项目建设，加快地热能、生物质能发展，加大页岩气、煤层气、海上油气勘探开发力度，增强绿色发展后劲。

（本文完成于 2016 年 8 月）

二、能源供给侧改革之去产能

有序推进煤炭去产能

煤炭是我国能源生产和消费结构中的重要组成部分。作为国民经济的基础产业，煤炭产业涉及面广、从业人员多，关系经济发展和社会稳定大局。在世界能源清洁发展的大趋势下，受经济新常态、碳排放达峰目标和环境保护压力等多重因素影响，国内能源消费需求下降，煤炭产能持续过剩，煤炭企业利润大幅下降，亏损面持续扩大。2015年能源消费增速仅为0.9%，是1998年以来的最低增速，能源消费换挡减速趋势明显。同时，我国能源结构优化步伐加快，天然气和非化石能源比重进一步扩大。化解煤炭过剩产能，是当前及相当长一段时期内的重要任务，刻不容缓。

一、煤炭产能过剩有所缓解但没有根本性改变

长期以来，我国煤炭产能居高不下，远高于煤炭生产和消费量，产能利用率持续走低，煤炭去产能形势不容乐观。根据中煤协数据，截至2015年年底，全国煤矿产能总规模为57亿吨，其中正常生产及改造的产能为39亿吨，而新建及扩产的产能为14.96亿吨，其中有超过8亿吨为未经核准的违规产能。而2015年我国煤炭生产量不足40亿吨，产能过剩近17亿吨。从产能利用率来看，2015年我国煤炭产能利用率仅为70%。

与之相对应的是，煤炭在我国能源生产和消费中的比重逐年下降。2009

年以前稳定在 70% 以上，"十二五"期间下降到 70% 以下，2014 年为 66.3%，2015 年为 64%（见图 1）。2016 年上半年，我国煤炭消费 18.1 亿吨，同比下降 4.6%。煤炭产能的长期过剩带来煤炭价格自 2012 年以来的持续走低，虽然 2016 年以来煤价出现小幅回升，但煤炭企业仍大幅利润下降，出现大面积亏损。2016 年前 5 个月规模以上煤炭企业主营业务收入同比下降 13.5%，利润同比下降 73.4%，亏损面仍在 70% 以上。

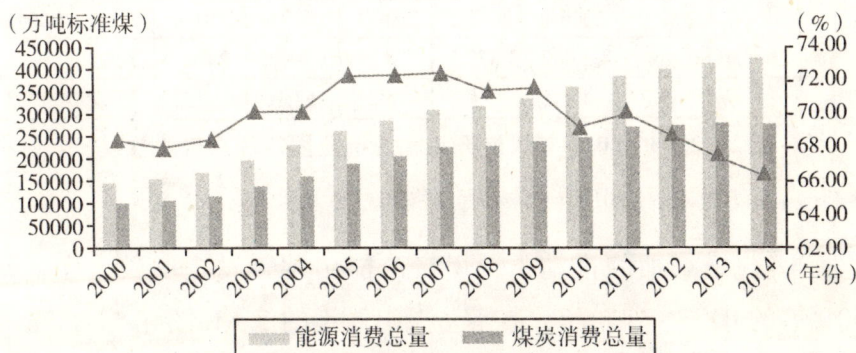

图 1　2000~2014 年我国煤炭消费规模及比重

资料来源：国家统计局。

"十二五"时期以来，我国将化解煤炭过剩产能作为重要工作推进，取得积极进展，但煤炭去产能形势依然严峻。"十二五"期间，全国累计淘汰落后煤矿 7 250 处、落后产能 5.6 亿吨。全国煤矿共 1.08 万处，其中年产 30 万吨以下的小型煤矿 7 000 多处，产量仅占 10% 左右。根据国家发展改革委的数据，截至 2016 年 7 月末，全国各地累计退出煤炭产能 9 500 多万吨，仅完成全年任务量的 38%。

二、投资过度和产业集中度低是产能过剩主因

投资过度和产业集中度低是造成煤炭产能过剩的主要原因。煤炭项目建设周期短，拉动投资、带动就业和地方经济增长明显，各地为追求 GDP 目标，往往多批快上煤炭项目。从煤炭产业投资来看，2012 年以前，我国煤炭产业发展政策利好，煤炭企业加快投资扩建新矿，特别是 3 万吨以下小煤矿发展迅速。煤炭开采和洗选业固定资产投资规模从 2004 年的 1 905.41 亿元，增长至 2012 年的 16 421.97 亿元（见图 2）。

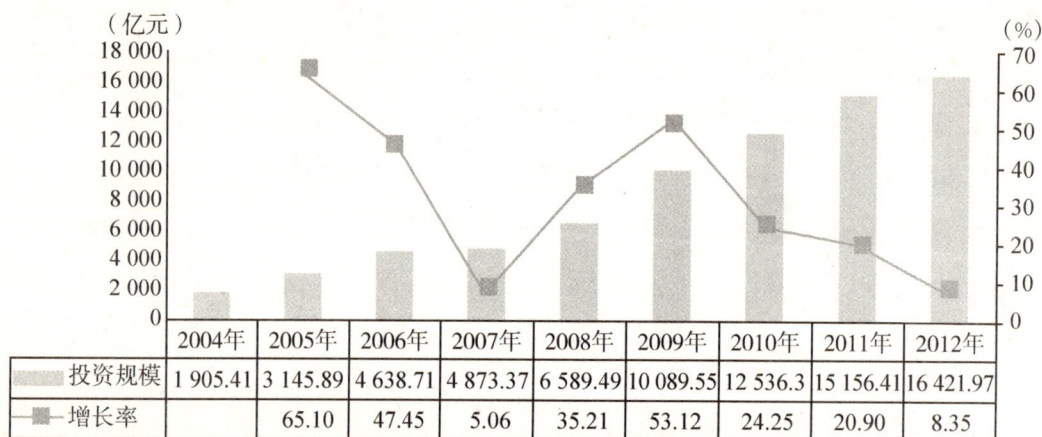

图2 2004～2012年煤炭开采和洗选业固定资产投资规模

	2004年	2005年	2006年	2007年	2008年	2009年	2010年	2011年	2012年
投资规模	1 905.41	3 145.89	4 638.71	4 873.37	6 589.49	10 089.55	12 536.3	15 156.41	16 421.97
增长率		65.10	47.45	5.06	35.21	53.12	24.25	20.90	8.35

资料来源：国家统计局（2013年以来数据无相关统计）。

在投资大规模增加的推动下，煤炭产能出现爆发式增长，煤炭新增产能从2001年的0.77亿吨/年，扩张至2012年的5.81亿吨/年。在"十二五"时期大力去产能的背景下，新增产能仍大幅增加。如图3所示，2013年以来，新增产能明显下降。

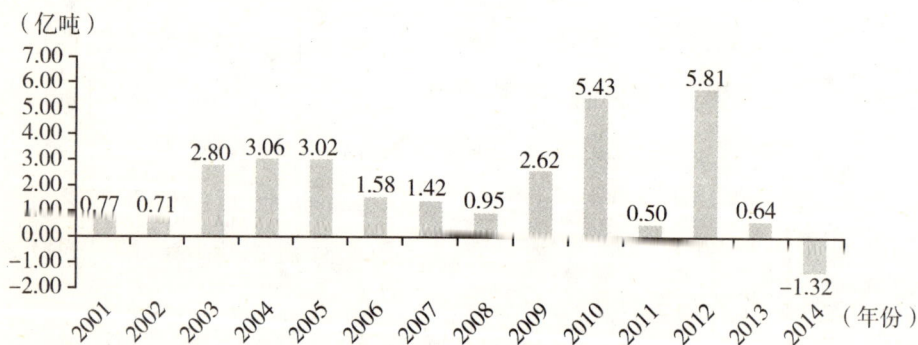

图3 2001～2014年煤炭新增可供量

资料来源：国家统计局。

从产业集中度看，虽然我国煤炭产业经历了由分散化向集中化的过程，但目前的产业集中度仍显著低于发达国家，过多小型煤矿的存在加剧产能过剩情形。2000年，我国煤炭产业前4家企业集中度（CR4）和前8家企业集中度（CR8）仅为9.6%和14.7%。经过2006年和2010年国家政策性引导提高产业集中度以后，我国煤炭产业集中度显著提高，CR4和CR8分别从2010年的19.1%和27.2%上升到2012年的24.4%和35.9%，但与发达国家相比仍存在较大差距。如美国 2012 年煤炭产业 CR4 和 CR8 分别是 51.2% 和 61.5%。此外，澳大利亚 CR4 为 56.1%，俄罗斯 CR4 为 96.7%。从单个煤矿产能看，国外主要产煤国大都运营大型现代化煤矿，极少有年产能在 15 万吨以下的煤矿，而我国现在仍有很多年产能在 10 万吨以下的微型煤矿。

三、煤炭去产能要妥善处理几个问题

煤炭去产能是"十三五"期间的重点工作之一。虽然在未来较长一个时期内，煤炭在能源结构中的主导地位难以改变，但建设"清洁低碳、安全高效"能源体系的大背景下，煤炭在能源结构中的比重将逐步下降，煤炭企业谋求转型升级是其持续发展的主动选项。根据规划，"十三五"期间将再退出煤炭产能 5 亿吨左右、减量重组 5 亿吨左右，这对煤炭去产能提出更高要求。煤炭去产能应以煤炭产业健康有序发展为目标，通过市场机制形成煤炭产业自我调节的良性循环，而不应简单关停煤矿、"一刀切"。

第一，抑制地方投资冲动，严格控制新增产能。在近几年的去产能过程中，各地虽大力推动关停并转，但部分地区仍存在盲目扩大煤炭产能的情形，存在未批先建甚至先生产的情况。因此，要抑制地方因顾及经济增长数据而加大投资的冲动，通过制定最低经济规模、技术水平、环保规范等产业标准，限制新增矿井的审批，提高煤炭产业进入门槛。严格控制新增煤炭产能，控制地方审批新建煤矿项目，以及新增产能的技术改造项目和产能核增项目，控制各地新批新建小型、微型煤矿。

第二，注重技术、高效，有序淘汰落后产能。淘汰落后产能并不是简单地、"一刀切"的关闭小型煤矿。我国在煤炭去产能过程中，存在为完成规划任务，简单合并煤炭企业、仅以产量为标准关闭小煤矿的现象，并没有解决煤炭企业技术含量低，生产效率不高的问题。因此，必须有序淘汰落后产能，在清理小煤矿时，充分考虑其技术水平和经济性，对技术、工艺突出的小煤矿，提供必要的支持，使其做大做强。鼓励其与大型煤炭企业合并，将技术工艺应用推广。

第三，加快推进过剩产能退出。目前，各地仍存在大量符合文件要求，

但产能利用率低、资源条件不好的煤矿，是引导退出的重点对象。一方面，对于长期亏损、停产、停建的煤矿，以及资源枯竭、资源条件差的煤矿，通过给予政策支持等综合措施，引导其有序退出；另一方面，对于存在安全隐患的，质量和环保不过关的，技术含量低、资源规模小的煤矿，以及其他自愿退出的煤矿，给予相应支持政策，帮助其退出。

第四，积极推进煤炭清洁利用。煤炭清洁化和高效利用是初现煤炭产业绿色发展的重要手段。实现煤炭资源的清洁高效利用，关键是将煤炭清洁高效利用的技术、理念和机制贯穿于生产、流通、转化、利用等煤炭开发利用的全过程。一是做好原煤洗选调质和分质分级梯级利用工作，科学有序推动煤炭清洁转化，推动煤炭由燃料向燃料和原料并重转化。二是推动矿区生态文明建设，减少污染，提高资源效率。三是推动超低排放燃煤发电升级改造和燃煤工业锅（窑）炉改造，治理散烧煤，提高煤炭集中转化的比例，提高煤炭终端直接燃烧利用水平，减少污染物排放。四是加快建立国家煤炭清洁生产和高效利用协调机制。

第五，发挥政府托底作用，妥善处理职工安置问题。化解过剩产能，职工安置是重中之重。根据人社部的数据，煤炭系统需要安置人口约是130万人。需制定周密安置方案，细化到每一位职工，保障好每一位职工的合法权益。政府要做好"托底"工作。一是建立完善的企业破产退出、职工失业救济的社会保险体系，减轻企业负担。二是鼓励企业挖掘现有潜力，在本企业内部来安置职工。三是促进转岗就业创业。对需要离开本企业的职工，提供一系列扶持政策，帮助下岗职工尽快就业和创业。四是处理好劳工关系。妥善处理因兼并重组、停产破产等行为，带来的劳工问题，充分吸纳员工意见，保障员工权益。

第六，加强政策支持。一是加大金融支持。为退出企业提供债券融资渠道，妥善处置债务、员工权益保障等问题。优化资本市场，引导和鼓励社会资本通过直接融资参与煤炭企业并购重组。鼓励保险资金、社保基金、公积金等长期资金创新产品和投资方式，参与企业并购重组。二是优化土地政策。盘活退出煤矿土地资源，严格控制新增煤矿土地审批。支持退出煤矿用好存量土地，在政策上开绿灯，促进矿区更新改造和土地再开发利用。三是提供技术改造政策和资金支持。加大对煤炭企业技术改革的资金支持，健全基金支持体系，支持煤炭企业通过提升信息化水平、应用新型装备、实施机械化和自动化改造等方式进行改造。支持煤炭企业引进煤炭地质保障与高效建井等关键技术，鼓励企业应用煤炭无人和无害化、无煤柱自成巷开采技术，提升企业技术水平。

（本文完成于 2016 年 8 月）

化解煤电过剩产能应多管齐下

当前，我国经济进入新常态，传统的重速度、轻质量、依靠产能扩张的粗放发展方式难以为继，能源消费增速放缓，作为用电大户重化工业、高耗能产业持续低迷，电力消费持续下降，与电力行业投资盲目扩张形成巨大反差，电力供应，特别是煤电存在严重的产能过剩。在能源革命的大背景下，化解煤电过剩产能是当前乃至未来一段时间内的重要任务，亟须多管齐下。

一、煤电去产能不可避免

（一）我国能源消费减速换挡，煤电外部环境趋紧

当前，我国能源消费进入减速换挡期，传统能源产能明显过剩。能源结构不断调整，煤电发展空间进一步压缩。一方面，经济中低速增长带来能源消费增长速度总体放缓，全社会用电量增幅下降。我国能源消费增速由 2012 年以前的年均 8% 降为 2015 年的 0.9%，依靠扩张型、高投资拉动的增长方式已到顶点，传统"三高一低"行业密集转型升级，也是去产能的重点领域，用电增速创 1974 年以来年度新低。据统计，2015 年全社会用电量 55 500 亿千瓦时，同比增长 0.5%，同比增速较 2014 年下降 3.3 个百分点。这与国内用电产业不景气，用电量大幅缩减直接相关。根据中电联的数据，2016 年 1~7 月，化学原料制品、非金属矿物制品、黑色金属冶炼和有色金属冶炼四大高载能行业用电量合计 9 828 亿千瓦时，同比下降 2.7%，增速比上年同期回落 0.7 个百分点；合计用电量占全社会用电量的比重为 29.5%，对全社会用电量增长的贡献率为 -23.6%。

另一方面，在碳排放达峰、能源革命和环境保护压力下，我国能源结构逐渐转型，化石能源消费比重持续下降，清洁能源成为未来发展重点。

我国电力生产中，水电、核电和风电发电量（其中，风电数据为2010年以来）所占比重从20%以下上升到近几年的20%以上，特别是"十二五"期间，出现明显上升。相应地，火电发电量比重由原来的80%以上，降低到75%左右（见图1）。

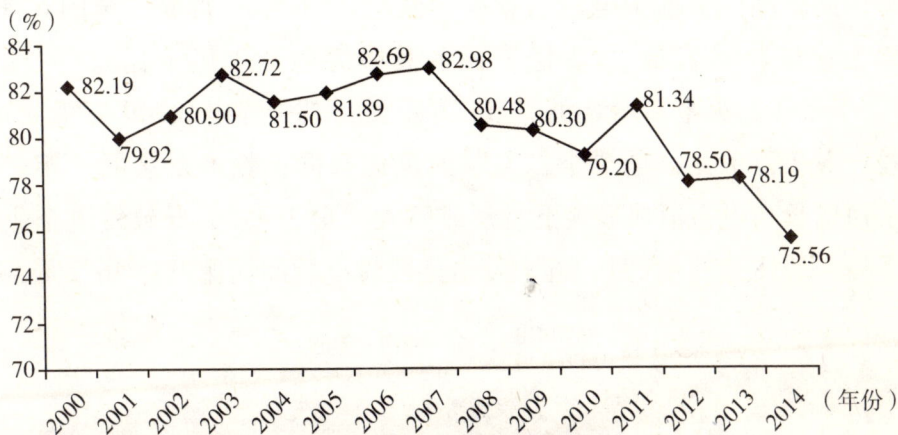

图1　2000～2014年我国火电发电量占比

资料来源：根据国家统计局数据计算而得。

虽然煤电因其经济性和煤炭资源禀赋的影响，在短期内仍会是主力电源，但在未来发展中，其地位将进一步下降。"十三五"期间，我国将更加注重能源结构的战略性调整，积极发展水电，稳步推进沿海核电建设，大幅度提高非化石能源比例。根据国家能源局的信息，"十三五"期间留给煤电的增长空间不超过1.9亿千瓦，但目前在建与核准的装机容量却高达3亿千瓦，远远超过用电需求量。

（二）电力行业盲目性投资严重，煤电产能大量过剩

近年来，我国电力设备利用率持续下降，发电设备年利用小时数明显降低，但电力装机逆势扩张，新增装机规模持续增加，特别是燃煤火电盲目性投资严重。

从发电设备年利用小时看，电厂设计利用小时数为年均5 500小时，但2013年以来，我国火电利用小时数逐年降低，远低于设计小时数。2013年我国火电设备年利用小时为5 021小时，2014年为4 739小时，2015年仅为4 329小时，同比下降410小时。2016年1～7月，全国发电设备累计平均

利用小时 2 150 小时，同比降低 163 小时。其中，火电设备平均利用小时为 2 335 小时，同比降低 222 小时。预计全年火电利用小时数将降低到 4 000 小时左右。

从电力装机看，火电装机总规模持续增加，新增装机为"十二五"时期以来同期新高。根据中电联的数据，截至 2016 年 6 月底，全国 6 000 千瓦及以上火电装机容量 10.2 亿千瓦（其中煤电 9.2 亿千瓦），同比增长 7.9%。上半年，火电新增装机 2 711 万千瓦（其中煤电 2 149 万千瓦），同比多投产 367 万千瓦，是"十二五"时期以来同期投产最多的一年。电力投资快速增长与电力消费显著下滑形成巨大"剪刀差"，导致发电企业经营形势严峻，2016 年 1~5 月，五大发电集团煤电利润同比下降 46.2%。

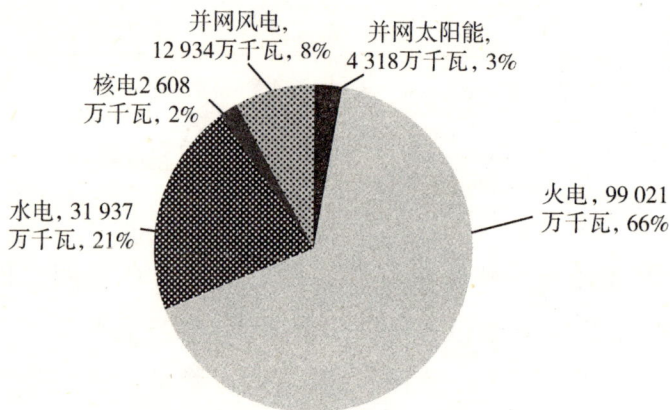

图 2　2015 年我国电力装机结构

资料来源：《2015 年国民经济和社会发展统计公报》。

从电力消费看，全国电力消费增速大幅度下降，电力增速下降明显超过预期。2015 年电力消费量仅增 0.5%，作为长期推动电力快速增长的二产用电出现负增长（-1.4%），其中占电力消费总量近 60% 的重工业用电负增长更为明显。2015 年火电发电量同比下降 2.7%，但当年火电新增装机 7 164 千瓦，大大高于原来估计数量。

煤电过剩与地方政府盲目追求 GDP 数据，多批快上火电项目直接相关。在电力审批权下放后，很多地方政府为拉动投资、制造 GDP，大批上马火电项目，形成全国都在盖火电厂的尴尬局面，出现两三亿元的在建项目。在能源消费增长预测不准、对能源结构变化反应迟钝背景下，长期形成的投资惯性难以停止，投资严重过度，造成巨大浪费。据预测，从现有火电利用率情况看，即使电力消费增速保持在6%，中国三年不建新火电项目都不会产生电力供应短缺问题。

（三）绿色高效低碳趋势明显，煤电去产能势在必行

当前，世界能源发展格局逐步向绿色低碳转变，能源清洁化进程正在加快，非化石能源已经成为能源新技术发展的主攻方向，终端用能技术的低碳化也成为国际用能技术创新和竞争的主要领域。英国将在2025年清除掉国内所有火电发电站。我国在"十三五"规划建议中提出要推动低碳循环发展，推进能源革命，加快能源技术创新，建设清洁低碳、安全高效的现代能源体系。与此同时，我国需要在2030年前实现碳排放达峰。内外压力均要求我国能源发展战略必须把低碳化作为重要目标，大幅度降低煤炭比例不仅是当前环境治理的需要，更是我国能源低碳化的长期需要。可以预见，在未来一段时间内，我国能源结构调整将大大提速，煤炭比重将进一步降低，以煤电为主的电力生产和消费格局将发生不可逆转的改变，抑制煤电投资盲目扩张、大力发展非化石能源是能源发展的长期方向。

二、煤电去产能需多措并举

"十三五"期间，要狠抓煤电去产能，防止过多过早新建煤电项目，坚持结构调整，推动清洁能源加快发展，推进能源系统升级和供给侧结构性改革，避免无效投资和系统性浪费。

（一）严格控制新增煤电规模，为清洁能源预留空间

在当前全国电力供需形势总体宽松的背景下，正确定位煤电在未来电力结构中的地位，逐步降低煤电比重，抑制煤电大规模投资倾向，控制煤电新开工规模，为清洁能源预留足够空间。一是有效控制煤电新开工规模。下大力尽快控制盲目上煤电，除了极个别真正先进技术（如"251"工程，700度超超临界）的煤电示范项目外，坚决制止以各种理由（包括上大压小，改造增能等）增加煤电产能。在国家能源发展总体规划的框架下，层

层设置地方煤电审批总量限制，科学确定和有效控制煤电新开工规模，逐步缓解煤电产能过剩现状。二是坚决停建、缓建一大批煤电项目。从煤电大量过剩的实际看，任何新的投入都会造成系统性的经济损失，停建项目虽在单个项目上有损失，但从全系统角度看仍是利大于弊。三是积极发展风电、光伏、水电等清洁能源，以适度煤电作为调峰电源，破解新能源并网瓶颈。坚持集中与分布式相结合的原则发展新能源。在具有消纳能力的地区按规划有序推进风、光互补或风、光、储发电发展，建立分布式智能微网，促进新能源就近消纳。

（二）抑制地方投资冲动，抓好规划落实执行

由于煤电项目上马快，对于新增就业岗位、促进经济增长均有明显作用，地方政府往往热衷投资建设。特别是近年来火电审批权下放，使得地方政府批建火电项目更为便利，进一步加剧煤电产能过剩。地方政府往往不顾市场需求或者投资回报，利用煤电项目拉动短期内的GDP。部分省市还出台了"煤电互保"政策，明确了"发电机组采购本省电煤量和发电量挂钩"的政策，要求发电企业优先使用本省煤炭，推出奖励电量政策。为此，必须杜绝地方政府盲目追求经济数据、不顾能源总体发展规划的行为，抑制超前审批、盲目下达产量任务等情形，坚决落实国家能源发展总体规划，紧抓规划执行，合理定位煤电角色，有序降低煤电产能规模。

（三）健全市场化定价机制，有序推动优胜劣汰

我国富煤，煤电成本相对较低，具有显著经济优势，助长煤电投资冲动，促使煤电新增装机增长显著高于实际需求。事实上，在现有电价机制下，并没有将煤电的碳排放成本内部化，导致煤电价格相对其他清洁电源具有明显优势。同时，清洁能源产生的清洁效益也没体现在价格当中，抑制新能源发展。在电网端统购统销的情形下，更倾向于收购价格低、调度便捷的煤电，而对新能源并网缺乏热情。因此，须健全市场化定价机制，利用市场机制倒逼，加快推进电力市场化改革。通过建立独立的电力交易市场，将煤电的碳排放成本内部化，实现清洁能源碳减排效益货币化，促进价值分配向绿色低碳领域转移，降低投资煤电的经济性，抑制地方投资

热情。通过市场化机制，筛选技术先进、污染排放少的煤电项目，推动落后煤电有序退出。此外，鼓励技术先进的大型煤电企业通过兼并收购小型煤电企业，发挥规模效益，提升投入产出效率。

（四）建立健全风险预警机制，及时纠正产业走向

建立风险预警机制是引导煤电产业健康发展，促进煤电过剩产能有序退出的重要手段。根据国家发展改革委的有关文件，风险预警指标包括建设经济性指标、装机充裕度指标和资源约束指标 3 个指标，分红、橙、绿三个等级进行预警。红色预警地区应暂缓核准煤电项目，企业慎重决策项目开工。橙色预警地区政府和企业应慎重决策建设煤电项目。各地应持续关注预警信息，并采取有针对性的措施化解过剩产能。同时，完善预警监测和惩罚措施，对红色预警下仍核批煤电项目的地区给予一定惩罚。鼓励红色预警地区通过关停并转降低煤电比重，发展清洁能源。

（本文完成于 2016 年 8 月）

三、能源供给侧改革之降成本

能源价格改革应为市场注入活力
为民众提升获得感

一、改革的紧迫性

能源资源行业是国民经济基础性产业。长期以来，我们对能源资源市场化改革采取了较为谨慎的态度，生产经营主要由国有企业承担，价格主要由政府制定，供需关系紧张，体制矛盾突出。事实上，能源资源虽然是关系国家安全的战略性资源，但也是商品，具有一般商品的基本属性，受价值规律和供求关系调节，可由竞争优化配置资源，由供求决定价格，由契约规范交易。推动能源生产和消费革命，关键是坚定不移推进改革，还原能源商品属性，构建有效竞争的市场结构和市场体系，形成主要由市场决定能源价格的机制。

政府对一些领域价格的过多干预成为构建市场体系和全面深化改革的体制性障碍，加快价格改革为市场释放活力已迫在眉睫。2014 年下半年以来，随着国际大宗商品价格持续走低，居民消费价格指数（CPI）涨幅进入下行通道，价格改革迎来了前所未有的良好契机。能源行业是市场和政府关系最为胶着的领域之一，价格总体上以政府管制为主，矛盾较为突出。当前，应抓住物价总水平偏低的重要窗口，以及党的十八届三中全会以来形成的良好改革氛围，不失时机启动重点领域和关键环节价格改革，为市场注入活力，为民众提升获得感。

二、总体指导思想

按照党的十八届三中全会的要求，加快完善现代市场体系，完善主要由市场决定价格的机制，凡是能由市场形成价格的都交给市场，政府不进行不当干预。放开竞争性环节价格；政府定价范围主要限定在重要公用事业、公益性服务、网络型自然垄断环节，提高透明度，接受社会监督。

能源资源价格改革，应综合考量资源稀缺程度、供需状况以及资源开发的生态补偿成本等因素，针对不同能源品种的具体情况分类施策。从资源角度看，我国油、气资源相对稀缺，而且是清洁能源，煤炭储量相对丰富，因而油气价格应该体现其资源稀缺性和清洁价值；从供需状况看，近年来我国油、气消费都保持了较快的增长势头，这从对外依存度攀升和国内生产量增加上也都可以得到印证，而煤炭呈现供过于求的局面，煤价随行就市出现了下行，电力和供热等相关产业价格应该随之联动；再从资源开发看，煤炭、油气等资源开发都会对生态环境造成一定的破坏，将生态环境损害的外部成本纳入价格也应是价格改革的重要内容。

三、应遵循三个原则

一是以"放"为主，"放"、"管"结合。旨在发挥市场的决定性作用，最大限度地缩小政府定价范围，放开重要商品和服务价格的同时，制定相应价格行为规则和监管办法，规范经营者价格行为。二是有涨有落，合理引导投资。适应市场供求关系和国内外市场新形势新变化，实事求是，科学施策，打破"价格改革就是涨价"的魔咒，对一些仍需政府调控的重要商品和服务价格该涨就涨，该降就降。让价格真正发挥平衡供需和优化投资、消费的引领作用，吸引社会资金进入短缺的公共服务领域，缓解因供给不足而导致的价格虚高和服务质量差等现象，增加改革动力，激发市场活力。三是将改革成果惠及社会，着力提升民众获得感和幸福感。用好国际能源资源价格下跌的"输入性价格红利"，最大限度惠及民众，防止类似"成品油消费税两个月三次上调"的与民争利事件再次发生。

四、应根据不同行业特点和改革进展各有侧重

聚焦于矛盾较为突出的重点领域和关键环节，实施符合行业特点和市场需求的实质性改革，形成主要由市场决定的价格机制，同时做好监管和监测，构建公平公正的市场秩序。

（一）按照新电改方案全面理顺电价机制

近日，《关于进一步深化电力体制改革的若干意见》（中发［2015］9号）颁布，要求按照"管住中间、放开两头"的体制构架，有序放开输配以外的竞争性环节电价，努力降低电力成本、理顺价格机制，这为今后的电价改革指明了方向。下一步，应按照新电改方案的要求，全面理顺电价机制。一是单独核定输配电价。组织好深圳、蒙西输配电价改革试点，建立电网企业输配电成本激励和约束机制。适时扩大试点范围，为全面实施输配电价监管积累经验。二是要分步实施公益性以外的发售电价格由市场形成。三是妥善处理电价交叉补贴。结合电价改革进程，配套改革不同种类电价之间的交叉补贴，将交叉补贴机制变"暗补"为"明补"。四是加快淘汰落后产能。完善水电、风电、抽水蓄能等价格形成机制，出台电动汽车用电价格政策，促进清洁能源发展。同时，实行分类电价、分时电价、阶梯电价等电价制度。

（二）以产业链体制改革带动天然气价格改革

2014年下半年以来，天然气价格改革步伐加快，建立了上海石油天然气交易中心，非居民用气实现增量和存量气价的并轨，放开直供气价，使得国内已经放开价格的天然气占到全部消费量的40%，市场化程度显著提高。但是，目前仍有大部分天然气未实现市场化定价，除直供用户外，城市门站价和终端消费价仍分别由中央政府和地方政府制定，并且工业商业对居民气价的交叉补贴依然严重，天然气上下游的价格传导机制仍然不畅。

天然气价格改革的最终目标是完全放开气源价格和终端销售价，政府只对具有自然垄断性质的管道运输价格和配气价格进行监管。价格改革与产业链结构紧密相关。目前，我国天然气市场整体处于相对垄断的格局，上游气源主要由中石油、中石化、中海油等大型央企控制，油气管网设施建设、运营主要集中于少数大型央企，主干油气管网处于高度垄断经营状态，部分省份也出现天然气管网由地方企业垄断经营的现象。鉴于当前的产业链现状，天然气价格改革的最终目标无法通过价格改革的"单兵突进"来实现。在主要的油气企业既掌握气源，又控制管道的情况下，下游用户议价能力不足，气价不能一放了之，否则消费者付出的代价可能会更高。

对产业链进行市场化改革，打破垄断、促进竞争，应作为我国天然气产业改革的方向，也应成为根本理顺天然气价格机制的前提。从当前看，应加快上游气源多元化改革，真正落实管网、储气库、LNG 接收站等基础设施的公平开放，尽快实现管输成本的独立核算，如此，天然气交易中心和直供气价放开才能对市场的形成发挥实质性作用。从长期看，应对天然气实施全产业链改革，竞争性环节引入竞争，对自然垄断性环节加强监管，形成主要以"X + 1 + X"为特征的产业链结构。第一个"X"指放开天然气上游气源限制，开展多元化竞争。中间的"1"指中游管网保持自然垄断，管网无歧视公平开放，政府严格监管。第二个"X"指在下游城市燃气领域形成多家区域性的销售企业。在此基础上，形成"管住中间、放开两头"的监管模式，从根本上理顺天然气价格机制。

居民用气方面，主要是推动阶梯气价的全面实施。2014 年 3 月《关于建立健全居民生活用气阶梯价格制度的指导意见》印发，已有上海、江苏、河南、湖南等地多个城市开始实施居民阶梯气价。2015 年应按照相关部署，全面建立居民用气阶梯价格制度，在做好低收入群体生活保障的前提下，逐步理顺居民用气价格。

（三）继续完善成品油定价机制

我国于 2013 年 3 月底出台了新的成品油价格形成机制，国内汽柴油价格根据国际市场原油价格变化每 10 个工作日调整一次。下一步，可在新的成品油价格机制基础上进一步完善定价机制，包括调价周期、调价频率、调价幅度、调价方式等。特别是调价周期可由 10 天进一步缩短，直至与国际油价实时联动。可适时将定价权下放给第三方机构，在实现与国际油价接轨基础上，价格调整不必再由价格主管部门发布，可由第三方机构按照政府确定的规则自行调整发布，价格主管部门专注于履行监管职能。

（四）深化改革实现覆盖全部成本的煤炭价格

煤炭价格目前已实现市场定价，煤炭资源税改革也已推行，下一步主要问题是继续完善煤电联动机制、完善交易平台建设，以及建立覆盖煤炭全成本的价格机制。一是加快推进煤炭资源税从价计征改革。按照清费立税、减轻煤炭企业税费负担的原则，建立资源税对煤炭产业调节的长效机制，提高资源税在煤炭价格形成机制中的正向调节作用。二是完善煤电价格联动机制。继续实施并不断完善煤电价格联动机制，密切关注电煤价格波动幅度，适时开展煤炭价格、上网价格和销售价格实时联动，有效化解煤电矛盾；鼓励煤炭企业和电力企业自主衔接签订合同，自主协商确定电煤价格。三是深化煤炭价格市场化机制。在国家取消煤炭双轨制的基础上，继续深化完全由市场决定的煤炭价格形成机制，建立健全全国煤炭市场体系，有效发挥煤炭交易中心和煤炭期货市场作用。根据我国煤炭生产与消费布局和市场发展变化情况，及时调整和改进煤炭价格指数。四是改革煤炭成本核算政策。将煤炭资源有偿使用费、安全生产费用、生态环境保护与治理恢复费用、煤炭转产资金、职业健康费用，按照一定渠道列支到煤炭成本中去，实现外部成本内部化，在取消不合理收费、基金的基础上逐步实现覆盖全部成本的煤炭价格。

（五）实施煤热联动下调供热价格

近年来，煤炭价格大幅度下跌，居民对下调燃煤供热价格呼声弥高。我国原油成品油、煤电都已实施了联动，并且联动周期越来越短，然而，煤热价格迟迟不联动。2008 年，秦皇岛港煤炭（5 500 大卡）平仓价平均为 706 元/吨，2015 年前三个月为 491 元/吨，比 2008 年下降了 30%。而与此同时，燃煤供热企业的利润率过高。例如，据我们调研，哈尔滨哈投投资股份有限公司 2013 年热力营业利润率为 27%，2014 年上半年为 28%；沈阳市联美控股股份有限公司 2013 年供热营业利润率为 26%，2014 年上半年为 37%；大连市热电股份有限公司 2013 年供热营业利润率为 24%，2014 年上半年高达 30%。2013 年，全国规模以上工业企业主营业务利润率为 6%，2014 年上半年为 5.6%。全国很多燃煤供热企业主营业务利润率是全国规模以上工业企业主营业务利润率的 5～6 倍，显然过高。

在国际能源价格走低背景下，我国经济总体受益，但不同行业和不同群体获益冷热不均。在深化改革的关键时期，建议中央加大对供热等民生领域的关注和政策力度，弘扬公平与正义，价格该升就升，该降就降，科学施策，取信于民，让民众从改革中更多地受惠和获益。

五、将原油等国际大宗商品下跌的"输入性红利"让利于民

作为重要的大宗商品生产国、消费国和贸易国，全球大宗商品价格对我国经济的影响总体利大于弊。据我中心课题组测算，以原油、铁矿石、大豆和铜材为例，如果 2015 年全年进口均价参照 2015 年年初商品现价，那么四种商品进口将因价格下跌而比 2014 年进口同等数量商品少花超过 1 550 亿美元（亚投行法定资本金 1 000 亿美元），按照 1 美元兑 6.2 元人民币，节省的开支将高达 9 610 亿元人民币，约占我国 2014 年进口总额的 8%，GDP 总量的 1.5%，这相当于我国在国际市场中意外得到了"输入性价格红利"。建议从全民福祉出发，变"输入性价格红利"为"全民红包"，采用恰当形式进行派发，民众、企业和政府各占 1/3，让利于企业，普惠于民众。

（本文原刊载于《南方能源观察》2015 年 6 月）

加快能源价格形成机制改革 构建绿色电价

无论是应对气候变化还是治霾，能源都是重要抓手。价格是调整供需和引导资源配置最为关键的杠杆，适时加快能源价格改革，可对应对气候变化和治霾发挥重要作用。当前，物价平稳，通胀率总体偏低，各方面认识已比较一致，加快能源价格改革，将外部成本内部化，建立反映全要素的价格体系，可为治霾、结构调整和市场化改革增加动力、释放活力。

一、以放为主加快能源价格形成机制改革

我国能源领域主要由市场决定的价格机制还未形成。2015 年下发的《中共中央国务院关于推进价格机制改革的若干意见》已经明确，到 2017 年，实现竞争性领域和环节价格基本放开，到 2020 年，市场决定价格机制基本完善，价格调控机制基本健全。对照此目标，我们认为，"十三五"期间能源价格改革应以"放"为主，最大限度地缩小政府定价范围，同时强化垄断环节监管。

尽快放开竞争性环节价格管制。应结合已经颁布的新电改方案及其配套文件，以及即将实施的油气改革方案，加快竞争性环节的价格改革。除了区域天然气管道和电网的自然垄断，其余各个领域和环节都应形成竞争性市场，成品油价格、天然气气源和终端销售价格、上网电价和销售电价均应适时放开。

加强自然垄断环节成本监管。对油气管网、输电网络等自然垄断环节，政府应核定其输配成本，确定企业的合理回报率，制定相应规则和监管办法，加强价格和成本监管。建议以"成本加成"原则进行管制定价。按照电力体制改革明确的"管住中间、放开两头"的体制构架，组织好输配电价改革试点及其扩容，为全面实施输配电价监管积累经验，妥善处理电价交叉补贴，努力降低电力成本。

搭建多层次能源市场化交易平台。完善煤炭交易市场和石油天然气交易市场，加快构建电力交易市场，为形成市场化的煤电油气价格搭建交易平台。进一步加强和完善能源市场基本交易制度，积极推进电子交易市场建设。建立和完善公开、公平、公正的能源现货及中远期合约市场，逐步建立现代能源期货市场。

二、构建绿色电价

将煤炭等化石能源外部成本内部化，是未来电价改革的一个重要内容。我国尚未形成完善的绿色电价体系。从价格构成看，煤炭等化石能源的污染和健康损害尚未纳入价格，而清洁能源的环保价值也未纳入价格，这导致价格信号的失真和价格机制的扭曲，不利于节能减排和清洁能源发展。当前，应利用低通胀有利时机，将外部成本内部化，争取在"十三五"期间形成覆盖全要素的绿色电价体系。

煤炭的外部成本已可量化。目前欧盟碳市场每吨二氧化碳减排量的平均单价为 6 美元左右，根据煤电生产阶段的二氧化碳排放水平（约 0.850 千克/千瓦时）测算，则煤电生产排放二氧化碳带来 3 分/千瓦时左右的外部性成本。另据专家保守测算，燃煤造成大气污染导致的人体健康损失为 50 元/吨煤，煤电生产排放污染物带来 2 分/千瓦时左右的外部性成本。当前，应抓住煤炭价格水平低的有利时机，尽快形成绿色电价体系，积极助力能源结构调整。

构建绿色电价有两种途径。一是对煤电进行生态成本收费，即在煤电上网电价中增加 5 分/千瓦时左右的外部成本内部化费用（上缴国家），按 2014 年全国煤电发电量 3.8 万亿千瓦时计算，应上缴国家 1 900 亿元。

二是对包括水、风、核、太阳能等非化石能源电力进行生态收益补偿，或在清洁能源上网电价中增加 5 分/千瓦时左右的生态收益内部化补贴（国家支付），按照 2014 年全国非化石能源发电量 1.35 万亿千瓦时计算，国家需补贴 675 亿元。

上述两种方案各有利弊，相关部门可综合考量任选其一或采取两者组合方案。同时，还应按照国家节能减排部署，利用碳排放权交易市场的建立和运行，探索清洁低碳电力抵免二氧化碳排放量的交易机制，研究对电力企业设立上网电力单位电量二氧化碳排放标准，促进水电等清洁可再生能源的发展。

三、完善财税配套政策

当前，应以资源税费和能源消费税为重点，建立能源生产消费约束和绿色转型的生态财税体系。

1. 规范资源税费。将现有资源开采有关的基金和费用逐步纳入资源税范畴，提高其规范性和透明度。在此基础上，适当提高资源税税率，完善计征方式，探索建立天然气等化石能源特别收益金制度，将资源溢价收归国有，保障国家资源所有者权益的充分实现。同时，逐步理顺资源所有者与开发主体、中央与地方资源收益分配关系，形成上下统一的能源资源开发和保护机制。

2. 开征环境税（包括碳税）。一是明确环境税的征税范围。首先是对各类污染物排放征税，将水、大气、固体废物污染物等纳入征税范围。其次是对二氧化碳排放征税。二是在环境税的收入归属上，建议将环境税作为中央和地方共享税。三是确立环境税的优惠政策，建议对节能减排成绩显著的企业以及贫困地区，酌情给予环境税的优惠照顾。

3. 逐步完善能源消费税。可在汽柴油消费税的基础上，逐步开征化石能源消费税或碳税，加强对能源消费行为的约束和引导。开征消费税并不意味着一定推动终端能源价格的上涨；消费税税率等可根据能源市场情况加以调节，在市场价格波动剧烈时有效平抑对经济社会发展的冲击。

4. 建立对低收入群体的财政补贴制度。为减少资源税和消费税改革给现有利益格局带来重大变化，可以调整相关行业的增值税和居民的所得税，并建立低收入群体基本能源消耗的定向补贴制度。对于低收入群体，当能源支出超出其收入一定幅度时进行直接补贴，在实现税制结构调整的同时不增加企业和居民的负担。

（本文原刊载于《上海证券报》2016 年 2 月 18 日）

欧盟城市燃气价格改革启示及借鉴

全世界几乎所有工业化国家都曾面临过以煤为主的燃料结构导致严重空气污染问题，国际经验表明，提高天然气消费比重是优化能源结构、摆脱大气污染的有效途径。西气东输全线通气十年来，我国城市燃气迈入天然气时代，从单纯居民生活用气向居民、工商业、发电、交通运输、分布式能源等多领域发展，对优化能源结构、改善环境质量、提高城镇居民生活水平发挥了重要作用。但近几年国际天然气价格不断走高，我国天然气对外依存度与日俱增，加上定价机制不够顺畅，价格问题已成为产业链上下游协调发展、天然气普及利用的重要瓶颈。与我国资源条件和产业体制类似的欧盟，在借鉴英美天然气改革模式基础上，历时十多年，通过三次能源改革，打破垄断，促进竞争，形成了一套较为成熟的天然气定价机制，在天然气 90% 依赖进口的条件下，较好地满足了欧盟经济发展对于天然气的需求，也使得终端用户享受到价格合理的天然气能源，其经验和做法值得借鉴。

一、欧盟燃气改革历程

欧盟天然气消费 90% 依赖进口，是全球最大的天然气进口方。改革前，大型燃气企业纵向一体化垄断经营，效率低下，各国之间市场分割严重，天然气供应经常处于紧张状态。20 世纪 90 年代以后，欧盟学习英美经验，推行能源改革，其主要措施有：

（一）颁布统一法案推进改革，促进欧盟统一大市场的形成

在改革准备期，以 1988 年通过的"内部能源市场法案"和 1994 年要求开放勘探和开发领域的指令为标志，欧盟已经明确了"X + 1 + X"的产业链改革目标，即上游气源市场和下游终端销售市场实行多家主体自由竞

争，中游输配管网保持自然垄断，实施第三方气源的无歧视公平接入。

第一次能源改革以欧盟 1998 年发布指令要求建立欧洲天然气市场共同规则为标志，核心是推进天然气管网过境时的第三方准入，促进价格透明化。要求基础设施在能力有剩余的条件下，允许第三方协商使用，但当时的法、德两国对此表示强烈反对。

第二次能源改革以欧盟 2003 年发布第二个天然气指令和 2005 年发布 1775/2005 法令为标志，要求所有成员国都建立能源监管机构，对纵向一体化的垄断能源企业实行强制拆分，要求基础设施实行监管准入计费，计费标准根据投资/运行成本和适当收益率确定。

第三次能源改革以欧盟 2009 年发布的第三个天然气指令为标志，要求各国立法增强监管机构的独立性和监管权力，确定价格改革目标和时间表；建立独立系统运营商（ISO）和独立输送运营商（ITO），使天然气产业链实现网运分离；推行无歧视的第三方准入，开放管网投资和运营权。由此，欧盟终端燃气市场初步形成。例如，原来垂直一体化经营的法国燃气集团（GDF）经过改革后，现已形成以法国燃气苏伊士集团（GDF Suez）为母公司，以 GRTgaz（输气公司）、GrDF（配气公司）、Storagy（储气公司）、elengy（LNG 接收站）等独立法人的子公司。欧盟通过三次改革，实现了天然气管网的互联互通和欧盟统一大市场的形成，供应能力和安全水平显著提高，气价保持稳定，市场有序竞争，改革取得成功。

（二）改革的核心是打破垄断，促进竞争

改革前，欧洲燃气产业链结构高度纵向一体化，为打破垄断，欧盟各国采用了全面结构分拆或建立 ISO 的做法。前者要求自然垄断特征的管网运输公司和竞争性的燃气生产和销售公司在组织和会计上分立，后者允许垄断企业保留管网系统所有权，但管网系统交由独立运营商管理。燃气产业链分拆遵循"财务独立—业务独立—组织独立"路径，最终形成各环节相互独立、彼此竞争合作的格局。结构分拆增加了用户选择权，提高了管道服务质量，推动了燃气定价机制市场化，改革后多个供应商、销售商与用户谈判博弈，燃气价格由市场决定，价格更趋合理。管网独立后，欧盟对管网设施的建设实施了各类资本的开放投资。例如，法国的天然气管网投

资中，法国政府占比 36.7%，银行等金融机构占比 39.5%，私人投资占比 10.7%，员工持股、保险公司等其他投资占比约 14%。欧盟近几年能源基础设施互联互通进展很快，与其投资开放有很大关系。

结构分拆在批发和零售环节引入竞争，给燃气管网带来了更多投资，增加了用户选择权，提高了管道服务质量，也使市场化的燃气机制得以形成。改革后，合约关系更加复杂化，燃气价格和服务条款成为多个供应商和销售商和用户谈判博弈的结果，从而真正形成了可竞争的燃气市场，燃气价格由边际消费者决定，价格更趋合理，提高了燃气行业的运行效率和服务水平。

（三）输配管网公平开放普遍服务

管网开放对于公平接入和燃气市场化改革至关重要。欧盟第三次改革的重点就是输送管网拆分、建立监管框架、提高管网准入。输配气公司必须对任何第三方实行公开义务接入（TPA），不能拒绝任何客户，也不能与母公司发生关联交易。例如，苏伊士集团的输、配气公司优先向母公司提供服务，或拒绝法燃以外的其他气源公平进入管网，这都是欧盟法律所不允许的。

（四）建立统一、独立的监管机构

欧盟实行两级监管体制：各国监管机构和欧盟统一监管机构（ACER）。前者的责任是制定调整管输税率，批准投资计划和审计周期；对违反监管规则的企业进行处罚。此外，国家级监管机构也有权对网络建设和拓展做出巨大贡献的企业给予奖励，例如法国通过收入弥补性账户对企业降低的经营成本进行不超过目标预算 3% 的奖励。ACER 的职责为制定欧盟燃气价格改革的框架和指导原则，推动跨国天然气市场体系建设，推进各国合作，推动各国特别是跨国天然气市场体系建设的完备，独立对各成员国之间关于天然气问题的争端进行沟通和做出仲裁等。

此外，欧盟还建立了听证制度，由专门机构负责对欧盟能源监管机构合作局以及各国能源监管机构的工作情况进行听证，以确保天然气体制改革的有效进行。欧盟各国燃气的安全技术方面的监管等则由政府相关部门负责。

二、欧盟燃气市场格局和输配气定价

经历三次市场化改革后，欧盟形成了有序竞争的燃气市场格局和系统的输配气定价规则。

（一）市场格局清晰，终端价格构成合理

改革后，欧盟上游气源市场和下游消费市场均实现了自由竞争，中游输气、配气、储气和 LNG 接收站等基础设施市场则受到严格监管，形成了"X+1+X"型市场结构和"放开两头，管住中间"的定价模式。

如图 1 所示，上游气源市场的买方包括：天然气生产商和天然气进口商，买方可以是燃气经销商或终端客户（通常为大客户）。买卖双方通过合约实现售气交易。为了促进供气多元化，欧盟法律规定，境外天然气生产商待遇与本土生产商相同。与上游和终端市场交易"燃气"不同的是，中游输配储基础设施市场交易的是"服务"。卖方是燃气输配网络、储气设施、LNG 接收站等固定资产运营方；买方是有输、配、储需求的客户，可能是终端客户、燃气经销商，也可能是专门从事燃气运输的承运商。下游消费市场的买方是各行业用户，卖方为燃气经销商，也有少部分天然气生产商和天然气进口商之间对接工业大用户。

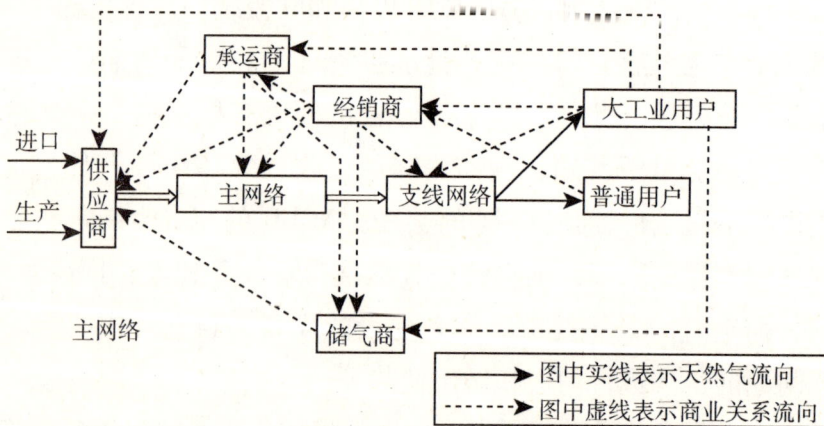

图 1　欧洲大陆国家天然气市场格局图

资料来源：根据法国能源监管机构提供资料自行绘制。

目前，欧洲实行"气源价、终端价两头放开，监管中间管输费用"的价格模式，采用成本加成法制定管输费。这是欧洲燃气体制改革的自然选择，也获得了市场的广泛认可。在改革以前，欧洲各国基本都采用市场净回值法制定燃气价格，终端销售价格由替代燃料价格决定；输配气价则根据成本加成原则由政府制定。在燃气市场化改革的前期准备期，上游价格最早实现自由竞争；在第二次改革后，终端消费价格逐渐放开，而政府对输配及储气库等环节的价格监管则越发收紧，从以前的各国独立核算到指定统一的价格核算公式，乃至统一核算参数。管输费、储气费等价格核算方式根据成本加成原则，在保障企业获得合理利润的同时，规范了市场秩序。

从终端价格构成看，因欧盟天然气绝大部分来自于进口，故气源成本占去了近五成，配气成本高于输气成本。如图2所示，在法国居民消费气价中，供应成本占45%，输气成本占6%，存储成本占5%，配气成本占19%，市场营销成本占9%；其他（含税收等）占16%。从价格水平看，大工业用户通常低于商业用户，民用气价格最高。法国、希腊、意大利居民燃气售价较工业都高出50%以上。

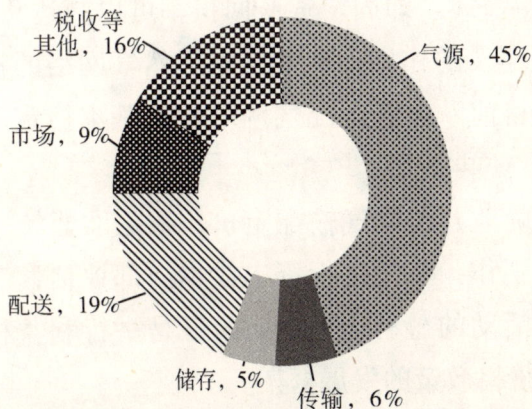

图2 法国居民消费气价构成

资料来源：法国能源监管机构资料。

（二）根据"合理利润"原则制定管输价格

欧盟在计算燃气输配成本时，综合考虑了燃气企业的各项成本支出，包括运营支出和投资成本，并设定了合理的资本回报率。

在加权平均资本成本（WACC）财务核算原则下，根据各燃气企业报送的运营支出、投资成本，以及输配气量，核算出具体的骨干网输气费用和支线网配气费用。目前，欧洲燃气价格指导公式由欧洲能源监管机构合作局制定，为鼓励管网建设并保障供气安全，定价时确保管输企业盈利水平与全社会平均水平基本一致。

总输配气量主要由管道传输容量决定。由于欧洲天然气管网的投资立项、实施均受到全面监管和审批，年度管道传输容量相对确定。在稳定的天然气需求下，由于大多采用"容量预订"原则，总输配气量可以有效掌控。

运营支出（OPEX）是运营商在管输、配送和液化等环节的支出成本。运营支出的主体包括能源成本、公司运营成本、燃气网络的安全研发费用、天然气传输质量控制、传输损耗，以及部分分销商支付的网络扩展成本等。

资本成本（CAPEX）包括资产折旧和资产收益。根据2013年4月新实施的定价政策，长距离输气企业的资产回报在2013～2017年内设定为6.5%（实际价格、税前），除包含已经投产运营的资产外，还包括在建工程资产和薪酬债务成本。为鼓励企业投资新建更多管线，新建资本的前十年投资回报可以上浮3%。即固定资产回报率可以高达9.5%，从而起到鼓励输气网络投资和建设的作用，利于国家天然气网络的快速发展。对于城市配气公司，由于目前欧洲各国配气网络规模基本稳定，故固定资产回报率基本保持6.5%，不再增加。

为了科学、准确地开展燃气输配定价，根据欧盟统一要求，各国监管定价四方面的准备工作：一是进行资本成本内部评估，二是委托外部顾问公司开展企业输气活动的盈利能力分析，三是举行利益相关者会商，四是综合考虑今后燃气价格政策的发展框架。

（三）灵活调整燃气输配价格

欧盟要求各国输、配气价格每四年制定一次，根据运营支出 OPEX、资本成本 CAPEX 和输配气量核算。在此基础上，根据物价水平、燃气管网输配技术经济效率、全社会收入均等原则，每两年进行一次微调。具体方法是，在之前定价基础上，采用同比例均匀调整原则，调整比例 Z 为：

$$Z = CPI - X + K$$

其中：

CPI 是居民消费价格指数比上年历年记录的年平均变化，由各国国家统计机构核算（法国 INSEE）；

X 是输气价格每年原计划调整量，以确保每年成本下降 0.2%（保证天然气生产效率年提高 0.2%）；

K 是调整因子，根据"收入均等化"原则设定。K 的最大调整范围是 ±2%。

由于采用了科学、透明的价格调整机制，欧洲燃气输配价格可以及时、灵活地进行调整，既满足不同用户的需要，又保护燃气企业利益，更对燃气输配网络的高效发展起到了积极地推动作用。

（四）建立了科学系统的价格监管体系

欧盟制定了科学、系统的价格监管规则，并改变了以往各国各自为政的局面，建立了全欧洲大陆统一的价格监管体系。具体体现在：一是明确的成本和价格核算方法，包括成本构成、折旧方式、参数选取等均有明确界定，确保各国按照同样的核算口径计算输配成本。二是统一的输配量计量规则，随着欧洲燃气管网的日益复杂，目前，欧盟统一使用"输入/输出"方法核算输配量，这是计算单位输气成本的重要基础。三是科学的调整机制，一方面，在既有价格调整机制下，能源监管机构综合通货膨胀、企业技术进步、鼓励管网投资等因素，执行价格调整；另一方面，能源监管机构也将考虑未来发展趋势，更新价格政策的整体设计。四是全面透明的信息披露，监管机构要求输配企业定期将关键的信息进行公开，并接受监督和监管。

三、欧盟燃气改革的启示

欧盟燃气改革基本实现了市场化、促进产业发展与保障消费者利益的三重目标，其成功经验具有积极的启示意义。

（一）打破垄断、促进竞争是理顺天然气价格机制的前提条件

欧盟天然气产业链的结构拆分，促进了燃气供应和服务的竞争。目前，我国天然气行业大型企业纵向一体化严重，覆盖了勘探、开采、净化、运输、批发、乃至城市配气等环节，竞争性业务和垄断性业务捆绑经营，其他企业进入的空间很小，供应不足，价格扭曲，成本高企，效率偏低。对产业链进行市场化改革，打破垄断，促进竞争，应作为我国天然气产业改革的方向。

（二）建立统一的市场体系是理顺价格机制的基础条件

欧盟的关键经验，是打破各成员国之间的市场分割和跨区域资源配置障碍，鼓励各国天然气基础设施的互联互通和自由贸易。我国可借鉴相关做法，打破行业垄断和市场分割，加强省际、城际管网的互联互通和统一市场体系建设，促进公平竞争，为天然气资源的优化配置和普及应用创造条件。

（三）实施网运分开、管网开放是产业协调发展的必要条件

欧盟以管网的第三方准入作为改革突破口，实行"厂网分离"、"网销分离"、"输配分离"、"储运分离"，在竞争和监管中实现了产业协调发展。我国"三桶油"垄断经营体制是燃气供需矛盾和价格扭曲的症结所在。将管道运输与燃气销售业务相分离，实现管网独立并公平开放，是协调上下游利益关系，推动天然气行业健康发展的必行之举。

（四）输、配气定价和调价机制是燃气定价制度的核心

欧盟监管机构主要对天然气输气和配送价格进行监管，并制定了输、配气定价的公式、规则和调价机制。我国目前尚未对输、配环节形成有效监管，相关价格政策处于空白。价格主管部门应加强对油气企业的成本监管，尽快核定输、配气价，并建立相应的价格调整机制。

（五）统一的监管体系是公平竞争、合理定价的重要手段

独立的监管机构和统一的监管规则是欧盟燃气改革成功的关键。我国天然气价格实行中央与地方分段管理，天然气市场尚未形成统一的监管体系和监管法规，政出多门，无法可依，监管缺位与越位并存，效率不高，产业链条价格传导不顺，导致价格扭曲和发展不协调。

（六）加快天然气交易市场和储气设施建设对于理顺价格机制必不可少

欧盟既建立了上游多元化的供气市场，也促进了储气设施建设，对调解供需平衡、防止金融冲击起到了重要作用。我国应放开上游气源进口和开采，鼓励天然气自由贸易，鼓励社会资本投资建设储气设施和 LNG 接收站，促进管网基础设施的公平开放，这有利于稳定国内市场价格，降低燃气成本，大大提高我国天然气供应和保障能力。

四、对我国城市燃气价格改革的建议

从历次能源价格改革的效果看，如果不对天然气产业链进行改革，单纯的价格改革就只能演变为屡改屡涨的调价运动，这是与改革初衷相悖之举。因此，对产业链进行市场化改革，打破垄断，促进竞争，应作为我国天然气产业改革的方向，也应成为理顺天然气价格机制的前提。建议借鉴欧洲经验，深入推进天然气市场化改革，形成"X + 1 + X"的市场结构，建立"管住中间，放开两头"的定价模式。

（一）区分天然气产业自然垄断性业务和竞争性业务，实施网运分开，实现管网基础设施投资、建设和运营向第三方公平开放

1. 区分自然垄断性业务和竞争性业务确定改革思路。天然气输气、城市配气等业务具有自然垄断性，政府应该加强监管；天然气进口、批发和零售环节以及燃气设备生产业务等属于竞争性业务，政府应放松准入管制。尤其要逐步消除特别许可证制度，规范注册制度和申报制度，允许非国有资本进入，由多家、多种所有制企业共同参与竞争，充分发挥市场配置资

源的决定性作用。

2. 对天然气生产企业进行结构性分拆，实施网运分开。将管道所有权与天然气所有权相分离，管道运输与天然气销售业务相分离，实现厂网分开、网销分开、输配分开，储运分开，打破天然气生产、运输、储气、销售垂直一体化垄断格局。成立独立的化天然气管道公司专门从事天然气的输送业务，保持其自然垄断性质，但可以允许多种所有制混合经营，加大对输气管线的投资建设。放开天然气的生产、进口和销售业务，由多家企业经营，形成上游和下游市场自由竞争的局面。

3. 实施储气、LNG 接收站、管网等基础设施投资、建设、运营向第三方准入公平开放。出台优惠政策，鼓励社会资本、城市燃气企业投资建设城市天然气储气设施和 LNG 接收站建设，引入市场机制，在用气高峰期允许储备气源参照市场化价格销售。开放城市管网投资、建设市场，鼓励多方投资者介入，逐步建立起以市场化融资为主，政策性金融机构融资、财政拨款和国际融资共存的多元化融资渠道。实现管网"第三方准入"，要求天然气管网运输企业向所有托运人开放管道运输业务，依据一定的条件代表第三方运输天然气，所有的燃气供应商都有权平等使用高压燃气管道和低压燃气管网。

（二）协同推进上下游市场开放，增加气源，保障供应，完善天然气市场体系

1. 打破上游勘探、生产领域高度垄断。开放上游市场，在严格市场准入的条件下，对于未登记区块，通过公开招标发放许可证等方式鼓励民间资本和外资进入上游市场。还可通过减免关税等措施鼓励 LNG 和管道天然气的进口，扩大供应渠道，刺激上游市场竞争。必要时可对中石油等公司进行拆分，让其一部分分公司成为独立的投资主体多元化公司。

2. 允许下游城市燃气企业进口 LNG，直接向煤制气、煤层气及页岩气生产企业购买气源。允许城市燃气企业投资建设 LNG 接收站，或要求上游 LNG 储气装置所有者将部分容量租给城市燃气企业，让城市燃气企业与 LNG 储气企业自主签订合约，加快储气装置容量的有效利用，保障燃气的供应安全。

3. 改革后，我国城市燃气行业将形成"X + 1 + X"的市场竞争结构。第一个"X"是指上游市场主体多样化和气源多元化。"1"是指中游管输系统的唯一性，出于管网的自然垄断特性考虑，原则上一定区间只建一套管网系统，但可以由多家主体、多种资本进行投资，形成多元投资、混合经济模式进行经营，加快推进各省级、区域性天然气管网及配套基础设施的互联互通。第二个"X"是指天然气下游市场零售主体多样化。

（三）确立输、配气定价和调价机制

1. 对输气价格采用"成本加成法"定价，待市场发育成熟后，可采取基于业绩的"价格上限法"定价。最重要的有两点：一是对管网输气成本进行监管。二是确定管网公司的合理投资收益率。根据欧盟、美国经验，一般为11%左右。

待天然气上游生产市场和下游消费放开，"X + 1 + X"市场竞争结构形成后，逐步采用"价格上限法"，对被监管企业的产品或服务价格在一定时期设置一个上限，被规制企业价格平均增长率不得超过零售物价指数（RPI）减去生产率增长率（X）。价格上限模型表达式为：

$$P_t = P_{t-1}\left[1 + (RPI - X)\right]$$

式中，P_t——当前需要制定的规制价格；P_{t-1}——上一期价格；RPI——零售物价指数（通货膨胀率）；X——一定时期内生产率增长的百分比即效率系数（由监管机构制定），一般是2% ~5%。

2. 对城市配气价格仍然采用"成本加成法"定价。即：

城市燃气价格 = 投资成本 + 运营成本 + 利润

投资成本可以分为新建设施和已运营设施的固定资产投资来计，新的项目前10年固定资产投资回报率为9% ~10%，鼓励社会资金投入；成熟管网设施按固定资产投资回报率7% ~8%计算。另外，运营成本中增加对于通货膨胀率和提高燃气运营企业效率的考量，促进燃气企业提高生产率。

3. 输气、配气价格应定期进行调整。欧洲大陆要求各国输、配气价格每四年调整一次，每两年进行一次微调。考虑到我国的实际情况，建议每三年与政府价格主管部门（或天然气监管部门）重新审核并调整天然气输

气、配气价格。

（四）建立上下游价格联动机制

目前，我国燃气上下游定价和调价分属不同层级政府部门审批和管理。上游生产企业因不涉及终端用户，定价和调价不须经价格听证这一程序，而下游燃气供应商因涉及终端用户，调价须经价格听证，因此，往往出现上下游调价不同步，甚至存在上游天然气价格调整后数月、一年后下游燃气价格都难以得到调整。城市燃气企业面临较大经营风险，尤其是在当前国内天然气涨价呼声较高的情况，建立一个天然气上下游能够"同时、同方向、费用全额，价税一起"联动的调整机制尤有必要，从而保证下游燃气经营企业不因时间滞后而独自承担购气涨价成本。

（五）矫正交叉补贴，理顺终端用户价格

1. 从理论上讲，居民用气由于必须进门入户，其供气成本远大于工业用气，价格要高于工业用气。从国际上看，英、美工业大用户气价通常都低于商业用户，民用气价格则最高，欧盟也是如此。例如，法国、希腊、意大利居民燃气售价较工业都高出50%以上。但我国现行城市居民燃气定价仍建立在福利设施概念之上，价格和价值严重偏离。天然气作为清洁能源，其推广使用将有助于生产企业提高产品质量，优化能源结构，保护环境，但却要交叉补贴居民价格，使工业用户承受了过高的燃气供应成本，制约了企业的转型升级和结构调整，也削弱了我国制造业的国际竞争力。此外，我国经济结构调整需要提高第三产业比重，而目前城市商业用户也承担了较高的用气成本，这也与促进服务发展的产业政策目标相抵触。

2. 天然气市场化改革到位后，应矫正交叉补贴，理顺终端用户价格。消除燃气价格的福利性，逐步提高居民用气价格，使其与供气成本相适应。实行阶梯定价，实行按用气量大小制定差价。完善税收政策和救助机制。为避免改革后的价格刚性上涨和利益进一步向资源企业、垄断企业集中，一方面要通过健全资源税、扩大征收暴利税等政策调节利益分配，另一方面要建立对弱势群体的补充和救助机制。理顺价格结构，遵循国际市场价格规律，还原工业、商业、居民生活用气的价格排序，即居民 > 商业 >

工业。

(六) 建立健全天然气价格监管体系

1. 健全城市燃气价格监管方面的法律法规。建议制定城市燃气价格管理办法，明确定价原则、管理体制、定价程序、价格结构及价格监督等内容，使天然气价格监管有法可依、有据可循。

2. 建立相对独立的天然气监管机构。按照"政监分离"的原则，成立独立的监管机构，对天然气价格和市场准入进行监管，并主要行使以下职责：向被监管企业发放许可证；批准（或否决）被监管企业价格（收费）方案；设置被监管业务的准入条件；与邻国监管机构就跨境管道进行沟通等。

（2013 年年底，中国国际经济交流中心"城市燃气价格改革"课题组与中国城市燃气协会一行，考察了法国、德国、意大利的主要燃气公司和监管机构。此文在该考察基础上形成，原刊载于《经济研究参考》2014 年第 13 期，与国家发改委能源研究所副研究员苗韧博士执笔完成）

日本燃气价格市场化改革及启示

近年来，我国天然气对外依存度连年攀高，而城市燃气领域仍存在较强的管制色彩，燃气定价延续传统的政府管制定价方式，不利于资源性产品市场化改革。而日本在 97% 的燃气需要进口的情况下，通过不断的市场化改革，逐步发展其自身独特的一套管理模式，较好地满足国内电力、工商业和居民用户的需求。

2014 年 4 月中旬，国经中心与中国城市燃气协会联合访问了日本主要城市燃气企业和监管机构，其逐步放松上中下游燃气价格管制、建立公开透明的调价机制、分类定价、简化政府监管程序、强制实施管网公平接入等改革措施对中国有一定借鉴意义。

一、日本燃气市场化改革五方面措施

受资源条件限制，日本天然气严重依赖海外进口，且本土山丘多，地震频发，也无法修建长输跨境管道，使其国内形成了以发电和工业用气为主的消费市场，燃气的消费主体主要集中在城市。鉴于上述特征，日本政府不得不放松市场准入管制，鼓励和支持更多企业参与到海外寻找气源、建设 LNG（液化天然气）接收站和配气管网以及提供分销零售服务。

第一，以解除市场准入管制为先导，逐步放松上中下游燃气价格管制。20 世纪 90 年代以来，日本政府通过四次市场化改革，逐步解除燃气事业市场准入管制，允许更多新加入者进入燃气产业链各个环节，比如鼓励支持日本贸易商、电力公司、燃气公司等各类企业直接参与天然气进口经营，逐步降低政府价格管制的用气量门槛，放任燃气价格由供需双方协商决定，从而保证供应气源的多元化和相对低廉的燃气终端价格。

第二，建立公开透明的调价机制，确保燃气产业链上下游顺价通畅。日本《燃气公用事业法》规定，燃气企业按照成本加成法制定价格时，必须尊重公众的知情权，及时向公众公示具体的价格公式和调价方法。为此，燃气供应商采用了成熟透明的原料费用调整机制，即根据外汇汇率和国际原料价格的波动每三个月对原料成本进行修正，以确保燃气售价能够及时反映上游原料成本变化，帮助企业降低经营风险。

第三，依据用户类型和负荷特点分类定价，确保燃气价格能反映真实使用成本。日本《燃气公用事业法》要求，燃气企业制定价格时，要事先预测总成本（包括合理的经营成本和利润回报），在功能性成本分摊的基础上，按照用户消费量、使用类型和负荷曲线制定燃气价格清单，即根据对用户所提供的不同服务和负荷特点来确定销售价格，从而使燃气价格真实反映出因服务条件的不同而造成的不同成本。

第四，尽量简化政府的监管程序，依托公开听证会审查价格合理性。在审查燃气价格清单方面，日本政府尽量简化监管程序，只有在燃气企业提出涨价申请时才会启动审查程序，且准许企业先自行评价，再报请经济产业省（METI）审查，审查依托公开听证会，集合利益相关方看法，确保燃气价格经过充分评估论证，并依照《燃气公用事业法》规定做出审批意见。倘若提价后企业利润被认为偏高，则由政府督促企业返利或指导其降价。

第五，强制实施管网公平接入制度，降低管网输配的垄断价值。在管道经营方面，日本并不限制燃气公司、电力公司或贸易公司建立自己的管网，只需要在投建时报政府审议即可。由于不存在管网容量限制，日本《燃气公用事业法》规定，城市燃气管网可由第三方公平接入，输送费用按照管网拥有者自己输送成本计算。譬如，东京电力公司可以公平接入东京燃气公司运营的管网系统，把外购的进口燃气直接从接收站输送到其东京的各个燃气电厂，东京燃气公司不得拒绝或提价。

二、应允许新进入者参与燃气产业链各环节

近年来，我国天然气对外依存度连年攀高，而城市燃气领域仍存在较强的管制色彩，燃气定价延续传统的成本加成的政府管制定价方式，这与日本燃气定价情况有一定相似性。因此，日本燃气市场化改革的做法，对

我国正在推动的资源性产品市场化改革具有一定启示与借鉴意义。

首先，放松市场准入管制，允许燃气公司与大型用户直接交易。日本燃气市场化改革进程中一个重要的经验是放松市场准入管制，允许新进入者参与燃气产业链各个环节，从而对放松价格管制提供了市场基础。

当前，我国燃气上中下游都没有完全放开，尤其是上游和中游几乎完全由中石油、中石化和中海油垄断经营，这种准入管制已经影响到下游工业和商业用户的燃料选择，时常出现的"气荒"问题促使他们不得不偏向选择煤炭等其他化石能源。我国要想提高天然气在一次能源消费中的比重，首要的是保证气源供应的多元化，这要求加快放开上游企业市场准入，鼓励更多企业参与到天然气开采和贸易中来。日本的经验做法是在引入新参与者后，允许燃气公司与大型用户直接交易，促使燃气价格由供需市场决定。我国在放松城市燃气市场准入管制后，意味着确立了城市燃气企业的自主经营权，形成了一个适度竞争的供应市场，此时还应允许燃气供需双方直接谈判议价，提高用户对燃气供应商的选择权和议价能力。

其次，强化燃气价格透明监管，允许按用气量和使用类型分类定价。日本政府通过《燃气公用事业法》规定，燃气公司必须向公众提供透明的价格公式和调价程序，让用户能清晰认识到燃气的价格构成，以减少用户的不理解和抵触情绪；同时还允许燃气公司按照用气量和使用类型分类定价，通过制定各类负荷契约，尽可能降低交叉补贴现象出现。

尽管我国上游燃气门站价格采取了市场净回值的办法，但是门站价格仍是包含了原料价格、长输费用和经营成本的捆绑价格，功能性成本没有较好的细分，这不利于原料成本变动向下游环节的疏导，而零售环节政府定价也加剧了燃气上下游顺价的难度。在终端用户环节，尽管燃气价格按照用户类型进行分类定价，但是并未采用国际上通行的依供气成本高低的原则定价，而是更多地体现了燃气的福利性，采取了民用低价而工商业高价的定价，使得燃气行业存在较为严重的交叉补贴问题，并且不利于能源结构的调整和大气质量的改善。

再次，强制燃气管网公平接入，允许企业自由申请建设或运营新的管网。尽管日本燃气管网服务并没有从燃气企业分离出来，致使燃气公司仍向用户提供一个捆绑价格，但是日本政府用法律手段限制燃气公司利用管网资源垄断牟利，而且强制燃气公司的管网服务按同等成本向其他公司公平开放，这样即便不采取管运分离，也能保证燃气价格的公平合理。

目前，我国长输管网大都掌握在中石油和中石化手中，没有形成互联互通的开放网络；下游城市配气管网则掌握在各城市燃气企业手中，也不是一个连通开放的体系。目前，国家能源局已颁布《油气管网设施公平开放监管办法》，但配套政策和实施细则尚待进一步研究和落实，日本用严格的法律手段促进油气公司信息公开和公平接入第三方气源的做法值得借鉴。

最后，尽量减少监管机构的行政干预，充分保障燃气用户的合理权益。20世纪90年代，日本政府通过两次修正《燃气公用事业法》，其目的在于减少监管机构的直接行政干预，增加燃气企业竞争性和信息披露，进一步降低城市燃气价格，以保障燃气消费者权益。日本政府的监管做法是，如果燃气企业降低价格，则取消费用审批过程中METI的直接干预，而采用公告制度；如果燃气企业计划提高燃气价格，在具体实施前，新价格则必须经过METI的审批。

目前，我国燃气价格受到中央政府和地方政府的双重管制，行政干预较大，这不仅增加主管部门的工作难度，而且还不能有效保障燃气用户的合理利益。为此，我国需借鉴日本的可行做法，通过完善燃气行业法律法规，进一步放松价格管制，增加行业竞争性和信息披露，切实促进燃气成本降低，提高燃气消费者的社会福利。

（2014年春，中国国际经济交流中心"城市燃气价格改革"课题组与中国城市燃气协会一行考察了日本东京燃气及经济产业省。此文在该考察基础上形成，与中国国际经济交流中心刘向东博士合作完成）

我国天然气分布式能源定价及建议

天然气分布式能源是以清洁的天然气为燃料，通过冷热电三联供的方式实现能源的梯级利用，综合能源利用效率可达70%以上，并在负荷中心就近实现能源供应的现代能源供应方式，是天然气高效利用的重要方式，已成为推进我国能源生产和消费的战略性推广技术。

一、当前发展天然气分布式能源具有重要意义

由于天然气分布式能源发电技术具有能效高、清洁环保、削峰填谷等优点，目前已经在发达国家获得了广泛应用。对我国而言，当前发展天然气分布式能源发电更加具有重要的现实意义。

（一）天然气将是我国一次能源的重要补充

在我国城镇化和工业化快速发展背景下，未来较长一段时期内，我国能源需求将保持高速增长态势，能源供需矛盾将日益突出。据研究，2020年我国一次能源消费量可能达到46亿~48亿吨标准煤左右，2030年或将增长至52亿~54亿吨标准煤左右。在能源供应方面，非化石能源短期内难以大规模应用，化石能源仍将是能源供应的主体。根据中国工程院研究，考虑资源储量、安全生产、水资源等生态环境综合约束下的我国煤炭年产能应不超过27亿吨标准煤；石油资源又非常有限，年产量仅能维持在2亿~2.5亿吨标准煤范围。因此，具有清洁特点的天然气已经成为保障能源供应、优化能源结构最有效、最现实的选择。在资源保障方面，我国天然气储藏比较丰富，常规天然气地质资源量为52万亿立方米，最终可采资源量约32万亿立方米，还有丰富的煤层气资源和页岩气资源。近年来，我国在气源进口方面也取得了较大进展，可以为天然气发展提供支撑。

（二）天然气分布式能源将对我国节能减排产生巨大助推作用

提高能源效率、降低污染物和温室气体排放是当前我国能源发展面临的关键问题。特别是 2012 年年底以来我国连续发生大规模雾霾天气后，能源的清洁、高效利用更是成为全社会普遍关注的热点。而天然气分布式能源具有显著的节能效果。其综合能效在 70% 以上，较燃煤发电机组 40% 左右的效率有明显提高。此外，天然气分布式能源具有规模小、模块化、分散式的特点，可在负荷中心直接匹配用电需求，无须依托大电网进行远距离传输，能够大大降低线损。同时，以天然气为原料的分布式发电技术也可大大降低二氧化碳和污染物排放，环保效益十分突出（见表 1）。

表 1　　　　　　　燃煤发电和天然气发电的大气污染物排放比较

排放物（克/千瓦时）	燃煤发电	天然气发电
二氧化硫	0.42	—
氮氧化物	0.598	0.253
烟尘	0.259	—

注：以脱硫率 90% 计。

（三）分布式供电模式将显著提高电网和天然气管网的安全性与稳定性，具有"双向调峰"作用

目前，我国以大机组、大电网、高电压的集中式供电模式为主，电网系统构架复杂，调峰成本较高，难以有效消纳风电、光伏发电等间歇式能源。天然气分布式能源的发展为缓解上述问题带来了机遇。一方面，天然气分布式能源规模可大可小，可以在负荷中心有效匹配用电需求，有利于维持电网的稳定性；另一方面，其具有启停迅速、可调节、有限中断的特征，具备良好的调峰性能，是理想的"黑启动电源"。此外，冷热电三联供中的冷、热副产品，可有效替代电空调、电制热等负荷，也能间接起到"移峰填谷"作用。

天然气分布式发电对调节天然气管网负荷峰谷差也有帮助。受气候影响，我国各地天然气季节性需求极不平衡。例如，两湖地区天然气负荷的季节性峰谷差约为 2：1，华北地区约为 7：1，北京可达 10：1。巨大的峰谷

差导致天然气保供难度大、成本高。因此，采用灵活可调节的天然气分布式供应，可消减天然气管网的峰谷差，不仅增加气网安全性，还可大大减少天然气地下储气库数量，进而减少投资。

基于此，2011年10月，国家发改委等四部委颁布《关于发展天然气分布式能源的指导意见》，提出"十二五"期间我国将建设1 000个左右天然气分布式能源项目，2020年全国规模以上城市推广使用分布式能源系统，装机规模达到5 000万千瓦。一些电力、燃气、石油等产业集团正在制定分布式能源产业的发展战略，纷纷成立各种形式的能源服务公司。

二、当前天然气分布式能源发展面临定价机制不合理等诸多因素制约

但在实践中，目前国内天然气分布式能源并没有形成蓬勃发展之势，具体项目的投入运行以及筹备上马并没有预期的那么理想。在目前我国40多个正在运行中的天然气分布式能源示范项目里，受多种因素影响，约半数在运行，半数因电力并网、效益或技术等问题处于停顿状态。究其原因，主要存在"思想认识不到位、社会认知度低；法规不完善、机制不适应；优惠政策不配套、指导意见无法落实；定价机制不合理、企业运营成本过高"等几大制约因素。在这些制约因素中，"定价机制不合理、企业运营过高"是最关键的因素。

（一）设备主要依靠进口，固定投资以及运行维护成本过高

我国目前还难以实现分布式能源成套设备自主生产，关键设备和控制系统尚需进口。据报道，目前天然气分布式能源项目一般采用进口发电机组，约占总投资的30%～50%。国产化机组较进口价格会低20%～40%，相当于降低项目总投资约6%～20%。同时，由于分布式能源是新技术，本地化的工程师与高级技工比较稀缺，天然气分布式能源项目安装、运行维护成本的变化范围也很大，特别是对一些不太成熟的技术，安装、运行和维护成本可占其设备成本的30%。根据我们实地调研，国内一个示范性项目每年光设备的运行与维护成本就达到2 200万元。

（二）燃料成本过高，与火电相比无明显的价格优势

首先，从天然气供应情况，未来我国天然气供应存在一定的缺口，目前只有北京市天然气的供应最有保障，上海、广东等地都非常紧张。只有长期足够的天然气源保障供应，推广应用分布式项目才有可能。其次，天然气燃料成本占天然气分布式能源成本比重很大，大约占70%～80%。天然气价的波动对分布式能源的经济效益影响非常大，且有机构预测未来国际气价波动性较大，国内气价也存在长期上涨的趋势。天然气市场未来风险和不确定性使推广应用分布式能源可能潜伏着危机。再加上天然气供应企业相对垄断，天然气分布式能源企业与供气企业谈判降低价格的难度较大。如果企业燃料成本降不下来，其所发电力上网价格肯定要远远高于火电、水电价格，其经济优势得不到体现，不利于推动其发展。

（三）国家还未出台标杆价格政策，分布式能源产品定价机制不合理

目前国内火电、水电上网价格的制定，有明确的测算标准和公式，对于利用光伏等可再生能源发电的上网价格也有明确的标杆价格政策和补贴措施。例如，2013年8月国家出台《关于发挥价格杠杆作用促进光伏产业健康发展的通知》（发改价格〔2013〕1638号），明确对光伏电站实行分区域的标杆上网电价政策。根据各地太阳能资源条件和建设成本，将全国分为三类资源区，分别执行每千瓦时0.9元、0.95元、1元的电价标准。对分布式光伏发电项目，实行按照发电量进行电价补贴的政策，电价补贴标准为每千瓦时0.42元。而对于天然气分布式能源所产生的上网电价至今还没有明确的标杆价格政策和补贴措施，其价格也不能由企业自主定价，受政府管制。另外，天然气分布式能源所生产的另外两种产品——热和冷，尽管目前已认识到是商品，但仍未实行真正的市场定价，其出厂价格则由政府定价或政府指导价，所以当上游原料、人工成本上涨时，下游的热和冷价不动，势必会带来较大的矛盾。

三、天然气分布式能源上网电价的测算

（一）测算方法的确定

由于目前国家还没有出台具体的天然气分布式能源上网电价测算标准，我们只能以火电上网电价测算公式为参考。国内对火电上网电价的测算主要有两种方法：还本付息法和经营期电价法。

1. 还本付息法。也叫成本加成法。即在还贷期间按满足还本付息需要的原则核定上网电价，具体计算方法是：上网电价 =（发电成本、费用 + 发电利润 + 发电税金）/厂供电量。其中，发电成本、费用 = 生产成本 + 财务费用。

（1）生产成本包括燃料成本、水费、材料费、折旧费、工资福利费、大修理费、购电费和其他费用等项目。

（2）财务费用包括长期贷款利息 + 流动资金贷款利息 + 当年汇兑损益分摊额。

（3）发电利润包括企业用于归还贷款本金的利润和投入的资本金应取得的合理收益。即：发电利润 = 还贷利润 + 资本金收益。

还贷利润 =（当年应还贷款本金 - 当年折旧可用于还贷数额）/（1 - 所得税率）。目前规定当年折旧可全部用于还贷，如果当年折旧额大于当年应还贷款本金，则还贷利润为零。

资本金收益 =（资本金 × 资本金收益率）/（1 - 所得税率）

（4）发电税金包括发电环节增值税、城建税和教育附加等。计算公式为：发电税金 =（发电成本、费用 + 发电利润）× 增值税率 ×（1 + 城建、教育附加税率）- 进项税抵扣额 × 城建、教育附加税率。[①]

---

① 有些专家认为，发电税金计算公式 = [（发电成本、费用 + 发电利润）- 进项税抵扣额] × 增值税率 ×（1 + 城建、教育附加税率），这个公式认为成本中含进项税，本身就会出现一个错误，即成本被高估，按成本 + 利润 + 税金计算的价格多了"进项税"。另外，城建、教育附加税基是应缴增值税而不是销项税，公式计算以销项税作税基，是另一错误。因此，本报告沿用上面的公式，假定成本中不含进项税，且考虑了城建、教育附加税是以应缴增值税为基础征收，更科学。当然该公式也存在一定的缺点，因为它没有考虑附加项本身对销项税的影响。

2. 经营期电价法。经营期电价法是在综合考虑电力项目经济寿命周期各年度的成本和还贷需要的变化情况的基础上，通过计算电力项目每年的现金流量，按照使项目在经济寿命周期内各年度的净现金流量能够满足按项目注册资本金计算的财务内部收益率为条件测算电价的一种方法。计算公式如下：

$$NPV = \sum_{t=0}^{N} \left[(CI_t - CO_t) \times (1 + i)^{-t} \right] = 0$$

其中，CI_t 为第 t 年现金流入，CI_t = 销售收入 + 固定资产回收 + 流动资金回收 + 其他现金流入，其中销售收入 = 厂供电量 × 上网电价。

CO_t 为第 t 年现金流出，CO_t = 长期投资中的资本金投入 + 流动资金中的自有资金 + 经营成本（不含折旧费的发电成本）+ 长期负债的本金偿还 + 流动负债的本金偿还 + 利息偿还 + 增值税 + 所得税 + 职工奖励及福利基金 + 其他支出。

NPV 为净现值；$CI_t - CO_t$ 为净现金流量；n 为折现年限；t 为经营年限；i 为资本金财务内部收益率，指电力项目在经营期内，各年净现金流量的现值累计为零时的折现率。

（二）测算结果

我们以国内某天然气分布式能源示范项目为例，利用他们的基本技术参数，采用还本付息法和经营期电价法分别测算上网电价。

1. 基本技术参数。[①] 项目总投资 12.87 亿元，其中资本金 2.57 亿元；装机容量为：3 × 60MW；上网电量 8.62 亿千瓦时；设备利用小时 5 500 小时；生产成本 7.4 亿元，其中燃料成本 5.68 亿元；期间费用 5 550 万元；冷热收入 2.37 亿元，还贷期限 15 年；经营期 20 年；税率和利率按照国家规定的标准执行。

2. 测算结果。按照"所发电量全部上网"以及"自发自用、多余电量上网"的思路，采用"还本付息法"与"经营期电价法"计算上网电价结果（见表 2）。

---

① 为保护该示范项目的商业机密，我们对基本技术参数做了模糊和笼统处理。

表2 某示范项目不同方式、不同上网电量测算电价结果

方式	电力电量	还本付息法（元/千瓦时）			经营期电价法（元/千瓦时）
		前15年	后5年	20年经营期平均	
全部上网	86 187	0.8453	0.6758	0.8029	0.8025
多余上网	74 687	0.8497	0.6540	0.8008	0.7954

从表2可以看出，两种不同的测算方法，采用基本一致的参数，并且测算的价格都能够满足示范项目正常运行及投资者取得合理收益的需要。如果采用还本付息法测算，在前15年还贷期间，无论是全部电量上网还是多余电量上网，都要比采用经营期电价法测算的结果高（分别高0.0428元和0.0543元），但在还贷后5年期间，电价分别低0.1267元和0.1414元。在整个20年的经营期限内，全部上网时要比采用经营期电价法测算的结果每千瓦时稍微高出0.0004元；多余上网时比采用经营期电价法测算的结果每千瓦时稍微高出0.0154元。可见，两种计算方式测算的结果基本差不多。考虑到当前国内对火力发电上网电价的测算一般以还本付息法测算，因此建议上述示范项目上网电价整个20年经营期内为0.8029元/千瓦时。或者，在前15年核定在0.8453元/千瓦时，后5年核定在0.6758元/千瓦时。

3. 敏感性分析。为分析项目经营风险和为上网电价核准制定做参考，将总投资、天然气价格、上网电量、直供蒸汽、供冷以及生活热水单价作为敏感性因素，投资财务内部报酬率为8%，上网电量为86 187万千瓦时，其他参数不变时，对上网电价进行单因素敏感性分析（见表3）。

表3 某示范项各种因素敏感性系数表

变化因素	变化幅度（%）	上网电价（元/千瓦时）	与基本方案比较相应增减	敏感性系数
基本方案		0.8029	0	0
总投资	增加10	0.8114	0.0085	0.1059
	减少10	0.7945	−0.0084	−0.1046
上网电量	增加10	0.7300	−0.0729	−0.9080
	减少10	0.8921	0.0892	1.1110

变化因素	变化幅度（%）	上网电价（元/千瓦时）	与基本方案比较相应增减	敏感性系数
天然气价格	增加 10	0.9013	0.0984	1.2256
	减少 10	0.7255	− 0.0774	− 0.9640
直供蒸汽价格	增加 10	0.8015	− 0.0014	− 0.0174
	减少 10	0.8043	0.0014	0.0174
供冷价格	增加 10	0.7773	− 0.0256	− 0.3188
	减少 10	0.8286	0.0257	0.3201
生活热水价格	增加 10	0.8024	− 0.0005	− 0.0062
	减少 10	0.8034	0.0005	0.0062

注：敏感性系数为负数表示结果与变化因素呈反向关系，正数表示呈正向关系。

　　通过表 3 可知，通过降低总投资、增加上网电量、降低天然气价格、提高直供蒸汽、供冷、生活热水价格等方式都可以降低上网电价，敏感性系数从大到小排列依次是天然气价格、上网电量、供冷价格、总投资、直供蒸汽价格和生活热水价格。因此，要降低天然气分布式上网电价，最重要的是降低天然气等燃料价格。

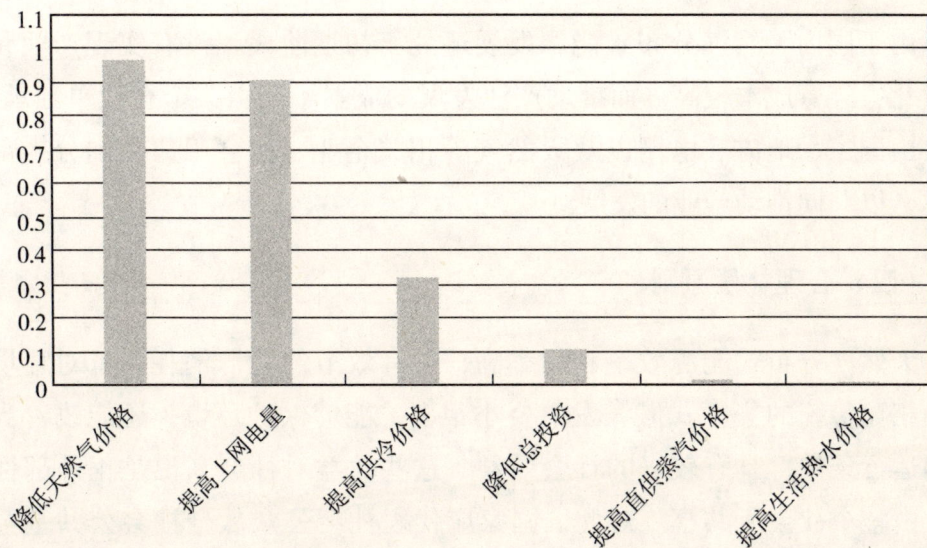

图 1　各影响因素敏感性系数

四、天然气分布式能源上网电价制定应遵循的原则

（一）保本微利、积极培育原则

保本微利是每一个企业维持生存并进一步发展基本原则，天然气分布式能源项目也是如此。当前国内天然气分布式能源发电项目相当一部分处于亏损状态，关键在于燃料和运行成本过高，如果上网电价太低，将会导致企业入不敷出，亏损经营，不利于该技术的推广和产业长远发展。

（二）先行先试、以点带面原则

目前，国内对天然气分布式能源上网电价制定还没有明确的方法和政策，作为发展天然气分布式能源的先行者和开拓者，应允许在经济发达、能源品质要求高的地区（包括国家规划设立的生态经济区等）或天然气资源地鼓励采用天然气分布式能源技术，建立示范项目，通过示范项目积累经验，探索此类项目的定价方法或制定标杆价格，为大规模推广奠定基础。

（三）收益共享、成本均摊原则

由于国内天然气分布式能源发展还处于初期阶段，没有实现产业化和规模化，经营成本较高。而推动产业发展的成本不能由某个企业单独承担，需要由国家、地方、电网以及天然气等相关企业、社会用户共同分摊部分成本，以共同推动产业的发展。

（四）合理补偿原则

天然气分布式能源效率利用率高，可有效节约能源消耗，且对环境的污染相比传统的集中式燃煤发电要小很多，能够保护环境，还能改善当地电网运行条件，具有较好的社会效益，这些效益对社会来说是正外部性效益，由整个社会所共享。对此，国家应代表社会公众从全社会公共基金中拨付一部分来"购买"这部分价值，或者给予合理补贴加以补偿。

（五）优质高价原则

天然气分布式能源是利用清洁能源进行发电，对政府来说，是一种优质能源，应树立优质高价原则，不能与常规的火力发电上网电价简单对比，应该接受此种观点，即如果考虑到其能源利用效率高、污染排放少、用户成本低等特点，则燃气的综合效益要远高于燃煤，因此，天然气分布式能源上网电价高于火电是正常的。

五、天然气分布式能源上网电价制定的对策建议

对于当前天然气分布式能源上网电价制定，政府决策部门可采用短期临时价格的方式制定，即从"国家、地方、天然气供应企业、电网企业"等四方入手，着眼于国家节能减排大局，以销价疏导、天然气价格优惠、财政补贴、提高供冷价格等方式制定相应价格。但要想从根本上解决天然气分布式能源发展的价格问题，建立起支持其发展的长效机制，必须完善天然气分布式能源的价格机制和配套政策。

（一）对该示范项目的临时价格政策建议

1. 不给予财政或其他补贴，全网销价疏导。上网电价应为：0.8029 元/千瓦时，所带来的电价上涨由电网企业全部承担。

2. 其他条件不变，给予气价优惠。如果天然气价格每立方米能够优惠 5 分钱，上网电价在现有基础上（0.8029 元/千瓦时）可以下降 1.68 分/千瓦时；优惠 0.1 元，上网电价下降 3.365 分/千瓦时。

3. 其他条件不变，给予投资补贴。按装机规模补贴，若每千瓦补贴 500 元，上网电价为 0.7970 元/千瓦时；若每千瓦补贴 1 000 元，上网电价为 0.7912 元/千瓦时。

4. 其他条件不变，给予电价补贴。如果参照北京补贴标准 0.07 元/千瓦时，上网电价应为 0.7329 元/千瓦时。

5. 调整可再生能源发展基金。从可再生能源发展基金拿出部分资金直接对天然气分布式能源直接进行补贴，也可降低上网电价。

地方政府可根据自身财力和能源发展目标，选择其中一条或几条给予政策扶持。

（二）对我国天然气分布式能源发展的长效价格机制建议

以上临时价格政策，是基于政府强力支持的短期优惠政策，行政色彩较浓。从长远看，天然气分布式能源的定价应充分考虑资源节约、环境友好、移峰填谷等外部效应，侧重依托市场机制来解决目前面临的高成本问题，具体建议如下：

1. 实施折让气价和峰谷气价。针对终端用户在用气规模、负荷时段的差异，制定差别化的价格政策，相对公平地分担供气成本，并引导天然气节约、高效、有序消费。一是贯彻《关于发展天然气分布式能源的指导意见》对分布式能源给予价格折让的要求，考虑分布式能源削峰填谷的特点，在确定气价时给予价格折让。二是实行峰谷分时气价，优化资源的配置，提高天然气管网的供气安全性。

2. 上网/直供分别计价，将环保效益纳入电价。将分布式能源电价划分成基本电价、环保电价、辅助服务电价三部分。基本电价参考当地燃煤发电上网电价；环保电价则体现天然气的清洁高效特点，计入替代燃煤而减排污染物的环保价值（据测算，根据各地气价和环境情况不同，约为0.25~0.30元/千瓦时）；辅助服务电价为天然气分布式能源参与电网调峰或作为"黑启动电源"的服务费用。对于直供用户电价，应适当低于电网的零售电价，由买卖双方自由协商，当地物价部门监督。

3. 以冷热收益分摊运营成本。冷热产品是天然气分布式能源利用的重要产出，合理制定冷热产品价格，可以有效疏导成本压力，降低销售电价。建议各地物价部门参照本地其他供冷、供热方式的成本情况，制定分布式能源冷热价格的指导价格。当地政府应在规划分布式能源项目区域后，强制引导用能企业使用集中供能，授予分布式能源投资运营企业在一定区域内供能的特许经营权。

4. 建立"气电联动"机制。燃料价格与电价之间的矛盾是天然气分布式能源发展面临的主要问题，随着我国天然气价格改革的推进，气价必然会随着市场进行调整，如果电价得不到及时疏导，必然致使天然气分布式项目重陷价格困境。建议建立"气电联动"的机制，让天然气价格的变化及时反映到电价。从中长期看，如果天然气价格降低，则相应电价也应联动下降。

（三）其他配套政策建议

鉴于天然气分布式冷热电三联供模式的综合能源效率远高于其他传统能源利用方式，节能环保效果不亚于目前常见的新能源，建议在配套扶持政策制定上将天然气分布式能源视同新能源对待。

1. 加强统筹规划，引导产业发展。加强国家宏观层面统筹管理，按照"政府主导、企业主体、规划先行、市场导向、试点先行"的原则，进一步细化天然气分布式能源发展战略，完善产业政策，并从宏观层面掌控好发展方向和发展速度。各地方政府应对国家规划进行细化落实，将分布式能源发展与本地区能源规划有机结合。

2. 完善法律法规建设，突破现行体制障碍。应及早将《电力法》修订纳入日程，修改"一个供电营业区只允许有一个供电主体"的相关限制条款，鼓励分布式能源的电能就近消纳、多余上网。尽快制定分布式能源接入电网管理办法，明确并网发电申请文件范本及审批程序等；制定电量计量和调度管理办法，对电量双向计量方式、计量表性能及电价结算方面提出要求并严格执行。

3. 构建技术标准，指导规范建设。结合我国具体的资源环境、自然条件和电网条件，构建分布式能源行业的标准体系。规范关键设备和系统在设计、制造、检验、运行、维护等各环节的技术指标，制定相关技术设备的市场准入规范。

4. 突破技术瓶颈，实现降本增效。一是加强燃气轮机等关键技术研发，尽快突破相关热部件和联合循环运行控制等核心技术，推进设备国产化。二是加强低压配电网的信息化控制、流量平衡控制、智能保护系统、微网智能管理与控制系统等微型智能电网关键技术研究，突破微电网自愈控制、智能互动用电及需求相应等技术，为分布式电源接入电网提供全面支撑。

5. 给予财税优惠政策，降低企业运营成本。一种方案是补贴项目投资。根据项目综合能源利用效率分档制定补贴标准，建议平均额度为 1 000 元/

千瓦时，可结合各地经济发展水平适当调整，项目投产后有三年监管期，如效率不能达标，则收回补贴。另一种方案是对天然气分布式能源项目给予税收优惠。对进口分布式能源关键设备予以关税减免，对运营项目根据综合能效予以增值税分档返还。

6. 鼓励上中下游各方参与，促进深度合作分化组合。鼓励中央电力、能源企业参与分布式能源项目的建设，并调动地方资本参与积极性，使产业链各环节主体共同参与，实现利益共享、成本分摊。大力扶持专业化的能源服务公司，促进分布式能源项目的优化运行，提高产品价格竞争力；发展一批除现有大型电力设计院以外的分布式能源专业化咨询设计机构。

7. 加快示范试点建设，不断完善政策体系。建议在经济发达、天然气充足的城市，加快建设一批分布式能源示范项目，总结运营管理经验，推进相关标准体系建设，为促进分布式能源规模化、规范化发展创造条件。

（本文原刊载于《全球要事报告》(2013～2014)，时事出版社2014年版，与国家发改委能源研究所副研究员苗韧、国家发改委价格监测中心高级经济师刘满平、中海油气电集团博士秦锋合作研究）

四、能源供给侧改革之推改革

管道价格独立：中国天然气改革的里程碑

近日，国家发改委发布了《天然气管道运输价格管理办法（试行）》和《天然气管道运输定价成本监审办法（试行）》（以下简称"两个《办法》"），对天然气管道运输的定价以及监管等方面作出了不小的改变，引起了行业内一阵热议。那么此次两个《办法》的出台对于天然气市场化改革有何意义和影响？还有哪些需要注意的情况？带着这些问题，本报记者近日采访了中国国际经济交流中心内参处处长景春梅。

管道价格独立走出天然气价格改革关键一步

中国电力报：您认为此次两个《办法》在内容方面有何亮点？对于这些亮点之处您有何评价？

景春梅：首先一个亮点就是两个《办法》发布，从无到有地实现了对自然垄断环节的输气管道独立定价，要求企业将管道运输业务与其他业务分离，实现财务独立。目前油气体制改革方案还未出台，管网业务采取何种方式分离还未最终确定，无论最终以哪种方式，都必须保证输气管道在财务方面独立核算，此次两个《办法》出台为实现这一目标制定了规则。

根据天然气产业链自身特点和国际上天然气改革的一般做法，天然气改革的重点是"放开两头，管住中间"。即从产业链结构上，放开上游天然气勘采、进口和下游销售市场，形成多买多卖的竞争格局，中游管网和城市配气保持自然垄断并接受政府监管；从价格机制上，放开上游井口价和下游终端销售价由市场竞争形成，中游管道和城市配气由政府定价并接受成本监审。此次两个《办法》的出台使得管道价格得以独立，走出了天然气价格改革的关键一步。

第二个亮点则是两个《办法》初步形成了对天然气管道价格的监管思路和框架。现在两个《办法》对跨省管网提出了定价及监管规则，同时也要求地方政府制定相应的措施，对城市燃气配气环节进行定价和成本监审，一旦城市配气价格制度建立起来，将形成一个覆盖全产业链的价格监管机制。

第三个亮点是为破除天然气管道公平开放"中梗阻"创造条件。目前天然气行业中游设施不对第三方公平开放，基本上阻止了现有主体之外的其他气源进入天然气管网，造成相对的低效和高价。两个《办法》出台，使代输第三方气源有了计价依据，为管网公平开放创造条件。特别是两个《办法》提出管道运输业务准许收益率按管道负荷率不低于75%取得税后全投资收益率8%的原则确定。这意味着，要实现高的投资收益，就必须提高管道负荷率，管道利用率越高，回报率越高，这样的制度设计将倒逼管网向第三方开放。

管道价格独立对促进管网公平开放和企业提质增效意义深远

中国电力报：那么在两个《办法》出台以后，对于各个环节的天然气企业来说会有哪些影响？

景春梅：管输价格的独立核算和成本监审对于管道企业来说，虽然是道"紧箍咒"，但也会反过来激励管道企业加强成本意识，规范企业管理，从而实现提质增效。同时，8%的投资回报率给了企业明确的回报预期，并且无论是与欧美国家管输企业回报水平相比，还是与国内实体经济的一般回报水平相比，这个回报率都是比较有吸引力的，将对吸引社会资本进入、加强管网建设起到很好的促进作用。

对下游企业来讲，两个《办法》的出台也应属于利好消息。总体上价格机制也将更加规范透明，公平公正，原来费用不合理之处也将得以规范。

管道价格独立倒逼油气体制改革大幕开启

中国电力报：那么两个《办法》的出台，对于我国天然气价格改革有何意义？未来还需注意哪些问题？景春梅：两个《办法》的出台，不仅使我国天然气价格改革迈出关键一步，同时对整个天然气改革也是一个里程碑。天然气改革主要的症结在中游管网环节，未来油气体制改革将要解决管网环节如何进行制度设计，此次两个《办法》从价格机制上建立了"管住中间"的定价和监管制度，有利于解决中游管网不开放的问题，因此可以说是中国整个天然气改革的一个重要里程碑，将有力地加速油气体制改革的进程。

当然，此次两个《办法》的落地生根，仍需要相关制度的配套跟进。一方面是管网的互联互通，管网公平开放，并且不同企业间的管道能够相互连通、"气"畅其流，才能使价格机制真正发挥作用，真正吸引社会资本投身管网建设；另一方面，两个《办法》虽然已经出台，仍面临成本监审等大量工作，这些都需要相当的人力、物力投入，所以目前监管力量严重不足，今后应加强监管队伍建设，充实监管力量，形成强有力的监管体系。

（本文系记者专访，原刊载于《中国电力报》2016 年 10 月 22 日）

油低气缓疑无路　体改又一程

国际油价走低，天然气增速放缓……这些大大小小的事件伴随着 2015 年油气的发展。伫立岁末，回首一载，针对今年以来油气行业遇到的问题，以及对于明年的展望，记者采访了中国国际经济交流中心内参处处长景春梅。

中国电力报：新的一年即将到来，"十二五"时期也接近尾声，站在这样一个节点，请您简单评价一下今年以来油气行业的发展情况，有哪些亮点和需要解决的问题？

景春梅：对油气行业来说，应该是一个寒冬期。先是国际油价的"跌跌不休"，总体呈现下行的状态，天然气也出现消费放缓等特征。另外从供需角度，油气行业整体出现供过于求的特征。国际原油、国内成品油、天然气均是如此。

问题方面，如何降低油气成本是个关键。目前国际油价低迷，降低成本已是迫在眉睫；天然气则是两次降价，对下游产业有明显的提振作用，但天然气价格改革还未到位，这也是需要努力的方向。

虽然坎坷颇多，但是亮点亦不少。首先是石油储备取得了重要进展。据国家能源局数据显示，截至 2015 年年中，共建成 8 个国家石油储备基地，总储备库容为 2 860 万立方米。印象比较深刻的是今年 4 月份，石油进口净进口量超过美国，成为世界最大的石油进口国。此外，作为石油进口和消费大国，低油价使我们节约了大量外汇，使得企业和消费者获得意外收益，有助于实体经济降低成本，使消费者拥有更多获得感。

天然气虽说增速放缓，但是瑕不掩瑜，价改方面可谓大刀阔斧。今年 4 月份，天然气增量气和存量气的并轨，允许天然气直供；11 月，非居民用天然气气价的下调，给下游的企业减负不少；最高门站价管理改为基准价管理，为天然气的市场化进行了铺垫。

另外，上海天然气交易中心的成立意义重大。虽然目前是政府主导，但是其搭建了一个信息和交易平台，实现了从无到有的跨越。未来随着交易量的扩大，必将引领天然气市场体系建设，催生"中国价格"，打造亚洲天然气交易中心方面发挥重要作用。

中国电力报：站在"十三五"的开端，展望未来，从您的角度来看未来还会有哪些新的举措来推动我国油气行业的发展？

景春梅：总体来说应该加快推进全产业链的系统改革，推动产业开放和产权开放。

比如加快放开勘查开采、下游环节竞争性业务等。并且在安全保障体系建设、央地间收益分配和统筹规划等方面也要加强。

其实还想说一下管网独立。管网独立现在似乎已经是一个趋势，但究竟是成立一家管道公司还是多家是个关键问题。我的观点则更倾向于多家并存。一家管网公司不利于效率提高，也容易造成监管难题。

只有多家公司并存才有成本比较，效率竞争。管网具有自然垄断属性，多家管网公司不是鼓励同一条线路修建多条平行管道，但鼓励多家公司经营不同线路，保证两点之间只有一家公司，不同公司在输送成本、管理效率间构成竞争，从而推动管网公司通过竞争降本增效。

中国电力报：今年的油价持续走低，在此"寒冬"，企业可以从哪些方面突破瓶颈？另一方面，在低油价大环境下，成品油市场还应在哪些方面有所加强？

景春梅：痛则思变，目前油价的走低现在已是倒逼国内企业降低成本，加快企业的改革。并且低位的油价也是改革的好时机。

另外，国内企业可以在上游加大海外并购，与资源国结成利益共同体，这样可以减少成本和投资风险等。

在下游成品油市场，未来的竞争肯定会愈发激烈，面临产业转型升级。在此应提高标准，加强整体的油品档次，以适应目前环保的需求，从而也可以促进成品油市场整体的提质升级、降本增效。同时也可以适当开放外资成品油零售，让外资进来销售一些高品质的成品油，从对国内石油行业形成倒逼。

中国电力报：今年我国的天然气消费量开始放缓，中间有何因素制约了天然气的发展呢？还可以在哪些方面谋求新的机会？

景春梅：就近两年的发展来看，制约因素体现在多方面，比如整体的经济增长放缓，天然气价格水平过高，气价形成机制不到位等。另外，天然气在理顺价格机制、基础设施的完善、管网的互联互通等方面还需进一步努力。

机会方面，今年非居民用天然气价格两度调整，为提振天然气消费和促进经济发展必将起到积极的带动作用。着眼未来，我们必将步入"电气化时代"。能源革命和碳排放峰值目标倒逼能源加速转型，天然气必将担当重要角色。

放眼国际，很多国家都是通过天然气和核电来形成对煤炭的有效替代。目前，我国天然气价格的调整，无疑为燃气企业注入了新的希望，对于煤炭的逆替代等问题都有所扭转。未来随着煤改气的继续扩大，天然气发电的提振和南方集中供热等问题的推进，天然气必定会有很大的发展空间。

（本文系记者专访，原刊载于《中国电力报》2015 年 12 月 28 日）

管网独立是油气改革重中之重

低油价在持续，肆虐的雾霾也在持续。欧佩克（OPEC）最近的会议决定维持产量不减产，国际油价一度跌破 40 美元/桶，在此背景下国内的油气体制改革方案显得更引人注目。

此前油气体制改革方案的消息显示，紧跟电力体制改革，油气改革将借鉴电改的经验，推动全产业链开放、价格市场化改革。

作为改革先行试点，国土资源部今年 10 月底进行了新疆上游区块招标试点工作。国资委国新公司将持有中石油中亚管道公司 50% 股权，中石油内部昆仑能源和昆仑燃气也正在推动重组，这似乎都预示着油气改革将要到来。

对于油气改革的重点和路径，外界众说纷纭。中国国际经济交流中心信息部副研究员景春梅称，油气改革将是全产业链业务放开、价格放开，"管住中间，放开两头"的格局，其中管网公司的组建路径和监管将是重点。

低油价是改革绝佳时机

第一财经日报：中国油气行业在 1998 年实行了一次大的改革，从 2014 年下半年开始，国际油价连续下跌，是不是油气体制改革加速的好时机？

景春梅：面对肆虐的雾霾，我们迟迟进入不了油气时代。由于价格高昂和经济放缓，被寄予厚望作为替代能源的天然气近两年来消费剧减，不被终端市场所接受。而低位徘徊的国际油价也使得国内的油气生产企业面临降本提效的巨大压力。目前，国内需求放缓，供求关系趋于宽松，内外环境都倒逼改革，可以说，油气体制改革迎来难得的时间窗口。

油气行业的市场化改革起步较晚，油气产业链与电力有很多类似之处，可以从先行的电改中借鉴经验教训，有条件进行全面改革。目前各方面条件成熟，油气改革有可能走得比较快。

具体而言，国际油价今年以来一直在 40 美元/桶左右徘徊，而国内油田盈亏平衡点平均在 70 美元左右，在现有油价下，国内油公司非常困难。虽然可以继续维持生产，但低油价会逼迫国内油气企业从内部管理等各方面挖潜，降低成本；其次行业求生存的本能，会以置之死地而后生的心态推动改革，改善行业的艰难处境。

日报：对于这次油气改革，外界一直在猜测其执行思路，从宏观上看改革思路怎么设定？

景春梅：油气体制改革需要顶层设计，避免某个方面的单兵突进。要推动全产业链系统改革，我建议采取"四放开一独立三加强"的路径。

具体而言，四放开是放开勘探开采准入、放开进出口限制、放开竞争性环节政府定价、放开上下游环节竞争性业务；一独立是推进管网独立；三加强是加强安全保障体系建设、加强配套改革、加强统筹规划和科学监督。

全产业链改革，以上游为龙头，带动中游和下游开放。放开上游，增加供给，各种油源、气源实现充分供给、充分竞争，才能为中下游改革创造条件，管道独立才有意义。

其中，上游区块管理机制是油气上游垄断的源头，现行的区块登记制和主管部门后续监管缺乏，使上游开发处于僵化状态。应以上游开放作为先导，带动全产业链改革。

上游区块开放，当前只能做增量。存量改革涉及利益太大，阻力也大。除了开放，要加强监管，无论谁勘探都要公开资料，并建立退出机制。

上中下游是相互关联的，避免单改一个环节，其他环节"梗阻"，上游勘探开发、进口放开，会增加供给，上游改革才能继续向前。然后管道要解决第三方公平准入问题，不然就面临梗阻。第三方公平准入需要管道独立的配合，所以还是要全产业链协同推进改革。

天然气价格改革单兵突进不适合

日报：油气体制改革之前，价格改革似乎已经先行。油气价格形成机制改革和体制改革如何协调配合？

景春梅：在产业链中下游一体化还比较严重的现阶段，天然气价格改革不宜单兵突进，一放了之。产业链一体化的体制制约了竞争性价格的形成和自然垄断价格的厘清。现行采用"市场净回值法"形成的门站价格是上游气源价格和管输费的捆绑定价，气价和管输费的构成还不够透明清晰，应该进一步推动管网改革，厘清管输成本。此外，在产业链一体化体制下，如果将价格一放了之，很可能导致几家巨头形成价格联盟，通过对气源和管道的控制，造成新的垄断，不利于下游用户和消费者。

所以，在体制改革没有到位的情况下，天然气价格只能小步快走，逐步实现市场定价。

我们看到，一年多来，价格主管部门不断放松管制，加大改革力度，通过今年上半年天然气价格并轨和推出大用户直供气，天然气市场化程度已达到40%。最近11月份的气价下调又规定气价可以上浮20%，下浮不设限制，增加议价空间，天然气价格弹性不断增大，市场化程度进一步提高。

国家在价格改革的顶层设计方案中已列出时间表，拟到2017年基本放开竞争性环节价格，届时天然气上游价格和终端销售价将交由市场决定，价格部门只对天然气输配价格进行管制，这表明，即将推出的油气体制改革方案，要在产业链体制改革方面与之相衔接，作出相应的制度安排。

日报：油气领域国有企业占比很高，国有企业改革方案已经下发，给人的印象是国企和油气体制改革是油气领域改革的两条线，怎么协调？

景春梅：油气改革会促成全产业链开放。油气体制改革和国有企业改革是条块的结合。体制改革是纵向的，针对油气产业链，实施上中下游改革。国有企业改革是横向的，针对所有国有企业改革，不特定针对某个行业。油气领域改革是条块链接，改革要结合条条和块块。

国有企业改革将国有企业划分成商业类和公益类。国有企业占据油气行业主导地位，油气改革要寻找体制改革和国有企业改革的结合点。油气体制改革方案和国有企业改革方案肯定会有协调。

具体到油气产业链，将区分不同环节的属性。先界定产业链环节的属性，商业类还是公益类，然后确定相对应的改革方向。待油气体制改革方案出来后，对照国企改革方案，改革的坐标会更加清晰。

不能只有一家管网公司

日报：油气改革需要产业链并行推进，但突破点是什么？

景春梅：中游管网独立应是油气体制改革的突破点，也是重中之重。只有管网独立，实现销售和管道输送业务的分离，才能从根本上剪断气源和管道业务关联交易的"体制脐带"，真正做到管网的第三方公平开放，同时，也才能为管输成本的有效监管和上下游价格的市场化形成创造条件。

日报：组建独立的国家管网公司也谈论了很久，管网公司独立和加强监管的关系如何？管网公司独立会拖慢管道建设投资吗？

景春梅：能源局从2014年开始推广管网第三方公平准入，但在目前体制下，管网和气源，甚至城市燃气同属一家公司，管道的输送能力不足的情况下，管道公司代输意愿不强。

所以，首先要推动管网公司独立，不能既输气，又供气，还经营城市燃气，其他市场参与者很难与之公平竞争。但也不能只有一家国家管网公司，只有多家公司竞争，才能有管输成本和运营效率的比较，从而有利于降低我国油气产品的价格。

独立的管网公司需要界定清楚主营业务，明确规定公司不能涉足的领域。就像上一轮电改一样，要推进主辅分离、剥离多种经营的业务，呈现管网公司的核心业务，为核定管网真实成本创造条件。需要指出的是，一定要明确新成立的管网公司进行网销分离，不得经营销售业务，以上已经提到，这是管网公平开放和理顺价格机制的前提，也是国际惯例，在美欧等主要市场经济国家，都明确规定了管网公司不得从事天然气销售业务。

我国管网里程并不算长，但管网独立不会妨碍修建。很多企业想投资管网，但限于投资回报没有明确预期，治理结构上没有合理的机制安排，都采取观望态度。我国尚未进入到油气时代，特别是天然气还将在我国的能源结构调整中担当重要角色，一旦预期明确，很多资本还是愿意跟进的，管道建设速度不会受到影响。

日报：对于独立的管网公司，有什么看法？

景春梅：管网公司需要从三个层面去认识。第一，不能只是一家管网公司，如果只有一家管网公司，相当于现在的电网企业，无法形成有效的竞争，也会造成监管难题。

第二，要允许多家管网公司存在。管网具有自然垄断属性，多家管网公司不是鼓励同一条线路修建多条平行管道，但鼓励多家公司经营不同线路，保证两点之间只有一家公司，不同公司在输送成本、管理效率间构成竞争，从而推动管网公司降低成本、提高效率。从国外天然气发展历程看，有气和气竞争，同样也有管道和管道竞争，例如目前美国和德国都是由多家管道公司从事管道运输业务。

第三，组建国家管网公司面临省网公司处理难题。目前国内管网有三级，国家、省网和城市管网。一些省市，省网力量强大，连中石油、中石化等都很难进入。未来国家管网公司组建涉及省网公司处置，上划给国家管网公司或下沉到城市燃气管网都面临较大的利益调整。

中国各省情况差别很大，我觉得应该允许多元模式存在。

国家管网公司组建后，燃气公司管网在各自区域也是"小垄断"，且配售一体，未来看也要实行配售分离，管网只收取配气费。不过城市燃气管网都是各家燃气公司建设，权益清楚。未来主干管网，可以国有控股，引入社会资本做混合经济。

（本文系记者专访，原刊载于《第一财经日报》2015 年 12 月 30 日）

油气改革应推动天然气管网独立

目前，油气改革方案正在制定中，管网独立是多方争论焦点。油气改革的关键是要改变油气产业一体化经营现状，推动全产业链系统改革，以上游为龙头，带动中游和下游开放。管网是多重矛盾和利益冲突的交汇点，管网独立关乎此轮改革成败。就油气而言，原油和成品油管道都是点对点，且管道运输能力与油田和炼厂生产能力相匹配，管网独立尚不必要。而天然气主要依靠管道运输，其管网由多个层级组成，主、支管线相互联通，泛在分布于各区域及各省市之间，管网从业务上既与上游紧密联系，又相对独立。虽然上游天然气进口已放开，但中游管网高度集中，致使第三方开放难以落实。随着天然气产业的快速增长，管网独立的必要性日益凸显。不仅要推进管输环节与上下游业务相分离，还要实现液化天然气（LNG）接收站、储气库等基础设施的独立与开放。

一、管网不独立是制约油气改革的瓶颈

多年来，我国油气产业采取上下游一体化经营，管网不独立带来诸多弊端，制约油气产业发展。

1. 管网不独立抑制社会资本进入。我国油气产业链高度集中于少数大型国有企业，社会资本参与程度较低。在勘探开发环节，少数国有油企拥有天然气勘探开发专营权和对外合作专营权，社会资本难以进入。在天然气进口，特别是 LNG 进口方面，国家没有明令禁止，一些民营油企或城市燃气企业虽能拿到气源，但由于 LNG 接收站等进口基础设施掌握在个别大型油企手中，开放程度不够，进口 LNG 难以登陆。在管输环节，天然气管网、LNG 接收站、储气库等基础设施的建设和运营也高度集中于三大油企。这种一体化经营体制将很多有意愿、有实力进入的社会资本挡在门外，不利于管网等基础设施建设和规模化发展。

2. 管网不独立架空第三方准入制度。实施第三方准入制度是发达国家推进天然气市场化进程的重要内容。第三方准入要求只要输配系统有闲置运输能力，就必须向任何有需要的天然气供应商或用户提供在运输费率等方面无歧视的运输服务。2014 年，国家能源局颁布《油气管网设施公平开放监管办法（试行）》，提出油气管网设施向上下游用户开放使用。但囿于体制原因，政策无法真正落地。三大油企掌握着天然气管网资源、天然气进口专营权和进口基础设施，厂网不分、网销不分，必然优先确保自家天然气的运输，对第三方天然气的代输意愿不强，管网第三方公平开放难以落实。

3. 管网不独立制约天然气价格改革。油气改革的重点是要"管住中间、放开两头"，建立市场化的价格形成机制。但在一体化经营下，国内天然气现行采用"市场净回值法"形成的门站价格是上游气源价格和管输费的捆绑定价，气价和管输费的界限不明，导致上下游气价相脱节，不能及时、真实地反映国际价格变动情况和市场供求，无法有效引导投资和消费。

4. 管网不独立阻碍国企改革进程。国有企业在我国工业化进程中发挥了重要作用。当前，国有企业改革进入攻坚期，油气行业是国企改革的重点领域。特别是部分大型油企由于历史上承担着"企业办社会"的职能，主营业务与"三产多经"混合经营，造成关联交易和内部交叉补贴比较普遍，生产效率不高。根据国务院发展研究中心的数据，2013 年，国内大型油企生产 100 万桶油气当量需要 200～300 人，而 BP 公司、壳牌需要人数不足 30 人。从炼油的综合能耗来看，国际先进水平一般小于 40 千克标油/吨原油，而国内主要大型油企的综合能耗接近 60 千克标油/吨原油，地方炼油企业综合能耗则接近 90 千克标油/吨原油。2014 年，国内大型油企财务报表所显示的资产利润率不到国际主要油企的一半。随着改革的推进，油气改革与国企改革必须条块结合，同步进行。

二、管网独立是推动油气改革的必行之举

从国外实践和我国油气产业发展看，管网独立是油气行业发展的必然趋势，也是此轮油气改革的必行之举。

1. 管网独立是发达国家油气改革的重要内容。从国外实践看，大部分

国家的天然气管输业务都与上、下游严格分开，由专门的监管机构确定合理的管输费，并强制实施第三方准入制度。如美国在管网独立前提下采取市场化经营模式，全美拥有 100 多家管输公司，同时对管网建设、运营、安全、环保、运输价格和服务等实行全面监管，确保第三方准入。英国在 20 世纪八九十年代就推行了天然气管网的运营管理与上游生产加工业务和下游配售业务完全分离，并由独立的监管机构履行监管职能和制定管输价格。欧盟能源监管委员会自 20 世纪 90 年代以来三次颁布"天然气指令"，提出财务独立、法律独立和产权独立"三步走"，要求所有成员国将管输业务与上下游销售业务相分离，并强制实施第三方准入制度。目前已完成前两阶段，正积极推进产权独立。

2. 此轮油气改革应推天然气管网独立。自 20 世纪 90 年代以来，我国关于管网独立的讨论从未间断。随着天然气市场的快速发展，管网独立的必要性日益凸显。当前，油气改革面临瓶颈，基础设施和管网建设滞后与天然气快速发展的需要不相适应；产业链高度集中与管网建设多元投资需求相矛盾；一体化经营与第三方准入相冲突，多种矛盾和冲突集中指向管网环节。只有管网独立，才能剪断气源和管输业务关联交易的"体制脐带"，疏通上下游价格传导机制，形成竞争性的市场化价格。只有管网独立，才能厘清管输成本，明晰管网投资回报，为价格监管和第三方准入奠定基础。同时，管网独立也是推动油气领域国企改革的突破口，是打破一体化经营、提高效率、做强做优国有企业的关键。

三、管网独立需妥善处理的几个问题

管网是油气产业链的关键环节，涉及多方利益，应厘清片面性认识倾向，在操作中积极稳妥、分步推进。

1. 厘清两个片面性认识。在关于管网是否独立的争论中，有两种似是而非的片面认识，需进行厘清和矫正。一种片面认识是管网独立会造成管网建设不足。事实上，管网建设不足的根本原因恰恰在于一体化经营。一体化经营模式下，天然气产业链不开放，社会资本"不能进"；同时，管输环节投资回报不明确，社会资本"不敢进"。若实施管网独立，并向社会资

本开放管网投资和运营，使管网投资有明确预期，必然会释放社会资本活力，大大促进管网投资建设。

另一种片面认识是管网属自然垄断环节，应成立一家管网公司。我们认为，若仅成立一家管网公司，等同于赋予其对上下游的绝对话语权，无法形成有效竞争，也容易造成监管难题。自然垄断并非要求整个国家仅有一家管网公司，而是要保证两点之间只有一套管网，避免重复建设和规模不经济。从国外天然气发展历程看，既有气和气的竞争，也有管道和管道的竞争，例如，目前美国和德国都是由多家管网公司从事管输业务。成立多家管网公司，并不是鼓励在同一条路径上修建多条平行管道，而是鼓励多家公司经营不同线路。多家管网公司可在输送成本、管理效率上构成竞争，有助于管网公司降低成本、提高效率。

2. 操作上要把握七个关键环节。一是以产权独立为管网独立的最终目标。管网独立涉及人、财、物的重组整合，涉及面广，可分步骤、分阶段推进。首先，推进财务独立，实现管网财务单独核算，杜绝交叉补贴。其次，推进法律独立，实现管输业务的人、财、物与上下游业务在法律上的分离，避免关联交易。最后，推进产权独立，实现管输业务的完全独立。

二是鼓励管网公司采取混合所有制。对于跨区域的主干管网，可采取国有资本控股、社会资本参股的方式；对于支线管网可因地制宜，灵活处理国有和社会资本所占比例。

三是明确管网公司的功能和盈利模式。管网公司应专注于天然气管网的投资运行和天然气传输配送，不再从事天然气买卖业务。管网公司以收取管输费为主要收入来源，不再赚取天然气买卖差价。

四是落实"网运分开"。推动管网投资建设与运营相分离，上游生产商和下游用户均可参与管网投资，获得投资回报，但不得参与管网公司运营，避免关联交易，确保第三方准入落实到位。

五是实现管网互联互通。管网独立后形成的不同层级和多家公司之间要实现互联互通，保证"气畅其流"。对各种来源的入网天然气制定统一标准，保证管网中气体质量稳定、可用和安全。借鉴国外成熟管理经验，合理确定管网中新建管道的压力等级，制定统一的用气设施设计制造参数和气量计量标准，为管网互联互通做好技术准备，避免由于技术标准不一导致的市场分割、混乱。

六是优化天然气定价机制。管网独立后，管输费的确定由市场净回值法转变为成本加成法，天然气销售价格由上游气价加管输费来形成，真正建立上、下游"两头"价格由市场决定，"中间"管输费由政府核定的价格机制。

七是加强监管。政府要对管网投资、运营和维护费用等进行核算，厘清管输成本，明确管输投资回报率。同时，加强对管输行为的监管，确保气源质量、安全输气和履行普遍服务义务，严格实施第三方准入制度。

（本文完成于 2016 年 2 月，获国务院领导重要批示。原刊载于《上海证券报》2016 年 3 月 2 日，与中国国际经济交流中心副研究员王成仁博士合作研究）

油气体制（管网）改革总体思路

当前，油气改革方案正在制定中，诸多问题悬而未决，特别是管网环节，是多重矛盾和利益冲突的交汇点，关乎此轮改革成败。笔者认为，我国油气体制改革的总体目标是：按照市场化原则，打破垄断，引入竞争，构建有效竞争的市场结构和市场体系，建立起符合我国经济发展阶段和油气产业发展阶段、能够确保我国能源可持续发展的体制机制，不断满足整个社会快速增长的油气需求。推动我国油气体制改革，应从短期和中长期进行有效规划，明确改革的路径及具体的政策措施。

一、短期目标（未来 3~5 年）

激活市场竞争性，扩大基础设施的建设和天然气能源的市场份额；上游先行，实现油气源多元化竞争；中游协同，建立统一标准，实现管网第三方准入，并形成有效的监管体制机制；建立合理的价格机制和法律体系规范市场行为。本阶段主要目标是增加供给，降低价格。

（一）法律（案）先行，科学有序引领油气行业全产业链改革

制定专门的石油、天然气法或改革法案，引领和指导油气改革，明确改革目标，统一改革行动，推动能源生产和消费革命，统筹推进全产业链改革，系统解决油气产业发展面临的体制障碍。

建立健全以《石油天然气法》为核心，以天然气专项法为支撑的完整法律框架。提高法律法规的可操作性，使其更适应天然气勘探、生产、输送、储配和利用的特点，并完善相关的实施细则和配套法规，以保障油气基本法和天然气专门法的贯彻实施。

（二）以上游开放为突破口，推动矿权和进口权开放增加油气供给

建议成立归属于国土部门的探矿公司，明确矿源后竞争开采权，并严格采取勘探进度跟踪监督，对闲置矿源的情况进行有效治理。以目前尚未登记的常规油气区块和非常规油气区块为突破口，放宽市场准入限制，通过公开招标发放许可证等方式鼓励各类资本进入。

以推行混合所有制改革为契机，推进油气行业各类资本交叉持股、合作经营。鼓励国有油气公司将其持有的油气资源探矿权、采矿权用于与民营企业的合作。以深化行政体制审批改革为动力，取消政府对气源进口的行政审批权，允许更多的经营主体从事气源进口业务。通过气源引入，实现气源的多样性，打破当前的上游气源垄断，促进油气源头的竞争，增加供给，提高资源配置效率，为中下游的市场化改革创造条件。

（三）加大中游管网、储气库、LNG 接收站等基础设施建设，尽快落实第三方准入

将管道运输与燃气销售业务相分离，实现管网独立并公平开放，是协调上下游利益关系，推动天然气行业健康发展的必行之举。以管网第三方准入为突破口，实行网销分离、输配分离、储运分离。可考虑先由较易改革的长输管网和 LNG 接收站开始，遵循财务分离—业务分离—产权分离的次序渐进改革，最终形成各环节相互独立、彼此竞争合作的格局。

开放管网投资、建设市场，鼓励多方投资者介入，逐步建立起以市场化融资为主，政策性金融机构融资、财政拨款和国际融资共存的多元化融资渠道，加快管网基础设施建设，增强管网调节、调峰能力。尽快落实管网互联互通及向第三方接入服务，加强对接入条款、服务价格和服务质量的监管，以确保运营主体提供非歧视性服务，为培育竞争性市场创造条件。

（四）深化天然气价格改革，尽快核定管输成本

理顺天然气价格体系，使价格真正反映总成本水平和供需格局，解决居民生活用气与各省门站价格倒挂的问题，消除居民用气与工业、商业用气的交叉补贴现象。同时，建立完善对生活困难人群和一些公益性行业的

定向补贴和救助机制。按补偿成本、合理收益的原则确定储气价格，建立峰谷气价、季节性差价等激励性价格政策。

（五）建立统一的国家天然气和储输管网设备标准，为多元化运营奠定管理基础

我国天然气气源多样，标准不一，使得管网交易和下游用户天然气品质稳定性和互换性困难极大。应借鉴国外经验，合理确定管网中新建管道的压力等级。管网压力等级不宜过多，要形成适合我国国情的国家标准，为互联互通做好技术基础准备。推进天然气联网，对各来源的入网天然气制定统一标准，保证管网中气体质量稳定、可用和安全。统一规范入网气质条件，适时实行能量计量方式。

二、中长期目标（未来5～15年）

培育中游自然垄断环节的市场参与主体，推动全国天然气管网的形成与完善；管网独立，网运分离，形成上游与下游多主体、多元化产权与资本竞争，中游由政府监管的"X＋1＋X"为主的市场格局。本阶段主要目标是健全市场，完善机制。

（一）区分竞争性和非竞争性业务，全面实现管网独立和公平开放

针对我国油气行业纵向一体化、竞争性业务和垄断性业务捆绑经营的问题，实施全产业链市场化改革，打破垄断，促进竞争。推动天然气开采、管道运输与天然气销售业务相分离，实现管网独立和全面的无歧视公平开放。天然气输气、城市配气等业务具有自然垄断性，政府应该加强监管；天然气进口、批发和零售环节以及燃气设备生产业务等属于竞争性业务，政府应放松准入管制。

运输与销售业务的分离，能为天然气合理定价奠定基础，有利于管网作为公共产品的价格更加透明与公正。将国内天然气骨干管网业务合并，并纳入LNG接收站和储气库等基础设施，成立一个新的国有天然气管网公司。对天然气管网和相关设施无歧视地向第三方公平开放，采用混合经济方式，允许多元投资主体参与投资。

（二）形成气源价格完全由市场决定，输配成本由政府监管的天然气价形成机制

针对天然气行业相关环节的不同属性，形成"放开两头，管住中间"的定价机制。对于具有竞争性的上游生产和下游销售环节，其价格应放开由市场竞争形成。对于具有自然垄断性的中游管输和配气环节，政府须对其成本和回报率进行监管，核定网络运输、LNG 接收站、储气库的成本和固定收益率，建立相应的价格调整机制。

（三）借力市场，适度采用收费特许权经营和市场化融资方式

推动更大范围内区域市场的自由竞争，打破行业垄断和市场分割，加强省际、城际管网的互联互通和统一市场体系建设，促进公平竞争，为天然气资源的优化配置和普及应用创造条件。适度采用收费特许权经营和市场化融资方式，区分国家管道与地方管道。由国家层面统一进行动脉管网体系的整体规划，采用特许权经营的方式对项目进行竞标，通过市场化的手段进行融资，既加快管网建设，又便于管理和管网维护。

（四）推动企业股份化改革，合理降低国有持股比重

我国天然气中上游国有控股比例高，产权缺乏多元化和流动性，以至于导致中、上游企业垄断了天然气生产与配送，生产效率低下，天然气价格较高。可通过特许投标、股份晨报、降低股权等形式推动大型国有企业的渐进式产权改革，有效打破政府国有垄断，逐渐实现国有资本的推出和非国有资本的介入。

（五）建立独立、统一的天然气专业监管机构

积极推动建立独立的、专业的天然气监管机构，专门负责天然气行业的监管与改革。监管机构的组成人员应当包括政府人员、行业专家、法律专家以及经济学家等。专门机构的建立有利于独立开展天然气行业改革监管和指导，专业、科学、有效地推动天然气行业健康发展。

油气体制改革应以"放开两头，管住中间"为原则，上游先行、中游协同、统一标准、政府监管，打破一体化垄断，形成"两头放开竞争、中间政府管制"的"X+1+X"市场结构。"1"代表中游自然垄断环节，保证两点之间只有一套管网。应成立多家管网公司，鼓励多家公司经营不同线路，在输送成本、管理效率上构成竞争，降低成本、提高效率。天然气勘探与开采、批发、销售和其他配套性服务业，属经营性、竞争性领域，应在加强政府监管的前提下，促成其打破区域性垄断，走向市场经济，引入适度竞争，即两个"X"。

（本文原刊载于《上海证券报》2016年3月2日，与中国国际经济交流中心副研究员王成仁、中央财经大学副教授智强合作研究）

电力体制改革十年成就及未来政策取向

2002 年 4 月，国务院下发《电力体制改革方案》（以下简称"5 号文"），开启了我国电力市场化改革历程。10 年来，按照"5 号文"确定的方向和目标，改革取得了显著成就，但由于后续改革推进不力，也累积了一些矛盾和问题，对我国当前经济发展造成负面影响，亟待进一步深化改革。

一、十年来电力体制改革的主要进展和成就

"厂网分开"和"主辅分离"取得实质性进展，发电领域竞争格局基本形成。区分竞争性和垄断性业务，对原一体化经营的国家电力公司进行拆分重组，成功组建两家电网公司、五家发电集团和四家辅业集团，实现了产权关系上的"厂网分开"和中央层面的"主辅分离"，发电领域的竞争性市场格局基本形成。2011 年，对两家电网公司所属辅业单位成建制剥离，与四家辅业集团进行重组，形成两大新的辅业集团，标志着网省公司层面主辅分离改革基本完成。

对电力市场体系建设进行了积极探索。在"厂网分开"基础上，相继开展区域电力市场"竞价上网"，大用户与发电商直接交易，一省范围内的多边交易、节能发电调度，发电权交易以及跨省、跨区电能交易等试点工作。通过探索，对推进电力交易市场化积累了宝贵经验。

对市场化电价形成机制进行了尝试性改革。围绕电力市场建设和节能减排，进一步完善了电价政策。上网电价由最初的"一机一价"转变为"标杆电价"；为了引导节能减排，推行了差别电价、峰谷电价、阶梯电价和新能源电价；在电力市场建设的改革试点中，先后在东北区域市场推行两部制定价，在内蒙古市场推行双边交易电价。

行业管理体制得到创新。组建国家电监会，在电力安全、市场秩序、节能减排、服务质量等方面开展电力监管，为转变政府职能、加强行业监

管积累了经验。成立国家能源委员会，组建了国家能源局，政府管理职能逐步明确到位。

农电改革取得了阶段性成果。中西部农网改造和建设取得明显进展，基本实现了城乡同网同价，农电价格大幅下降。电网改造使农村生活用电价格由1998年的0.756元/千瓦时下降到2009年的0.539元/千瓦时。

二、改革带来的变化和积极影响

一是促进了电力工业快速发展。破除了独家办电的体制束缚，大大解放了生产力，2002年以来电力投资快速增长，一直保持能源工业总投资70%左右的水平。截止到2010年年底，电力装机达到9.6亿千瓦，比2002年增长2.74倍，大大增强了电力供应的保障能力。2010年，我国全社会用电量达41 999亿千瓦时，成为世界第二大电力消费国。

二是提升了电力行业生产效率。在发电领域，竞争机制开始发挥作用，大大提高了生产效率，工程造价和运营成本不断下降，彻底解决了计划经济时期电站工程造价连年攀升、制约发展的老大难问题。2002年以来，在材料、设备价格上涨的条件下，发电工程造价降低40%~50%；平均线损率从7.97%下降到为6.94%；全国燃煤电厂平均供电煤耗从383克/千瓦时下降到335克/千瓦时，已低于美国、澳大利亚等西方发达国家。

三是行业活力增强，可再生能源加速发展。在多元主体竞争的格局下，企业创新活力不断激发，有力地促进了科技创新，可再生能源发电比例不断提高。10年来，超超临界发电技术国产化、风力发电、洁净煤发电、流域型大型水力发电等技术与运营管理已迅速领先于世界前沿发电技术。水电装机、风电装机和核电在建规模均跃居世界首位，2010年年底全部清洁能源装机容量比重达到26.56%，为节能减排做出了积极贡献。

三、进一步深化改革的政策取向

10年的电力市场化改革实践证明，"5号文"确定的电力体制改革的方向是正确的，打破垄断，引入竞争，是促进我国电力工业健康、持续发展的必由之路。但是，不可否认的是，由于关键领域改革未能及时跟进，加之近几年出现的新情况，电力行业的矛盾和问题不断累积，煤电矛盾深度发展，电荒频现，电力企业经营困难，厂网发展不协调，新能源并网消纳困难等，使得计划与市场、垄断与竞争的深层次矛盾表象化，已严重影响到国家经济发展和能源安全。新旧矛盾的交错并存，反映出推进电力体制改革已迫在眉睫、刻不容缓。进一步深化电力体制改革，需要推进解决以下问题。

一是实施输配分开，调整电力产业结构。国际经验表明，打破传统的纵向一体垄断组织结构是电力行业构建竞争性市场体制的基础，输配分开是实现电力市场有效竞争、电力双边交易、价格机制发挥作用的基本前提，是电力市场化改革无法回避的重要问题。我国2002年开始实行的电力市场化改革，只是在发电领域实现了竞争，输电、配电、售电环节仍然维持了一体化的组织结构，形成了电网公司在发电侧和需求侧双边的"独买独卖"格局。由于输配不分和缺乏透明的输配电价，电力市场主体不完善，市场作用难以发挥，阻碍了电力市场化价格机制和煤电价格传导机制的形成，导致煤电矛盾不断加剧，电力市场不公平交易行为层出不穷。进一步深化电力体制改革，必须继续推进电力产业结构重组，通过输配分开打破电网独买独卖的垄断局面，以确保电网无歧视开放和电力公平交易的电力调度和交易组织体系，为充分发挥市场在电力资源配置中的基础性作用提供体制保障。

二是推进电价改革，建立市场化电价形成机制。电价改革是电力体制改革的核心内容，也是破解当前煤电矛盾的重要环节。目前，电力上网电价和销售电价还由政府定价，输配电价尚未明晰，电煤价格到销售电价之间无法建立起市场化传导机制。从现阶段经济发展水平看，我国工业和商业用电价格在国际上已处于高水平，仅靠继续调高电价疏导煤电矛盾、解决电力企业经营困难的空间有限。电价改革的基本方向是"放开两头，管住中间"，属于自然垄断环节的输电价格和配电价格由政府制定，属于竞争环节的上网电价和销售电价应由市场来决定。应加快推进电价改革，尽快形成能够真实反映资源稀缺程度、环境损害成本和市场供求关系的电价机制，合理疏导电煤价格上涨因素，有效化解煤电矛盾。

三是放开民营资本准入，实现电力投资主体多元化。目前，电网建设仍然保持国有独资的产权形式，电力行业对民营资本开放的领域仅限于电源建设和发电市场，并且，民营及外资发电企业装机容量占全国总装机容量的比重也仅为4.82%，国有资本仍然占到95%以上。尽管国务院在2005年和2010年先后出台了鼓励非公有制经济发展的"旧36条"和"新36条"，但实际上非公有制经济进入电力行业的隐形障碍仍然较高。由于电价机制扭曲，投资回报率难以保证，民营资本无法获得稳定的投资收益，已进入的民营企业近年来纷纷退出。投资主体多元化是解决电力供应短缺和促进电力行业改革发展的重要基础，应进一步放开市场准入，鼓励民营资本和外资投资发电、配电领域，培育和健全市场主体，进一步提升电力行业的市场化水平，提高电力行业经营效率。

四是全面推行节能发电调度，建立市场化节能减排长效机制。当前的电力节能减排主要是依靠行政手段，带有较强的计划色彩，缺乏市场化的内生激励机制。我国发电调度长期以来一直采用电厂或发电机组大致平均分配发电量指标的办法，大小火电机组不论能耗高低，都享有基本相同的发电小时数。这种平均主义分配发电量的体制和电力调度体制严重制约了市场在电能优化配置中的作用，导致高能耗产业的进一步扩张，影响国家节能减排目标的实现。当前已在部分省份试点的节能发电调度办法，可打破传统的计划发电调度体制，形成一套鼓励先进、奖优罚劣的市场化运行机制，鼓励可再生、节能、高效、低污染的机组优先发电，限制高耗能、高污染机组发电，更好地发挥市场配置资源的基础性作用，有助于催生节能、环保新电价机制的形成，建立起市场化的节能减排长效机制。下一步，应在节能发电调度扩大试点的基础上，适时在全国全面推开。

五是加强顶层设计和总体规划，理顺电力行业管理体制。目前，电力行业管理职权分属国家发改委、国家能源局、电监会、国资委、财政部等多个部门，多头管理、职能交叉等问题突出。有必要根据电力工业改革发展的新形势和新要求，加强顶层设计和总体规划，设立集中统一的能源管理机构，加快形成统一高效的电力监督管理体制，强化政府在能源战略、能源规划、能源政策、科技创新等方面的综合管理，加强对垄断环节和市场交易的专业监管，实现能源的可持续发展和保障能源的安全可靠供给。

（本文原刊载于《中国经贸导刊》2012年6月）

重启电力体制改革，化解煤电矛盾

一、煤电矛盾正向纵深发展

近年来，"市场煤"与"计划电"的矛盾冲突日趋激化。从煤、电价格拉锯战久持不下、煤炭衔接会无果而终，到煤价、电价的轮番上涨，再到发电企业巨额亏损、"电荒"频现、火电转产发展，煤电矛盾严重影响了我国电力行业生产和发展，甚至威胁到国家能源安全。

当前，煤电矛盾正向纵深发展，主要表现在：一是火电企业亏损加剧。由于煤炭价格长期高位运行，2008～2010 年五大发电集团火电累计亏损额为 602.57 亿元，如果算上其他火电企业，整个火电行业亏损可能达上千亿元。尤为突出的是大唐集团，2011 年亏损面已达 67%，旗下 30 家亏损严重的电厂资产负债率超过 100%，严重资不抵债，濒临破产。二是"电荒"频现。近年来"电荒"反复出现，但与往年不同的是，2011 年从 1 月份就开始供电告急，出现"淡季电荒"，全年用电偏紧。2011 年，我国共有 17 个省份采取拉闸限电和错避峰措施，在用电高峰期间，全国出现 3 000 万千瓦左右用电缺口，浙江、广东等地的很多中小企业因此"拉闸限电"，给生产经营带来负面影响和损失。与此同时，2008 年至今，全国发电设备利用小时数仅为 4 500～4 700 小时，低于 5 000 小时的基准值，这说明出现"电荒"并不是因为装机不足，而是电力企业发电意愿低，机组出力不足所致。三是电力企业开始集体进行火电转产。因不堪亏损重负，五大电力集团已开始抛弃部分火电业务，同时加大在新能源领域投资，促进业务多元化发展。从我国电力结构看，无论是装机容量还是发电量，目前火电占比均高达 70%～80%。在火电占据主导地位、新能源尚未成为主流能源的情况下，电企放弃火电业务必然带来电力供应短缺，给我国经济发展造成严重负面影响。

二、电力体制改革不到位是煤电困局难破的主要原因

2002 年，国务院在《电力体制改革方案》（以下简称"5 号文"）中，确定了"厂网分开、主辅分离、输配分开、竞价上网"的电改四大步骤。十年来，发电环节打破垄断，引入了竞争机制，基本实现"厂网分开、主辅分离"，但与国务院当初确定的电力市场化改革目标还有相当大差距。由于输配分开改革没有及时跟进，造成市场化的电价机制难以形成、市场作用难以发挥、煤、电产业链各方利益得不到有效疏导和协调，导致煤电关系剪断理乱、难解难分。

一是电力市场尚未建立，市场作用难以发挥。输配合一体制下，电网企业集电网资产运营、电力系统调度、电力交易结算于一身，并且是电力购销的"独买独卖"者，发电企业和电力用户不具备与其平等交易的市场主体地位，发、输、配、售全面竞争的市场格局尚未形成，公平公正的市场秩序无法建立，市场作用难以发挥。电网企业对发电企业"卡脖子"、排斥其他配电主体、并对电力用户进行名目繁多的各类收费和加价等不公平交易行为层出不穷。

二是电价形成机制不顺，电厂无法疏导生产成本上升压力。自 2003 年以来，煤炭价格累计涨幅超过 200%，而销售电价涨幅不到 40%。目前上网电价和销售电价还由政府定价，输配电价尚未明晰，电煤价格到销售电价之间无法建立起市场化的传导机制。在电煤价格上涨导致发电成本上升、并得不到有效疏导的情况下，发电企业出现亏损，陷入无钱买煤、缺煤停机的窘况，甚至出现发电越多、亏损越多的情形，因此不少发电企业以"停机检修"为名不愿发电。在这种情况下，煤电关系常常陷入"'电荒'—上调电价—煤价跟涨—'电荒'"的恶性循环。

三是电网垄断导致的电能资源无法优化调度成为"电荒"重要原因。2011 年的电力供求表现出"缺电"和"窝电"并存的怪象。在近年"电荒"频繁来袭之时，内蒙古蒙西电网却频现"窝电"，每年都有近 700 亿度的风电送不出去。蒙西电网是独立于国家电网的地方电网，由于电网建设滞后，富余电量外送须通过国家电网。但电网企业常常以电网安全为由拒

绝新能源电力上网，导致电厂"弃风"、"窝电"现象时有发生。2011年，蒙西约1/4的火电机组被迫停机，超过42%的风电机组弃风。据估计，内蒙古每年放弃的发电量约可达北京一年用电量的82%。

三、重启电力体制改革时机已经成熟，条件已经具备

从时机看，改革已如箭在弦，刻不容缓。电力体制改革10年来进展有限，导致各种矛盾不断积聚，已到非解决不可的关头。加快推进电改，是顺应电力行业自身发展规律和我国经济社会发展的迫切需要。因用电高峰的季节性轮回，煤电矛盾具有周期性发作的特点。今年恰逢党的十八大召开，根据以往经验，政府换届之后各地往往会产生新一轮的投资建设高潮，对电能的需求必然增加。如改革继续停滞不前，届时煤电关系不顺与经济增长的矛盾将会更加错综复杂、难以调和。当前，物价高涨势头有所回落、经济增速呈放缓之势，加之季节性用电高峰尚未到来，此时正是重启电改、消除体制痼疾，化解煤电矛盾的有利时机。

从意愿和条件看，改革已万事俱备、只欠东风。目前，发电企业巨额亏损、电价高企、电力用户负担过重，电力供需双方对于改革的需求非常迫切，社会公众对改革的诉求也很强烈。近年中央经济工作会议、政府工作报告，以及政府年度改革方案中曾多次提到输配分开和申价改革，电力行业早有准备。有关政府机构、监管部门在电力改革组织实施方面也进行了大量探索、积累了不少经验。这些都为继续推进改革创造了有利条件，一旦改革启动，可在较短时间内形成方案、组织实施。

应当消除改革的畏难情绪。2002年厂网分开前，电力行业还是政企合一、主辅不分的大一统格局，改革面临的难度和压力比现在大得多。但是，当时中央下定决心，坚决启动了这项改革。厂网分开后，仅用两三年时间，我国电力行业的增长规模就从每年1 000万～2 000万千瓦，跃升到一年1亿多千瓦，而且彻底解决了计划经济时期电站工程造价连年攀升、制约发展的老大难问题。在材料、设备价格上涨的条件下，发电工程造价居然降低40%～50%，创造了惊人奇迹。事实证明，改革是发展的强大动力，唯有改革，才能解决发展中的矛盾和问题。当前，应迎难而上、顺势而为，

将改革作为解决行业发展痼疾、扫除经济发展障碍、化解经济、社会矛盾的历史机遇。我国一直有集中力量办大事的体制优势，只要肯下决心，自上而下加以推动，改革的难度可能远没有想象的那么难。

四、重启电力体制改革、破解煤电矛盾的政策思路

按照"5 号文"关于电力体制改革的总体部署，在实行政企分开、厂网分开和主辅分离后，应相继开展输配电体制和电价机制等改革。为此，建议如下：

重建电力体制改革领导小组。为提高改革效率，建议重建电力体制改革领导小组工作机制，由一名副总理担任组长，自上而下推动改革。具体工作由电力体制改革领导小组办公室承担，成员由发改委、电监会、能源局、国资委、财政部、中编办、法制办、人保部、五大电力集团、两大电网公司，以及两大辅业集团等机构人员组成。办公室负责对 2002 年以来的电力体制改革进行全面总结，根据当前电力行业发展中出现的新矛盾和新情况，在"5 号文"基础上重新拟定新的电力体制改革方案。

实施主辅分离、主多分开。在去年完成省级以上电网企业主辅分离的基础之上，尽快开展省级以下电网企业的主辅分离工作。加快推进主多（多种经营）分开工作，促使电网企业进入到专业化轨道，专注于电网主业经营和建设，并为输配分开改革创造条件。

实行输配分开、配售分开。尽快确定输配电分离界面，对电网实施输配电分开业务重组。输配分开后，输电市场仍由电网企业垄断，专门负责电力运输，收取过网费。实施配售分开，在配电环节组建多种形式法人主体，辅之以开放大用户，改变电网作为单一购买方的市场格局，从而形成多买多卖的市场格局，为电力市场建设和发电企业公平竞争铺平道路。当前可在条件成熟的地方先行试点，然后在全国逐步推开。

分环节实行电价改革，形成市场化电价机制。制定独立的输、配电价，逐步放开上网电价和销售电价并实现联动，政府对电价实施有效调控和监管，使电价水平能够真实反映资源稀缺程度、环境损害成本和市场供求关系。这样可合理疏导电煤价格上涨因素，有效化解煤电矛盾。

实施调度与交易独立。改变现行调度交易组织模式，将电力调度机构从电网企业中分离，组建独立的调度交易中心，负责电力市场平台建设和电力交易、计量与结算，负责组织和协调电力系统运行，以确保电力调度交易的客观公正和电网的无歧视公平开放。

加快煤炭、运力配套改革。煤电矛盾涉及煤、电、运和政府四方面问题，应统筹考虑煤、电、运产业链上下游关系，抓紧建立煤炭、电力、运力三个有形市场，适时出台煤炭资源税，清理各种中间环节收费，加强对市场的监管。通过这些措施，在相关环节和政府之间建立起与市场经济相适应的价格形成机制与管理体制，从而在根本上解决煤电矛盾。

（本文原刊载于《南方能源观察》2012 年 5 月）

进一步深化电力体制改革的思考

今年是我国开展电力市场化改革的 10 周年。10 年的改革，极大地增强了电力企业的活力，提高了电力供给能力。但与此同时，近几年煤电矛盾不断加剧，出现了发电企业频现亏损，工商企业用电负担沉重，新能源、可再生能源发展受到制约，电力普遍服务不到位等问题。能源领域的突出矛盾，反映出现行电力体制已成为转变经济发展方式、促进节能减排和发展多种所有制经济的重大障碍。因此，应抓紧启动第二轮电力体制改革，从根本上解决困扰电力工业和经济运行的问题。

一、电力行业发展面临的主要问题

2002 年国务院出台《电力体制改革方案》（以下简称"5 号文件"），对国有电力资产进行重组，成立两大电网公司、五大发电集团和四个辅业公司，组建国家电监会。改革打破了原国家电力公司集发、输、配、售为一体，垂直运营、高度集中的体制，实行了政企分开、厂网分开。形成了五大发电集团和神华集团、华润集团等中央发电企业以及众多地方、外资、民营发电企业多家办电、多种所有制办电的竞争格局。改革前，一年新增发电装机 2 千万千瓦就是很好的成绩。改革以来，很多年份一年就可以新增装机 1 亿千瓦，极大地缓解了长期困扰我国发展的电力短缺问题。改革也有力地增强了发电企业活力。在建设成本大幅度上升的情况下，10 年来，火电工程造价平均降低了 50%，企业的投入产出效益明显提高。

但也要看到，电力体制改革只是取得了阶段性进展，"5 号文件"确定的一些重要改革任务尚未落实，如输配分开没有实行，区域电力市场建设受阻，电价改革滞后，并积累了一系列新的矛盾和问题。

1. 煤电矛盾周期性发生。进入 21 世纪以来，煤电轮番涨价、发电企业经营困难。往往越是在迎峰度夏、迎峰度冬、重要节庆期间，煤电矛盾表现得越集中，近两年甚至出现了淡季"电荒"。2008～2010年，整个火电行业亏损达上千亿元，一些发电企业资产负债率甚至超过100%。虽然国家采取了煤电联动、鼓励煤电一体化、电煤限价、实施煤炭储备等措施，但都无法从根本上解决煤电矛盾。

2. 新能源发电困难。我国风电装机容量已居世界第一，太阳能发电增长速度居世界首位。但新能源的实际发电量与设计能力相比，仍有较大差距，"弃风"、"弃光"、限电现象严重，发展难以为继。在发达国家非常普遍的分布式屋顶光伏发电、小规模风力发电、分布式天然气多联产电站等发电形式，在我国的发展举步维艰。

3. 电力节能减排形势严峻。我国电力结构中，燃煤发电量占82%。不同效率机组的供电煤耗从每千瓦时200多克标准煤到400多克，相差较大。长期以来，在大部分电力调度中，对高耗能火电机组、高效节能机组、可再生能源发电机组平均分配发电时间，往往会出现为了完成计划，可再生能源发电要为火电发电让路的情况，等于鼓励了高耗能机组发展的状况，对节能减排造成了逆向调节。

4. 工商企业用电负担过重。目前，发电企业的上网电价是每千瓦时0.3～0.4元，而工业企业实际用电成本一般要比上网电价高1～2倍，东部地区商业企业电价大都在1.2元以上。企业普遍反映，电网收费环节多，实际用电支出远高于国家目录电价，甚至达到一些发达国家水平，在一定程度上影响了企业的国际竞争力。

二、电力行业矛盾的成因分析

电力行业近年来之所以出现上述突出矛盾和问题，源于2002年以来的改革没有从根本上解决计划与市场的矛盾。

1. 传统的计划管理方式仍在延续。一般说来，发电企业的销售收入等于电价乘以电量。目前，上网电价由政府审批决定，发电量由地方政府下达的生产计划决定。作为一个企业，在产品产量和定价上没有自主权，这在市场化改革30多年后的今天是一个罕见现象。人为设定的电价和发电量计划几乎不能反映供求关系，也无科学依据。当电煤价格上涨或下跌时，发电企业无法自主调整，借以应对成本变化。地方政府在制定发电量计划时，基本上是按机组户头平均分配发电时间。火电机组一年可以发电6 000多小时，往往只给4 000~5 000小时的发电量。电网企业对计划内任务按国家规定的上网电价进行收购，对计划外电量则降价收购。当电煤价格大幅上涨时，火电厂超计划发电甚至造成亏损。越是煤电矛盾突出的时候，企业的发电积极性越低。在全国发电能力充裕的情况下，不合理的制度安排造成了"电荒"。

2. 电力市场发育不足。2002年以来的改革，只是在发电领域初步建立了竞争格局，输电、配电、售电环节仍然维持了上下游一体化的组织结构。电网企业集电网资产运营、工程施工建设、电力系统调度、电量财务结算于一身。有的电网企业通过大规模收购兼并，将业务延伸至设备制造领域，电网设备（如变压器、继电器、开关、电表、电缆电线等）的生产制造和采购使用形成内部一体化。发电企业和电力用户没有选择权，阻断了供求双方的直接交易。其他施工企业无法参与竞争，输变电设备制造业反映强烈。有的电网企业大规模投资收购境外的发电、电网甚至矿业资产，而国内的农网改造工程和无电地区电力建设资本金却全部依赖国家财政出资，以系统安全、接入标准等理由，限制新能源发电上网。上收五大区域电网人、财、物资源配置权，使"5号文件"规定的区域电力市场进一步萎缩。目前，电网的购电、售电差价在世界上处于前位，但资产收益率仍然很低。由于电网调度、交易、财务缺乏透明度，造成其高差价、低收益的深层原因难以从根本上消除。深化电力体制改革迫在眉睫。

三、发展电力市场势在必行

传统观点认为，电力行业必须实行上下游一体化经营，由国家统一管理。随着技术进步和管理创新，这种情况已有了很大变化。国外电力市场化改革的普遍做法是，在发电和用电环节按照公平竞争原则建立电力市场，重新界定输、配电环节的市场属性，将输电环节界定为非竞争性领域，由电网公司负责骨干输电网的建设、运营；将配电环节划归竞争性领域，引入市场机制，形成大量配电、售电公司，作为独立市场主体从事购售电业务。目前，发达国家的输电网络大都是由众多电网企业组成全国互联或跨国互联输电网，如美国有 10 个网、西欧（包括部分东欧国家）由十几个国家电网组成。多张异步输电网的好处在于，便于区域内资源配置和区域外的电力资源余缺调剂，并在安全性上高于全国一个同步网。"5 号文件"就规定了全国设置 6 个异步运行的区域电网企业。

重新界定输、配电环节市场属性，可以提高电力市场运行效率。从 20 世纪 80 年代以来，西方国家电力市场化改革主要遵循了两条主线：一是打破垂直一体化的管理体制，从发电侧的竞价上网发展到逐步开放配电网，将单边购买模式转向批发竞争和零售竞争，逐步加大市场化力度。二是打破电力企业是公益属性的传统观念，允许不同投资主体进入国有发电和配售电领域，实现产权多元化。尽管各国改革方式和次序有所不同，但基本上都选择了对产业链进行分拆的路径，建立了多买多卖的电力市场。即便是仍然保留垂直一体化模式的日本和法国，也在发电侧和售电侧开放了市场。各国电力改革实践证明，重新界定输配电环节市场属性，对输配电业务进行重组并不改变电网原有物理联结方式，不存在技术方面障碍，也不会影响电力系统安全。重组之后，市场机制将贯穿于发、输、配、售各个环节，在体制上打通了发电企业与电力用户间的交易屏障，用户的选择权大大增加，市场功能得到有效释放，电价普遍降低，电力市场的资源配置效率大幅提高。

四、深化改革的思路

如果说第一轮电力体制改革以厂网分开为代表，那么，应以界定竞争性业务与非竞争性业务为突破口，尽快启动以输配分开为主要内容的第二轮电力体制改革。

1. 继续完成厂网分开和主辅分离的任务。对近年来各级电网企业新收购的装备制造企业，仍保留的辅助性业务单位，如输变电施工企业等，以及相关"三产"、多种经营企业进行产权剥离。严格规范电网企业的业务范围，电网企业不再从事输变电主业以外的业务。

2. 实施调度与交易独立。电力调度在组织、协调电力系统运行和电力市场交易中具有举足轻重的影响力，是电网企业维系独买独卖地位的主要手段。为了构建多买多卖的电力市场格局，我国应按照国际通行做法，将电力调度机构从电网企业中分离出来，组建独立的调度交易结算中心，负责电力市场平台建设和电力交易、计量与结算，组织和协调电力系统运行，以确保电力调度交易的公开、公平、公正和电网的无歧视公平开放。独立调度机构的运行由电监会负责监管，或直接划归电力监管部门。

3. 取消不合理的发电量计划。目前，各地下达的发电量计划没有法律依据和政策依据，国家电力主管部门也没有下达过这一计划，在新的电力体制改革方案中应当彻底废止这一计划指标。

4. 建立市场化电价形成机制。改革基本方向是"放开两头，管住中间"，建立多买多卖的电力市场。即输配电价格由政府制定，上网电价和用电电价放开。具体步骤是，除了用电量占15%的居民生活和农业生产用电仍实行政府直接定价外，对各个电压等级的工业和商业用户，从高到低，逐级、限期实行与发电企业直接交易、合同供电，自行商定电力、电量和电价。所订合同交电力调度机构校核后实施。合同履行后，用电方向相关电网企业支付规定的输配电价。电价改革中还应清理各种电价附加，改革征收方式。对各地违规自行出台的电价附加坚持予以取缔。对原有符合国家规定的政府性基金和附加，可以通过费改税的方式，开征相关税收。

5. 政府对电网企业单独定价、单独监管。近期可完善区域电网公司的现代企业制度，对配电企业实行内部财务独立核算。在此基础上，按照"合理成本加规定利润水平"的原则，国家对各电网企业单独定价，并由电力监管部门对电网运行、电力市场进行监管。

6. 改革电网企业考核办法。参考国际通行办法，在电网企业的利润水平由政府规定并封顶的前提下，应当将单位资产的输、配电量和供电质量作为电网企业最主要的考核指标。通过改革考核办法，促使电网企业专注于输配电的质量和效率，努力降低成本，约束其一味追求资产规模的扩张行为，提高电网经营的专业化水平和安全水平。

当前，进一步深化电力体制改革时机已经成熟，条件基本具备。近年来，国务院领导在中央经济工作会、年度改革思路中反复强调输配分开和理顺电价形成机制，电力供需各方热切期待改革出台，政府有关部门也进行了积极探索。改革一旦启动，可在较短时间内形成方案、付诸实施。预期改革后，发电企业的售电价格会有所上升，工商企业的用电价格会有所下降，煤电矛盾逐步得到化解，多种所有制企业将扩大对电力的投资。在目前经济增长下行压力加大的情况下，有利于提高企业竞争力，发挥稳增长的作用，从而起到一举多赢的效果。

　　（本文完成于 2012 年 6 月，获国务院领导重要批示。原刊载于《宏观经济管理》2012 年 7 月，与国务院研究室综合司巡视员范必合作研究）

后　记

　　能源革命作为我国中长期能源发展的战略指导思想和行动纲领，深刻揭示了世界能源发展的大逻辑、大格局、大趋势，对我国能源未来发展进行了全局性、系统性的前瞻谋划和布局，是指导我国能源发展的理论基础和基本遵循。能源供给侧改革作为"十三五"时期我国能源领域的主要改革任务，属于战术性、操作性的务实举措，是适应和引领经济发展新常态的新动能，促进我国未来五年能源发展的政策着力点。

　　本书以能源发展战略为统领，紧扣能源革命和能源供侧改革两大热点问题，以"四革命一合作"和"调结构、去产能、降成本、推改革"为架构，分析了能源革命和能源供给侧改革的实施路径及其相互关系。内容涵盖煤、电、油、气等传统能源和核电、水电、风电、光伏、生物燃料、海洋能等新能源和可再生能源，既有战略层面的思考，也有行业层面热点问题的剖析，力求对我国能源发展做客观、理性、中性和前瞻的分析。

　　本书是 2009 年我从中国社科院博士毕业进入中国国际经济交流中心（简称"国经中心"）工作以来，对能源问题的所思所想。其中，有的内容以内参形式上报党中央，国务院和相关部委，得到领导的批示和相关部门的政策运用；有的见诸报端，与各位读者共享我国能源发展成就；更多的是近年课题研究成果的进一步整理，首次呈现在读者面前。

　　衷心感谢国经中心为我们中青年学者搭建的良好学术平台。视野开阔、经验丰富、胸怀宽广的老领导们"为天地立心，为生民立命，为往圣继绝学，为万世开太平"的铁肩道义和家国情怀，不断滋养和激励着我们这些年轻人勇攀高峰。思想活跃、才华横溢的同事们一起"激扬文字、指点江山"，共同在探索中国特色高端智库建设之路上砥砺前行。此书的成文，与他们的帮助和支持密不可分。感谢王春正、张国宝、李德水、郑新立、张晓强、张大卫、陈文玲、郭丽、吴越涛、张永军等中心领导和王军、姜春力、王宪磊等部门领导对我成长的关心和指导，感谢国务院研究室巡视员范必同志在研究中的指导和支持，感谢王成仁、陈妍、谈俊、张影强、刘向东、张焕波等同事在工作中的支持与交流。最后，谨以此书献给我的博士导师邹东涛先生，以及我的父母，是他们的培育和养育之恩一直指引和陪伴着我不断进取，成为我学术进步的最大动力。

当我将凝结近八年心血和汗水的拙作付梓之际，溢满心怀的不仅仅是释然，还有无尽的忐忑。书中观点仅属一家之言，纰漏瑕疵在所难免，期望您的分享，更期望您的指正和切磋！

景春梅
2016 年深秋于永定门内大街 5 号院